U0908196

本书由“中国—上海合作组织国际司法交流合作培训基地”和

“上海地方高校大文科研究生学术新人培育计划（B600213003043）”

资助出版。

中国特色海洋共同安全观研究

◎ 万祥春 著

序

朱新光

21 世纪是“海洋世纪”。党的十八大报告提出:“提高海洋资源开发能力,发展海洋经济,保护海洋生态环境,坚决维护国家海洋权益,建设海洋强国。”党的十九大报告进一步强调:“坚持陆海统筹,加快建设海洋强国。”我国是一个陆海兼备的大国,海洋安全直接关系到海洋强国的建设、发展与未来。进入 21 世纪以来,我国来自陆地上的安全威胁逐步减少,而来自海洋方向的安全威胁日益增多,呈现出“陆缓海急”的形势。中华民族该如何应对“海洋世纪”带来的新的威胁、挑战和机遇?需要构建一个科学合理的海洋安全观来指导和解决“如何实现海洋安全,实现什么样的海洋安全”这一时代课题。党的十八大以来,以习近平同志为核心的党中央提出了总体国家安全观,海洋安全观是总体国家安全观一个重要组成部分。中国特色海洋安全观的实践、发展和完善,不仅有利于实现国家海洋安全,更有利于促进国家总体安全。

万祥春是我的博士生,从小生长在海边,对海洋有着浓厚的兴趣。在我国,对于海洋安全的研究绝大多数是从“海权”的角度去进行,从马克思主义及中国化的角度开展的研究比较少。《中国特色海洋安全观研究》一书从马克思主义及中国化的角度进行研究,视角独特新颖。

本书的研究主要由三部分构成:

第一部分是概念部分,为论文的研究奠定了概念基础,由第一章构成。安全是指主观和客观上没有威胁、事物保持平稳发展的状态。安全观是指安全主体对自身所面临的客观安全状况和环境的理性认识，是人们关于安全的信念、理想、追求、认识和评价的系统性认知。海洋安全观，是海岛国家和沿海国家对自身所面临的海洋安全状况和环境的理性认识，是涉海人们关于海洋安全的信念、理想、追求、认识和评价的系统性认知。中国特色海洋安全观以海洋共同安全观为核心，由互利共赢的海洋经济安全观、共同责任的海洋政治安全观、共同竞合的海洋军事安全观、共同繁荣的海洋文化安全观和共同家园的海洋生态安全观五个子体系构成。

第二部分是理论部分，由第二章构成。马克思主义经典作家批判了西方列强弱肉强食的海洋争霸安全思想，强调其他国家要获得海洋安全，就必须学习西方一切先进的海洋文明。中华人民共和国成立以来，党的历届中央领导集体主张中国的海洋安全观以反对西方海洋霸权为主要任务，倡导建立新的海洋安全观。马克思主义海洋安全思想及其中国化的理论成果是本研究的理论指南。

第三部分是外延体系部分，由第三至第七章构成。第三章论述了中国积极倡导共同责任的海洋政治安全观，愿意同世界有关海洋国家一起提供海洋公共安全产品，共同担负起维护世界海洋安全的共同责任，并把中国塑造成负责任的海洋政治大国。第四章阐述了互利共赢的海洋经济安全观是指在海洋经济贸易活动中，中国把既坚决维护我国的海洋经济利益又能促进各国各地区共同发展，作为处理与各国各地区海洋经贸关系的基本准则和观念。第五章阐释了奉行共同竞合的海洋军事安全观是指在海洋军事安全竞争合作力求双赢，在海洋军事竞争中努力谋求合作；在海洋军事合作中也不完全放弃竞争，通过有限度的海洋军事竞争促进本国海军的健康发展。第六章论述了共同繁荣的海洋文化安全观是指在海洋世纪，中华民族既宣传弘扬民族传统海洋文化，同时，也要不断学习和吸收外国的先进海洋文化，推动海洋文化互相学习、互相借鉴、取长补短和融合创新，努力促进世界各国各地海洋文化的共同繁荣发展。第七章论述了全球海洋是一个大生态系统。海洋生态系统中的一处地方遭到破坏，必然会影响到全世界其他地方。所以，建设共同家园的海洋生态安全观，就是全世界各国人民要团结一致，认识到海洋生态系统是全人类的，我们要像对待自己的家庭一样，共同保护海洋生态系统，把海洋建设成为人类共同的蓝色家园。

地球是一个名副其实的水球，各国共有一个海洋。本书以马克思列宁主义的立场、观点和方法为指导，以马克思主义海洋安全思想及其中国化的理论成果为指导，尤其以习近平总书记的人类命运共同体思想为指导，运用多学科研究的方法，对中国特色海洋安全观进行了系统的研究，具有重要的现实理论和指导意义；同时，提倡“中国海洋安全方案”，同世界各国共享海洋安全，为世界海洋安全注入中国智慧，贡献中国力量。

欣闻万祥春的博士论文获得中国—上海合作组织国际司法交流合作培训基地的资助，即将付印出版。为了读者更好地理解这本书，特为之作序。希望他继续进一步加深对海洋安全和海洋战略的研究，为建设海洋强国贡献自己的智慧和力量，同时也献上老师的祝福。

朱新光

上海师范大学法政学院副院长、教授

目录 | CONTENTS

序　朱新光 / 1

绪论 / 1

一、研究缘由 / 1

二、研究方法 / 3

三、国内外研究现状及述评 / 5

四、研究的创新和不足之处 / 23

五、研究逻辑框架 / 26

第一章　安全与安全观概论 / 27

第一节　安全相关概念与安全类型 / 27

一、安全的概念与重要性 / 27

二、安全化与安全困境 / 30

三、永久和平——安全的理想状态 / 32

四、安全类型 / 39

五、实现安全的实力途径 / 42

第二节　安全观及其类型 / 45

一、安全观的含义 / 45

二、安全观的类型 / 46

三、海洋安全观、陆地安全观、天空安全观 / 54

四、中国特色海洋安全观的含义和建构原则 / 57

五、海洋共同安全观——中国特色海洋安全观的核心思想 / 59

六、中国特色海洋安全观的外延体系 / 66

第二章　马克思主义海洋安全观及其中国化 / 71

第一节　海洋经济思想的持续发展 / 71

一、海洋新航线是资本主义发展的加速器 / 72

二、对外开放的海洋经济政策 / 75
三、“引进来”和“走出去”相结合的海洋开放战略 / 77
四、海洋经济和科技是提高海洋安全水平的重要支柱 / 78
第二节 海洋政治思想的不断深化 / 80
一、和平利用黑海海峡，争取国际和平环境 / 80
二、反对美国干涉西太平洋的海洋外交政策 / 81
三、经济优先，“搁置争议、共同开发”的外交政策 / 82
四、和谐海洋思想 / 84
第三节 海洋军事安全思想的连续演进 / 85
一、机器大工业实力是海洋暴力的本质 / 86
二、海军建设必须服从经济建设 / 87
三、建设一支强大海军的不懈追求 / 90
第四节 海洋文化思想的不断深化 / 97
一、对中国大陆文化的深刻剖析和前景展望 / 98
二、反对海洋殖民文化，倡导新民主主义文化 / 100
三、海洋文化交流中打赢没有硝烟的战争 / 103
四、倡导海洋文化多样化，维护文化安全 / 106
第五节 海洋生态文明思想的不断提升 / 109
一、马克思主义生态哲学中蕴含的海洋生态思想 / 109
二、绿化海岸线与节约资源、保护环境思想 / 112
三、依法保护海洋生态环境 / 113
四、保护海洋环境的力度不断加大 / 114
五、建设美好海洋家园 / 115
第三章 塑造共同责任的海洋政治安全观 / 119
第一节 海洋政治安全是海洋安全观的集中体现 / 119
一、优良海洋政治政策促进海洋经济的发展 / 120
二、海洋政治确立了中国海洋安全的目标 / 122
三、海洋政治影响海洋文化的发展 / 123
第二节 中国海洋政治安全面临的错综复杂形势 / 126
一、海洋世纪带来的安全冲击 / 126

二、激烈交锋的海洋政治安全观 / 131
第三节 构建共同责任的海洋政治安全体系 / 143
一、构建海峡两岸政治安全共同体 / 144
二、近睦远交的海洋安全外交观 / 147
三、倡导亚洲海洋共同安全观 / 149
四、构建海洋政治共同安全机制 / 151
五、以海洋法公约为基础共同维护各方海洋权益 / 153
第四章 构建互利共赢的海洋经济安全观 / 159
第一节 海洋经济是海洋安全的基础 / 159
一、海洋经济是海权的推进器 / 160
二、海洋经济是海洋政治议题的推动器 / 162
第二节 中国海洋经济安全的现状 / 163
一、中国经济对海外资源的依赖不断上升 / 163
二、海洋航线成为中国经济的生命线 / 168
三、大而不强的海洋经济 / 170
第三节 积极实施互利共赢海洋经济策略 / 173
一、建设互利互惠的蓝色粮仓 / 173
二、海洋产业转型升级是实现互利共赢的基础 / 175
三、构建互利共赢的海洋贸易体制 / 176
四、发展互利合作的南北极海洋事业 / 179
五、共同开发新能源科技解决海洋能源运输安全问题 / 181
六、“一带一路”倡议是互利共赢海洋安全观的集中体现 / 186
第五章 奉行共同竞合的海洋军事安全观 / 192
第一节 海军是海洋安全的战略保障 / 193
一、海军是海外经济利益的坚强保障 / 193
二、海洋军事外交是外交的有效形式 / 194
三、海军是保护黄金海岸的移动钢铁长城 / 196
第二节 中国海洋军事安全面临的挑战 / 196
一、陆缓海急的总体安全形势 / 196
二、中国海军建设面临的不足 / 198

第三节 建设共同竞合的强大海军 / 199
一、世界海洋安全的共同维护者——中国海军的世界定位 / 199
二、近海防御、远洋防卫的战略 / 201
三、海军高新技术是维护共同海洋安全的第一战斗力 / 202
四、海军人才是实现共同竞合安全观的第一资源 / 207
五、战训合一的训练体制是共同竞合安全观的强大保障 / 210
第六章 倡导共同繁荣的海洋文化安全观 / 213
第一节 海洋文化是海洋安全观的软实力 / 213
一、海洋文化是海洋强国的重要标志 / 214
二、海洋文化是海洋军事安全的导航灯 / 215
三、海洋文化是海洋经济增长的重要引擎之一 / 217
第二节 中国海洋文化面临的挑战 / 218
一、陆主海从的传统文化特征 / 218
二、海洋文化历史虚无主义的冲击 / 219
三、西方海洋文化冲击的威胁 / 221
第三节 促进海洋文化共同繁荣的新举措 / 222
一、用海洋传统文化增强海洋文化吸引力 / 222
二、以海洋文化自强推动海洋文化共同繁荣 / 225
三、积极实施共同繁荣的海洋文化开放战略 / 230
第七章 建设共同家园的海洋生态安全观 / 234
第一节 海洋是人类未来的宝藏 / 234
一、海洋是人类未来的重要富源 / 235
二、海洋是全球气候调节器 / 238
三、海洋是生命的摇篮 / 240
第二节 我国海洋生态环境安全现状 / 242
一、近岸海域污染严重，海水水质恶化 / 242
二、部分珊瑚礁面临灭绝危机 / 243
三、近海生物多样性减少，海岸侵蚀状况严重 / 244

第三节 共同保护和建设美丽海洋家园 / 246
一、坚持依法治海、规划用海 / 246
二、实施海洋生态修复工程 / 247
三、划定并严守海洋生态红线 / 250
四、建设海洋生态命运共同体 / 251
五、建立严格的海洋生态政治制度 / 253
结语:海洋安全观为海洋强国保驾护航 / 258

参考文献 / 260
附录:海洋意识调查问卷 / 273
后记 / 275

绪　论

一、研究缘由

(一) 侵略主要来自海上

自鸦片战争以来,令中华民族剜心之痛的,除了遭受沙皇俄国从陆地侵略外,绝大部分侵略都来自海洋。马克思和恩格斯强烈谴责英国蓄意从海上发动的第二次鸦片战争是“极端不义的战争”。[①]尤其令国人刻骨铭心的是1894年的甲午战争,这场战争的结果使中日两国自此国运殊途。1840年鸦片战争打响后,清政府虽然屡遭侵略压迫,但仅仅是“伤筋”,未曾“动骨”。然而,甲午一役使中华民族一步步走到了亡国灭种边缘,也彻底粉碎了清王朝的“天朝上国梦”。甲午年,成了中国的命运转折之年。甲午战争之后,中国的爱国志士痛定思痛,进一步明白了一个重要道理:仅仅依靠“师夷之长技以制夷”,[②]而不触及封建政治体制改革等其他根本内容,是中国惨败于日本的根本原因。2014年是中日甲午战争爆发120周年,习近平同志指出:“今年是甲午年。120年前的甲午,中华民族国力孱弱,导致台湾被外族侵占。这是中华民族历史上极为惨痛的一页,给两岸同胞留下了剜心之痛。”[③]我

---

① 中共中央马克思恩格斯列宁斯大林著作编译局编译:《马克思恩格斯论中国》,人民出版社1993年版,第46页。

② [清]魏源:《海国图志》,中州古籍出版社1999年版,第67页。

③ 《甲午战争120年:习近平两提甲午称其剜心之痛》,http://news.xinhuanet.com/mil/2014-07/25/c_126795085.htm,2014年7月25日。

们重温那段耻辱的历史，是为了让割地赔款的历史悲剧不再重演。从中国近现代历史的角度来看，海洋一直是我国的弱项，社会主义现代化建设还有一个重要目标就是把海洋变成强项。要做到这一点，不仅要建设强大的海军，更重要的是建设海洋强国——这是我们的历史新使命！

（二）建设海洋强国的安全需要

对于中国反抗西方列强海洋侵略的历史前景，恩格斯认为，随着中国革命的深入，“过不了多少年，我们就会亲眼看到世界上最古老的帝国负隅顽抗，看到整个亚洲新世纪的曙光”①。恩格斯认为中国人民的反抗海洋侵略一定会取得成功，并给亚洲带来新的希望。马克思、恩格斯还进一步预见到，随着时间的推移，中国会摆脱海洋上落后挨打的被动局面，未来会建成“中华共和国”②。改革开放40年来，我国海洋事业取得了巨大成就。党的十八大报告正式提出：“提高海洋资源开发能力，发展海洋经济，保护海洋生态环境，坚决维护国家海洋权益，建设海洋强国。”③建设海洋强国，海洋安全环境是重要保障。我国经济对海洋贸易依存度不断上升。“对外贸易依存度常年在50%上下波动。更令人担心的是，铁矿石依存度超过60%，原油依存度超过50%的警戒线，我国大豆的对外依存度高达70%，更让人大跌眼镜的是曾经的世界产煤第一大国——中国——竟然成为仅次于日本的世界第二大煤炭进口国，2012年中国进口66 598万吨标准煤”④。当前，随着陆地资源减少和海洋资源开发力度加大，海洋是国家经济利益拓展的重要战略空间已成为各国共识。我国东部沿海地区在对外开放中已发展成为中国经济、政治、文化发展最快的黄金地带。海洋经济安全边界随着中国经济的增长而拓展，海上安全面临着许多紧迫问题，比如海域划界、岛屿主权归属纠纷、海底资源开采、海洋航线安全、海盗威胁、海上走私和海洋环境保护等问题。这一系列新的问题迫切要求我们进一步关注海洋安全，加强海军

① 中共中央马克思恩格斯列宁斯大林著作编译局编译：《马克思恩格斯文集》第2卷，人民出版社2009年版，第628页。

② 中共中央马克思恩格斯列宁斯大林著作编译局编译：《马克思恩格斯全集》第10卷，人民出版社1998年版，第278页。

③ 中共中央文献研究室：《十八大以来重要文献选编》上，中央文献出版社2014年版，第31页。

④ 中国国家统计局：《中国统计年鉴(2013)》，http://data.stats.gov.cn，2014年7月28日。

建设，发展海洋科技，提高整个国家应对、管控海洋多样化风险与挑战的能力。因此，必须消化吸收传统的西方海权理论精华，结合新形势下海洋安全的要求，创新我国海洋战略理论，有效维护国家的海洋权益，构建中国特色海洋安全观，建设海洋强国，为当前和未来我国海洋事业的持续高速发展提供强有力的理论支撑。

（三）冷战后海洋安全研究的深化

冷战结束后，安全研究成为理论界和国家安全实践操作中的一个热点问题。为了更好地应对我国面临的复杂安全形势，2014 年 4 月中共中央国家安全委员会正式成立，在国家安全委员会第一次会议上，习近平总书记正式提出了总体国家安全观，总体国家安全观中包括 11 个方面，涵盖了国内、国际安全的方方面面。其中一个方面是领土安全，它包括领陆安全、领空安全和领海安全。领海只有 12 海里宽，由于海军现代武器装备的迅速发展，领海眨眼间就可通过，所以，要实现领海安全，必须把安全范围扩大到整个海洋。目前，中国面临的海洋安全形势是以海洋传统安全为主，如何综合运用各种手段和方法实现海洋安全成为一个重大的理论课题。党的十八大以来，以习近平为核心的中央领导集体在国际社会多次提出："人类只有一个地球，各国共处一个世界，要倡导'人类命运共同体'意识。"人类命运共同体意识超越种族、文化、国家与意识形态的界限，为思考人类未来提供了全新的视角，为推动世界和平发展给出了一个理性可行的行动方案。21 世纪是海洋世纪，全世界面临着海域划界争端、海洋污染、海平面上升、海洋物种多样性减少、海洋军事竞争等海洋安全挑战。"实现什么样的海洋安全、如何实现海洋安全"就成为摆在中国以及全世界面前的新课题，需要构建中国特色海洋安全观来回答和解决这一新课题。

二、研究方法

（一）观念与实践结合法

安全观念是安全实践的指南，安全观念对于安全实践有着很重要的影响。

正确的观念能促使国家、社会和个人产生积极的安全实践，促使国家、社会和人们战胜各种危险的不利因素。安全实践是安全观念的来源。安全观念从安全实践中产生，在安全实践中不断检验、自我发展和完善，使得安全主体在参与安全实践中获得更好的行动指引。

(二) 归纳与演绎法

马克思主义哲学原理认为，一切科学研究都必须运用到归纳和演绎的逻辑思维方法。在21世纪，随着科学技术的迅速发展，人类联系越来越紧密，国际社会日益成为一个你中有我、我中有你的“命运共同体”。以习近平为核心的新一代党中央领导在国际社会大力推动构建人类命运共同体。同样，人类只有一个“水球”(地球是名副其实的水球)，各国共同拥有一个海洋，在海洋安全上，要抛弃赢者通吃的海洋霸权安全观，努力倡导和构建共同海洋安全观。而共同责任的海洋政治安全观、互利共赢的海洋经济安全观、共同竞合的海洋军事安全观和共同繁荣的海洋文化安全观又处处围绕和集中体现了共同海洋安全观的思想精髓。

(三) 系统研究法

实现海洋安全是一个系统的、复杂的持续性工程。海洋安全观由海洋政治安全观、海洋经济安全观、海洋军事安全观、海洋文化安全观四个主要的子系统构成，海洋经济安全观、海洋政治安全观、海洋军事安全观、海洋文化安全观是相互联系、相互影响、相辅相成的关系。在海洋安全观构建过程中，我们更要进行统筹兼顾、全盘考虑、下好下活海洋安全这一大棋局，做好海洋安全的顶层设计。

(四) 定性与定量分析法

定性分析法研究在地缘战略上中国将建设成为一个什么类型的国家，必须统筹兼顾陆地安全和海洋安全，确保中华民族伟大复兴的“中国梦”顺利实现。定性分析法还进一步研究中国海军属于什么类型的海军，是全球型海军，还是区域型海军。定量分析法分析中国海军需要建造多少艘航空母舰，在质量和数量之间寻求一个平衡点，处理好海军建设和经济建设的关系。

三、国内外研究现状及述评

(一) 国外研究现状及述评

1. 海洋法与海洋安全的研究

由于海洋法公约是国家间处理海洋争端的法律依据,所以海洋法与海洋安全密切相关。雨果·格老秀斯(Hugo Grotius,又译为胡果·格劳秀斯),是荷兰的著名法学家,他的突出贡献是在海洋法方面——提出了海洋自由论(拉丁语:Mare Libervm;英语:The Free Sea or The Freedom of the Seas),提出了海洋航行自由原则。今天,该原则作为一项国际海洋法基本原则,已为全世界人民所接受。因而,他被称作国际海洋法的鼻祖。

在海洋自由论开头,格老秀斯就开门见山地指出:"本文意在简要明了地证明荷兰人有权利航行到东印度,正如同他们现在正在进行的那样,他们也有权利与那里的人民进行贸易活动。我的论点是基于下面一个最为明确且无可辩驳的——我们称之为首要的原则——国际法原理,其精神是不证自明且永恒不变的,即每个国家均可自由地穿行到另外一个国家,并可自由地与之进行贸易活动。"①格老秀斯认为,如果葡萄牙人和西班牙人仅仅因为他们比别人先在海上航行就认为占有了海洋和海洋航线,那是再荒谬不过的了。他通过列举史实证明古代的摩尔人、埃塞俄比亚人、阿拉伯人、波斯人和印度人,早在葡萄牙发现新航路之前,就已经进行了"从阿拉伯海湾到印度及印度洋诸岛,乃至更加遥远,被认为是日本的金色切尔松尼斯半岛的航行了"。②因此,海洋的任何一部分均有人在上面航行过,按照葡萄牙人的观点进行逻辑推理,那么,上述海洋航线应该归古代的国家所有,今天新的航海者将绝对地被排除在外。实际上,一艘船在海上航行过后,"除了激起一阵浪花之外,并没有留下任何法律权利"。③而且,历史

---

① [荷]雨果·格老秀斯:《论海洋自由或荷兰参与东印度贸易的权利》,马忠法译,人民出版社 2005 年版,第 9 页。

② 同上,第 43—44 页。

③ 同上,第 42 页。

已经证明，葡萄牙人不是那部分海洋上的最先航行者。古代的人们没有宣布这些海域是这些国家的私产，那么葡萄牙和西班牙更没有国际法的权力把海洋当作私有财产。尽管他们恢复了中断若干世纪的新航线，但他们应当使之为整个人类服务，而不能仅仅为了个人经济利益。别国也应该获取同样的利益，因为无证据表明如果葡萄牙人不到东印度去，别国就不会去，这只是一个时间早晚问题。因此，他们“既无正当的理由，也无可尊重的权威来支持他们的观点”。[①]

格老秀斯认为，“海洋是取之不尽、用之不竭的，是不可占领的；应向所有国家和所有国家的人民开放，供他们自由使用”。海洋之所以能够被人们自由使用，是因为海洋“是无归属的财产，或者说共有物、公产”。[②]为什么说是共有财产，他展开了详细的论证。首先什么是共有物或公产？他指出：“当某物的所有权或占有由数人依某一排除所有他人的合伙关系或相互协议而被共有时，则称之为‘共有’物。”[③]共有物的特征主要有两个：“第一，它不可以被占有；第二，其共同使用是注定为所有人的。”[④]所以，海洋就与陆地和陆上的河流不同，一个国家可以占有国境内的领土和河流，而海洋是与太阳和空气一样，不属于商品，不能被买卖和变成私人财产，因为任何人都没法占有太阳和空气，阳光和空气却可以为所有人共同使用。他明确指出无法完全占有的海洋是“外海”与“大洋”，与该海洋中的“海湾或海峡无关，甚至与海岸上可见其宽度的那部分海域也无关”。[⑤]这样，他就间接地、模糊地提出了类似今天的“公海”概念。1613 年，英国的威尔伍德在其《海洋法概览》中承认“各国均享有海洋自由，但沿岸国对靠近本国海岸水域享有主权”。[⑥]这就对格老秀斯的海洋自由论提出了质疑。对此，格劳秀斯借助《对〈海洋自由论〉第五章的辩护》回应威尔伍德。格老秀斯认为“威尔伍德只是在为英国的捕鱼行为寻找理由，威尔伍德为挑战捕鱼的自由，主张海洋可以被划分，可以成为私有财产”。[⑦]1635 年，英国的塞尔登在《闭海论》中主张

① [荷]雨果·格老秀斯：《论海洋自由或荷兰参与东印度贸易的权利》，马忠法译，人民出版社 2005 年版，第 45 页。

② 同上，第 25 页。

③ 同上，第 25—26 页。

④ 同上，第 31 页。

⑤ 同上，第 40 页。

⑥ Benson, Joel D.England, Holland, and the Fishing Wars. Philosophy, 2015, 05(9): pp.447—452.

⑦ Borschberg, Peter. Hugo Grotius' Theory of Trans—Oceanic Trade Regulation: Revisiting Mare Liberum (1609). Itiner-ario, 2005, 29(3): pp.31—53.

“海洋并非人类的共有财产，而是应该像陆地一样，被划分为国家的私有财产，强调英国君主有权领有围绕英国四周的海洋”。[①]这些关于海洋是自由还是封闭的争论就为后来的联合国《海洋法公约》中的领海和公海的划分提供了理论依据。

在当时的条件下，由于海岸上的大炮射程只有3海里（约5.6千米），所以当时的领海就是3海里宽，这就是著名的领海“三海里规则”。后来，随着军事技术的发展，大炮射程越来越远，“三海里规则”受到严重的挑战，海洋国家把领海向外扩大到5、7、12海里或更多。为此，西方海洋国家还发生了政治争论甚至海洋武装战争和冲突。所以，海洋法与海洋安全密切相关。

2. *海权与海洋安全的研究*

海权论的创始人——艾尔弗雷德·塞耶·马汉（Alfred Thayer Mahan，1840—1914年）的主要作品有阐释其海权论的“海权论三部曲”——《海权对历史的影响（1660—1783年）》[②]《海权对法国大革命和帝国的影响（1793—1812年）》[③]《海权的影响与1812年战争的关系》[④]和《海军战略》[⑤]等。这些著作的核心思想是：海权决定着一个国家在国际政治、军事、经济、外交舞台上的地位和作用，谁控制了海权，谁就控制了世界。马汉将海上力量建立在三个“支柱”之上，即生产，商船和海军航运，以及海外市场和基地。马汉把市场看作商业交换的关键场所，同时也是补给和修理蒸汽动力船的前沿站点。[⑥]在马汉的海权论影响下，美国重视和发展海军，迅速成为海洋强国。因此，他被世界史学界誉为“海权论的思想家”。马汉考察了海权在世界历史中的作用，认为在推动历史前进的众多因素中，“海权是一个决定性的因素”。[⑦]而且，“海上贸易对国家财富与实力具

---

① Baird, Rachel. Political and Commercial Interests as Influences in the Development of the Doctrine of the Freedom of the High Seas. Queensland University of Technology, 1996(12): pp.274—291.

② [美]阿尔弗雷德·塞耶·马汉：《海权论》，一兵译，同心出版社2012年版，第1页。

③ [美]艾尔弗雷德·塞耶·马汉：《海权对法国大革命和帝国的影响（1793—1812年）》，李少彦、肖欢等译，海洋出版社2013年版，第1—2页。

④ [美]艾尔弗雷德·塞耶·马汉：《海权与1812年战争的关系》，李少彦、姜代超等译，海洋出版社2013年版，第1—2页。

⑤ [美]艾尔弗雷德·塞耶·马汉：《海军战略》，蔡鸿干、田常吉译，商务印书馆1994年版，第1页。

⑥ Alfred Thayer Mahan, The Influence of Sea Power Upon History, 1660—1783(1890; repr., New York: Dover, 1987), p.71.转引自[美]吉原恒淑、詹姆斯·霍姆斯：《红星照耀太平洋：中国崛起与美国海上战略》，钟飞腾、李志斐、黄杨海译，社会科学文献出版社2014年版，第14页。

⑦ [美]艾尔弗雷德·塞耶·马汉：《海权对历史的影响（1660—1783年）》，李少彦、董绍峰、许朵等译，海洋出版社2013年版，第9页。

有深远的影响”,海权则是“左右海上贸易发展与繁荣的根本原则”。因此,“海权史以其宽阔的外延囊括了一切有助于让一个民族在海上或靠海洋崛起的内涵”。[①]之所以这样讲,是因为“一个国家……不可能无限期地依靠自己供养自己,使它与外界联系并使自己的力量不断得到补充的最佳途径就是海洋”。[②]自大航海时代以来,经济全球化就开始了,在这个进程中,任何国家都或多或少依赖海洋贸易,才能获取自己需要的资源。所以,“海上强国必须具备两个条件,即分布广泛的健康贸易和强大的海军”。[③]强大的海军保护海洋贸易,健康的海洋贸易既需要海军保护,又给海军提供了建设资金,最后相得益彰。

受海权论的影响,国外学术界认为一般使用海权研究来代替海洋安全的研究。例如,杰弗里·蒂尔在《21 世纪海权指南》中指出:“随着贸易体系的日益全球化,海洋的重要性在 21 世纪尤其明显。海军则成为保护世界贸易、有时开拓世界贸易的手段。在当前的条件下,海军同其他形式的海事权力一样,需要顺应全球化,以便在陆上实现权力应用的最大化,同时也便于扩大海军的利益、活动与责任。”[④]美国的吉原恒淑(Toshi Yoshihara)和詹姆斯·霍姆斯(James R. Holmes)在《红星照耀太平洋》中的主要观点是:“鉴于中国独有的海洋环境,中国将借鉴并重塑马汉的理论”,“中国的海上存在不是转瞬即逝的,这对于美国及其在亚洲的海上伙伴构成了长期且复杂的影响”。[⑤]英国的朱利安·斯泰福德·科比特(Sir Julian Stafford Corbett)认为:“制海权是英国的国策,是保护国土、防止大规模入侵以及保护与英国生命攸关的海上运输的最佳途径,争夺制海权的最直接、最经济、最有效的方法则是用绝对优势兵力进行海上决战或封锁敌方港口。”[⑥]美国的安德鲁·埃里克森在《中国、美国与 21 世纪海权》(*China, the United States, and 21st Century Sea Power*)中认为,“尽管最近中美军事关系动荡,但中美之间巨大的共同利益应当能够使两国进行广泛的海上安全合作。为

---

① [美]艾尔弗雷德·塞耶·马汉:《海权对历史的影响(1660—1783 年)》,李少彦、董绍峰、许朵等译,海洋出版社 2013 年版,第 1 页。

② 同上,第 155 页。

③ 同上,第 426 页。

④ [英]杰弗里·蒂尔:《21 世纪海权指南》第 2 版,师小芹译,人民出版社 2013 年版,第 1—2 页。

⑤ [美]吉原恒淑、詹姆斯·霍姆斯:《红星照耀太平洋:中国崛起与美国海上战略》,钟飞腾等译,社会科学文献出版社 2014 年版,第 1—2 页。

⑥ [英]朱利安·科比特:《海上战略的若干原则》,仇昊译,人民出版社 2012 年版,第 1—2 页。

了使专业人员有效地构建合作关系，中美之间必须创造充足的政治空间和制度空间”。①总之，西方理论学术界认为，一个国家获得的海权越多，海洋方面就越安全。海权基本上等同于海洋安全。

3. 国家海上威力与海洋安全的研究

苏联原海军元帅谢尔盖·格奥尔吉耶维奇·戈尔什科夫（俄语：Сергей Георгиевич Горшков；英语：Sergey Georgyevich Gorshkov）在《国家海上威力》中通过系统总结历次战争经验，强调海洋、海洋战场和海军的作用，主张拥有并运用国家的海上威力开发和控制海洋，以实现国家的战略目的。他作为苏联现代海军的创始人，认为苏联只有建设和展示海洋威力，才能获得海洋安全，因此西方海军理论家称他为“红色马汉”。

（1）海上威力的二因素：经济和军事因素

戈尔什科夫认为大洋蕴含着丰富的资源和财富，而且在历史上还提供了通往“新大陆”的道路，历史上利用大洋出色的国家先于其他国家成为强国。因此，“国家海上威力在一定程度上标志着一个国家的经济和军事实力。因而，也标志着一个国家在世界舞台上的作用”。②通过考察葡萄牙、西班牙、荷兰、英国等国家使用海上威力的历史，他指出：“国家海上威力（Sea Power）就是合理地结合起来的、保障对世界大洋进行科学、经济开发和保卫国家利益的各种手段的总和。它决定各国为本国利用海洋的军事和经济潜力的能力。”③他还认为国家海上威力是一个系统体系，“有理由把国家海上威力看作一个体系。这个体系的特征不仅在于其各个组成部分（海军、运输船队、捕鱼船队、科学考察船队等）之间有着各种联系，而且它与周围环境（海洋）是一个不可分割的整体。它与海洋相互依存，才能发挥作用和表现其整体性”。④“构成海上威力的各个组成部分的作用，不是固定不变的。是由具体的历史条件决定的。但是，在存在着相互敌对的社会体系的情况下，海军一向居于首位”。⑤这句话体现了戈尔什科夫职业军人特色，强调海军在海上威力中的地位居于首位。此外，戈尔什科夫继承和发展了马

---

① ［美］安德鲁·埃里克森等：《中国、美国与21世纪海权》，徐胜等译，海洋出版社2014年版，第1—2页。

② ［苏］谢·格·戈尔什科夫：《国家海上威力》，房方译，海洋出版社1985年版，第9页。

③④⑤ 同上，第2页。

克思主义的经济基础决定论，认为经济是国家海上威力的基础，经济基础的变化发展决定国家海上威力的变化发展及其方向；反过来，国家海上威力对经济基础起反作用，它可以对经济基础起保护和促进作用等。他认为，"'海上威力'这一概念，在某种程度上同'国家经济威力'的概念相似。因此，可以把海上威力看作国家经济威力的一个组成部分。正像经济威力决定军事威力那样，海上威力既是国家经济的间接表现，又影响国家经济，它本身既包含经济因素又包含军事因素"。[①]这样就把经济因素和军事因素相提并论，在国家海上威力中具有同等重要作用。

(2) 海军建设的均衡性

海军是一个综合性兵种，主要由水面舰艇部队、潜艇部队、海军航空兵、岸防部队和海军陆战队等兵种以及后勤保障部队组成。在海军各个兵种的建设和优先次序上，戈尔什科夫认为海军建设必须保持均衡性。"海军的均衡性就在于，使构成其战斗威力的诸因素及保障这些因素的各种器材，经常保持最佳的结合，以便使海军能够充分实现其多能性的素质，也就是说，既能在核战争条件下，又能在其他可能的战争条件下，执行各种各样的任务"。[②]

在海军均衡性建设中，戈尔什科夫强调不能照抄照搬其他国家建设经验，更不能以数量标准和舰队编成比例来确定本国的舰艇制造计划，只有根据本国的实际需要来确定海军的重点建设兵种。强调均衡性，并不等于海军各兵种齐头并进，均衡用力地建设。他指出："海军的均衡性不是固定不变的。在一定的历史条件下，它可以变化。"在决定变化的因素中，主要的是"国家政治当局赋予海军的任务和国家的经济能力，首先是造船、仪表、航空及其他参加制造舰艇、飞机和生产武器及战斗技术兵器的工业部门的生产能力"。[③]在戈尔什科夫担任苏联海军总司令期间，他根据苏联经济和美国相比依然落后、海军工业技术落后、海军建设任务紧迫等情况，提出了苏联应该"优先发展潜水兵力，便可以使我们在最短的时间内，急剧地增强我国海军的突击能力，给敌在各个大洋战区的海军主力造成严重的威胁，从而以较少的资金与时间增强了我国的海上实力，剥夺了敌人在反对苏联和社会主义大家庭的战争中可能拥有的优势"。[④]他还认为核潜艇

① [苏]谢·格·戈尔什科夫:《国家海上威力》，房方译，海洋出版社1985年版，第10页。
②③ 同上，第317页。
④ 同上，第231页。

和导弹新技术的结合，产生了巨大的威慑和破坏作用，“现在，在各国海军中占主导地位的，是那些能够完成摧毁敌人军事经济潜力和打垮敌海上核威力等重要战略任务的兵种……这些兵种就是装备有弹道导弹和翼式导弹（即飞翼式巡航导弹）的核潜艇，以及海军导弹与反潜航空兵。正是这些兵种，集巨大突击威力于一身，具有高度的机动性和作战隐蔽性，能够对敌沿海和腹地的军事工业目标、行政中心，对敌海军大洋上的导弹核集群实施突击”。①因而，苏联应该着力发展潜艇部队。在他的领导下，苏联大力发展常规潜艇和核潜艇部队，并加强和发展由潜艇发射的核导弹技术和装备；在他的努力下，苏联红海军逐渐发展为一支世界著名的“远洋导弹核海军”。

4. 海洋权力与海洋安全的研究

（1）海洋权力与海洋安全的研究

汉斯·J.摩根索（Hans J. Morgenthau），是迄今为止最具影响力的国际关系现实主义理论家，最著名的传世之作则是《国家间政治：权力斗争与和平》（*Politics Among Nations—The Struggle for Power and Peace*），该书已经成为美国甚至全世界使用最广、影响最大的现实主义教科书之一，它精确地定义了国际关系范畴，宣告了美国第二次世界大战后外交思想范式转型的开始，该书强调，在国际政治中权力是国家利益的中心内容。他在《国家间政治》中写道：“国际政治像一切政治一样，是追逐权力的斗争。无论国际政治的最终目标是什么，权力总是它的直接目标。”②海洋政治是国际政治的一个组成部分，所以，追逐权力也是海洋政治的直接目标，哪个国家获得权力，就获得了海洋安全。

① 炫耀武力，尤其是海军力量来寻求威望

威望是指国际上为各国所敬仰的声誉、名望。一个国家如果有了很高的威望，可以一呼百应，达到自己预期的目的。威望的获得，除了外交实践之外，威望政策还以炫耀武力作为实现其目的的手段。由于军事实力是衡量一国力量的明显尺度，所以，炫耀武力可以使别国对该国的国力获得深刻印象。例如，邀请外国军事代表观看平时的陆海军演习，并不是为了让他们接触军事机密，而是为了

---

① ［苏］谢·格·戈尔什科夫：《国家海上威力》，房方译，海洋出版社1985年版，第316页。

② ［美］汉斯·摩根索：《国家间政治：权力斗争与和平》（第七版），徐昕、郝望、李保平译，北京大学出版社2006年版，第55页。

让他们和他们的政府对该国的军备状况留下深刻印象。邀请外国观察家观摩1946年在太平洋上进行的两次原子弹试验，其用意也在于此。一方面，外国观察家会对美国海军的威力和技术成就留下深刻印象。《纽约时报》报道说："来自联合国原子能管制委员会的二十一位观察家……今天一致认为，美国轰炸的那批舰船，其规模大于世界上许多国家的海军。"[①]另一方面，外国观察家会亲眼看见原子弹在水上和水下的威力，以及垄断原子弹的国家与没有原子弹的国家相比，在军事实力上必定占有显著的优势。[②]

海军具有高度的机动性，能把一国的旗帜和权力带到地球的四面八方，而且壮观景象会给人留下极为深刻的印象，因此，炫耀海军力量从来都是威望政策偏爱的手段。法国舰队1891年对俄国卡琅施塔特港的访问和俄国舰队1893年对法国土伦港的回访，标志着世界政治史上的一个转折点，因为这次互访向世界表明了法俄之间的政治和军事联盟。海上强国定期派遣舰队进入远东港口，目的是向那一地区的人民显示西方力量的优势。美国不时派战舰到拉丁美洲港口，为的是提醒有关国家，美国的海军力量在西半球是无与伦比的。[③]

每当一个海上强国的权利在殖民地或半殖民地受到当地人或与其竞争的列强的挑战，这些国家就会将其战舰派往那一地区，作为本国强权的象征。这种威望政策的一个著名例子，是1905年威廉二世乘坐德国战舰莅临摩洛哥港口丹吉尔，以对抗法国在摩洛哥的权利要求。第二次世界大战以来，美国海军舰队一直在地中海游弋，进入意大利、希腊和土耳其的港口，即是对俄国在该地区野心所作的一个明白无误的回答。[④]

② 消极威望政策导致太平洋战争爆发

汉斯·摩根索把"满足于低于实力的权力声誉"称作"消极威望政策"。突出例子就是美国和苏联在两次世界大战之间尤其是在第二次世界大战初期所奉行

---

① New York Times, July 1, 1946, p.3. 转引自[美]汉斯·摩根索：《国家间政治：权力斗争与和平》(第七版)，徐昕、郝望、李保平译，北京大学出版社2006年版，第115页。

② 文中的核试验是指1946年7月美国在太平洋的比基尼环礁(Bikini Atoll)进行的原子弹爆炸试验，一颗原子弹在由73艘第二次世界大战舰船组成的舰队上空爆炸，其中包括航空母舰，爆炸过后，73艘舰船被摧毁或遭重创。

③④ [美]汉斯·摩根索：《国家间政治：权力斗争与和平》(第七版)，徐昕、郝望、李保平译，北京大学出版社2006年版，第115页。

的绥靖政策。

第二次世界大战爆发时，美国已成为世界上潜在的最强大的国家，而且它已公开宣布它反对德国和日本的帝国主义政策。然而，德国和日本却肆行无忌，好像美国作为一个一流强国根本就不存在。日本袭击珍珠港的意义就在于它暗示着对美国军事实力的蔑视。美国的权力和声誉——也就是它的威望——异常低落，使得日本竟能将其战争计划建立在这样一种假设上：美国的军事实力将不会及时从珍珠港的打击中恢复过来并影响战争的结局。美国的威望是如此低落，以至于德国和意大利非但不设法使美国置身欧洲战争之外，反而近乎渴望地通过 1941 年 12 月 10 日向其宣战把它拉进了战争。据说希特勒曾在 1934 年宣称："美国人不是战士，这个所谓的新世界之低劣和堕落，充分表现在其军事的无能上。"①

（2）间接追求海洋权力与海洋安全

汉斯·摩根索主张直接追求海洋权力，而约翰·米尔斯海默主张间接追求海洋权力来获取海洋安全。"离岸平衡手"（offshore balancer，也译作隔岸平衡手）是美国"进攻性现实主义"（offensive realism）代表人物约翰·J.米尔斯海默（John J. Mearsheimer）提出的美国海洋安全战略。在《大国政治的悲剧》一书中，他根据中美地理特点、地缘政治现实以及美对华战略判断，得出美国需要遏制中国崛起并充当"离岸平衡手"的结论。"离岸平衡手"主张美国间接追求海洋权力来获得海洋安全，以此避免像第二次世界大战那样的世界大战。

① 实施离岸平衡手的前提及其含义

A. 海洋的巨大阻碍作用——实施离岸平衡手的前提

地缘政治学关于强国使用权力的效果与距离关系的研究表明，一个国家在它的疆域之外施加权力影响，不管其目的如何，这个使用权力的国家获得的效果将随着距离的延长而衰减，距离的不断延伸损耗和侵蚀了实力的强度和取得的效果。博尔丁将其概括为"力量梯度损失"（loss of strength gradient）规律。②美国在海洋安全上具有天然的优势，太平洋和大西洋这两个大洋是天然的安全屏

---

① Hermann Rauschning, *The Voice of Destruction*, New York: G.P.Putnam's Sons, 1940, p.71.

② Kenneth Boulding, *conflict and Defense*, New York and London: Harper & Row, 1963, p.262.

障，把美国同世界主要大国隔离开，但同时也减弱了美国使用权力带来的效果。例如，从中国国土的最东端的乌苏镇到美国最西边的阿拉斯加州，直线距离大约是 4 356 千米；穿越太平洋，到美国的夏威夷州，大约 5 300 多千米；如果自西向东穿过太平洋则有 14 000 千米左右。正是由于海洋的巨大阻碍作用，世界上任何国家都不拥有成为全球性霸主的军事实力，因而，“大国的最终目标是获得地区霸权，并阻止相匹敌的竞争对手在全球不同地方的崛起。本质上，获得地区霸权的国家在其他地区扮演着离岸平衡手角色”。①

B. 离岸平衡手的含义

米尔斯海默通过总结英国和美国的历史经验，得出离岸平衡手的含义是指世界上两个地区性强国，在争夺该地区霸主位置的时候，必定会使另外一个地区性的霸主国家感到不安。因为当这两个强国经过激烈竞争，出现一个强国战胜另外一个强国的时候，它就成为该地区的霸主，那么，它的下一个目标，就是把权力扩大到其他地区。所以，作为想要继续保持地区霸主的强国来说，当其他地区出现了两个强国争夺该地区霸主地位的时候，该地区霸主国绝不能坐视不管，否则自己的权力和地位会受到影响和削弱，最坏的结果是失去地区霸主地位。对自己最有利的做法，就是在地区性争夺霸主地位的过程中，帮助和支持处于相对劣势的国家，使该地区重新恢复均势，以此维持自己的地区霸权。

C. 推卸责任——实施离岸平衡手的主要选择

米尔斯海默阐述了地区霸主国家维持权力的四种战略：“建立均势、推卸责任、绥靖和跟着强者走”，②其中，前两者对大国来说尤为重要，因为“这两种战略都主张向侵略者让出权力，这违反了均势逻辑，并使采用这些战略的国家增加了危险，在乎自己生存的大国应该既不能对敌人采取绥靖政策，也不能对它们采用跟着强者走的战略”。③

而在建立均势和推卸责任这两种战略中，推卸责任是受威胁的地区霸主国实行离岸平衡手的主要选择。推卸责任是指：“推卸责任者试图让另一国承担阻止或抗击侵略者的重任，自己则置身于外。推卸责任者深刻认识到，有必要阻止

① [美]约翰·米尔斯海默：《大国政治的悲剧》，王义桅、唐小松译，人民出版社 2003 年版，第 342 页。

② 同上，第 218—225 页。

③ 同上，第 225 页。

侵略者增加对世界权力的占有，但它必须指望某个其他受到侵略者威胁的国家能够完成这项繁重的任务。”①

推卸责任之所以成为主要选择，是因为能够给实施离岸平衡手的霸主国带来巨大的利益。首先，“鹬蚌相争，渔翁得利”。由于把遏制的主要任务推卸给另一个国家，二者为地区霸权彼此竞争对抗，不可避免地导致双方实力的削弱和下降。而推卸责任者从中获取最大的利益。其次，防御代价最小化。“推卸责任常常为防御提供‘便宜’。毕竟，一旦威慑失败而爆发战争，承担责任的国家要花费很大的代价来抗击侵略者”。②第三，使推卸责任者处于支配战后世界的有利位置。例如，美国和英国等盟国迟迟不开辟欧洲第二战场，等到苏联和德国军队两败俱伤的时候才介入陆地战场。最后，推卸责任有助于减少直接威胁。③比较典型的例子就是中美关系正常化，中美两国关系由对立和敌对逐步变为接触和交流，减少了美国的威胁。

② 实施离岸平衡手的对象——中国

约翰·米尔斯海默从美国独霸西半球的历史逻辑出发，认为实施离岸平衡手的遏制对象就是中国，因为中国经济会持续增长，军事实力不断增加，成为潜在的地区霸权国，到时候“中国会针对美国发展自己的门罗主义。正如美国向遥远的大国表明它们不能干涉西半球，中国也将表明美国介入亚洲是不可接受的”。④接着，中国会像美国的门罗主义所做的那样，“随着中国权力的不断增长，它将试图把美国赶出亚洲，就像美国将欧洲大国赶出西半球一样……而且中国将比 20 世纪美国面临的任何一个潜在霸权国都更强大更危险”。⑤为了防止这样的事情发生，美国的措施是“正像在 20 世纪的做法一样，美国会坚决维护自己的世界唯一地区霸权的地位。可以预见的是，美国会竭尽全力遏制中国，延缓中国崛起，使其没有能力在亚洲发号施令。基本上，美国会用它在冷战中对付苏联的一套来对付中国”。⑥这一套办法即美国在亚洲实施离岸平衡手海洋战略，美

---

① [美]约翰·米尔斯海默：《大国政治的悲剧》，王义桅、唐小松译，人民出版社 2003 年版，第 220 页。

② 同上，第 222 页。

③ 同上，第 223 页。

④ 同上，第 543 页。

⑤⑥ John J.Mearsheimer, The Rise of China will Not Be Peaceful at All, The Australian, November 18, 2005. p.3.

国联合亚洲的日本、印度、新加坡、韩国和越南等国，让这些国家成为责任承担者，先和中国争夺地区霸权，而后美国在适当的时机加入进来，获取最大的利益。

(3) 海洋权力相互依赖与海洋安全的研究

美国著名国际关系学者罗伯特·基欧汉和约瑟夫·奈合著了《权力与相互依赖》(*Power and Interdependence*)一书，标志着新自由主义学派挑战现实主义和新现实主义理论霸主地位的开始，构成了新自由制度主义兴起的理论基石。由于交通工具、信息科技和经济高速发展，国家间、地区间的交往、互动和相互依赖作用日益增强，已成为当代国际社会的一个基本特征。依赖(Dependence)指的是为外力所支配或受其巨大影响的一种状态。简而言之，相互依赖(Interdependence)即彼此相依赖(Mutual Dependence)。世界政治中的相互依赖指的是以国家之间或不同的国家行为体之间相互影响为特征的情形。为了说明相互依赖，在实证部分，两位作者分别从海洋领域等方面就相互依赖的国际机制变迁予以解释，证明自己的理论主张。

① 海洋领域武力的作用下降

罗伯特·基欧汉和约瑟夫·奈认为在第二次世界大战以前的"海域和海洋资源问题领域，武力起着直接的作用。在海洋领域，各国素有公开使用海军武力的传统，该领域武力运用的变化更容易识别"。[①]但是，第二次世界大战结束后，情况却发生了明显变化，"在与小国发生的海洋资源冲突中，大国一般不使用武力。尽管在少许情况下，大国动用武力或武力威胁维护自己的军事航行权，这些努力并不总是成功的"。[②]比较典型的例子就是1956年的苏伊士运河危机(Suez Crisis)，1956年7月26日，埃及的纳塞尔总统宣布将苏伊士运河收归国有，由于苏伊士运河过去由英国和法国投资开凿和共同管理，并且具有重要的海洋贸易和军事战略价值，纳塞尔的措施损害了英法两国的利益，于是英国、法国联合以色列实施了军事占领苏伊士运河的行动。虽然军事占领取得了成功，但是随着美国和苏联的介入以及强大的国际社会压力，英国、法国和以色列被迫撤出苏伊士运河。苏伊士运河危机不但导致了当时的英国艾登政府的垮台，而且引发

① ［美］罗伯特·基欧汉、约瑟夫·奈：《权力与相互依赖》(第四版)，门洪华译，北京大学出版社2012年版，第97—98页。

② 同上，第99页。

了英法两国在全球的庞大殖民体系的加速瓦解。虽然埃及在军事斗争上彻底失败了,但在政治上却彻底摆脱了殖民统治,获得胜利。通过这次危机,美国和苏联两个超级大国展现了真正主宰中东乃至全世界的力量。总之,英国、法国和以色列发动的战争虽然胜利了,但是却没有取得预期的成果,这说明战争的作用在下降。

与此相反,小国反而常常动用武力,进一步扩大排他性的海岸专属捕鱼权,或因经济、环境目的而要求进一步扩大对毗邻海域的管辖权。大国的"炮舰外交"在很大程度上由小国的"炮舰外交"所代替。[①]海洋问题领域的实际情境处于复合相互依赖和现实主义之间:在特定问题上,武力时而发挥重要作用,但它不再是决定结局的至关重要因素。此外,与1945年之前相比,更少的海洋问题需要武力发挥作用,武力在许多冲突中是不可使用的。因此,与过去特别是第二次世界大战之前相比,1967年以来的海洋问题领域更接近于复合相互依赖的条件。[②]

武力作用下降的原因有三个,第一个原因是军事技术的发展,提高了远洋舰队采取军事行动的潜在代价。[③]随着军事技术的发展,以及世界各国经济实力的增强和军事工业的建立和发展,军舰、导弹等过去是超级大国才能拥有的非常先进的武器,如今变得越来越普及。尤其是反舰导弹的发展,使得海洋强国的远洋军事行动再也不能取得像过去一样的压倒性胜利。例如,在1982年的英国和阿根廷之间的马尔维纳斯群岛战争(英国称:福克兰群岛战争)中,英国海军价值2亿美元的"谢菲尔德"号驱逐舰就被阿根廷发射的仅值200万美元的鱼叉反舰导弹击沉。第二个原因是反对武力的普遍规范。第二次世界大战结束后,世界人民对战争深恶痛绝,争取和平、反对战争成为世界的主流。所以,在海洋争端中,"做出强有力反应的大国常常被视为不可理喻的恶棍"。第三个也许是最重要的原因,"大国动武的企图常常阻碍其海洋问题领域内外的广泛目标的实现"。[④]第二次世界大战后,出现了社会主义阵营和资本主义阵营的两极冷战局面,对于两个超级大国来讲,夺取世界霸权才是最重要的,在海洋问题上使用武力,会分散争霸的注意力。

---

①③④ [美]罗伯特·基欧汉、约瑟夫·奈:《权力与相互依赖》(第四版),门洪华译,北京大学出版社2012年版,第100页。

② 同上,第101页。

② 海洋问题与经济、科技等手段的复合相互依赖

在第二次世界大战以前，人们虽然认识到海底蕴藏着丰富的资源，但受当时的经济、科技的限制，无法进行开发利用，因此，海底资源问题没有被提上国际议事日程。“战后技术和经济变迁促进了海洋的传统利用，并开发了新的利用方式。特别是，技术进步导致了海域与海洋资源问题的第三个领域——洋底的出现”。[①]例如，在海底石油资源开发技术上，经历了一个从无到有、从浅海开发到深海开发的过程，海底石油占世界石油总产量的比重逐年提升。另一个更吸引世人注意的是海底锰结核开采技术的发展。锰结核的化学成分依据锰矿物的种类、大小及核心特性而有所不同。当中有较高经济价值的有锰（27%～30%）、镍（1.25%～1.5%）、铜（1%～1.4%）及钴（0.2%～0.25%）。其他成分有铁（6%）、硅（5%）及铝（3%），亦有少量钙、钠、镁、钾、钛及钡等。锰结核广泛地分布于世界海洋2 000～6 000米深的海底，而以生成于4 000～6 000米水深海底的金属含量品质最佳。锰结核在1868年在西伯利亚外北冰洋中的喀拉海发现。在1872—1876年间，英国的挑战者号科学考察（Challenger expedition）中发现它们在大部分海洋都会产生。[②]虽然科学家早就发现了锰结核，但由于技术条件的限制，一直没有办法进行大规模开采。直到20世纪80年代，锰结核的开采、冶炼在技术上才不成问题，所以，世界各国纷纷进行勘探和圈占优先开采区，为将来进入市场化的大规模开采阶段做准备。

正是经济科技的发展，使得陆地资源出现短缺，而科技发展使得开采利用海底资源有可能变为现实。这样经济科技把海底资源问题从默默无闻变成了海洋政治中一个焦点问题。

5. 国外研究述评

总之，国外的海洋安全研究站在资产阶级立场上，为资产阶级的国际海洋统治利益服务。他们在海洋安全研究中信奉“谁的舰队实力大，谁就能欺压弱小国家，击败其他海洋争霸国家，在国际海洋上称王称霸”的海洋霸权安全理论。海

---

① ［美］罗伯特·基欧汉、约瑟夫·奈：《权力与相互依赖》（第四版），门洪华译，北京大学出版社2012年版，第85页。

② A.L.Rice, Margaret Deacon, C.P.Summerhayes, *Understanding the Oceans: A Century of Ocean Exploration*, UCL Press, 1999, pp.27—48.

权的实质就是海洋霸权。在这样的理论指引下，西方海洋列强在世界近现代历史上给中国以及广大发展中国家带来了极大的灾难。当使用海洋武力的代价越来越大的时候，西方海洋安全学者又开始重视软实力、巧实力的研究，提出了离岸平衡手和权力相互依赖理论，来维护以美国为首的西方世界的海洋霸权。

(二) 国内研究现状及述评

1. *以史为鉴，阐述总结中国海洋安全历史的经验教训*

唐太宗李世民曾说："以铜为镜，可以正衣冠；以人为镜，可以明得失；以史为镜，可以知兴替。"①这一类研究可以分为专门史和通史研究两大类。专门史的研究主要集中在郑和下西洋和甲午战争两个时期。郑和下西洋的研究有：《郑和下西洋研究文选(1905—2005)》(郑和下西洋600周年纪念活动筹备领导小组主编)②，《郑和下西洋资料汇编》(郑鹤声、郑一钧编)③，《郑和下西洋新考》(周运中著)④等。这些著作研究了郑和下西洋的历史，指出大航海是建立在经济基础和科技基础上的，当时以我们有用的丝绸、铁器、瓷器来换取珠宝、香料、染料等，经济互补性不是很强，没有驱动力，所以郑和下西洋没有使中国成为海洋强国。甲午战争的研究有：《龙旗飘扬的舰队》详细剖析了清政府近代海军创建和发展的曲折历史，总结了清末海军近代化失败的历史教训。⑤《甲午殇思》全书描述了1894—1895年甲午战争的历史细节，以宏观、微观视角展示并分析比较了当时中日双方的国家制度、军队建设、战略战术、人物风貌、在外人眼中的形象等诸多方面，有助于人们详细了解整个战争的背景，客观思考战争胜负的原因，及其对当时及眼下中国社会的深远影响。⑥《甲午海战》描述了北洋水师甲午海战中具体技术战术，深刻披露北洋舰队惨败的真相。⑦通史类研究主要有：秦天、霍小勇

---

① [北宋]欧阳修、宋祁：《新唐书·卷一一零·列传第二十二·魏徵》。

② 郑和下西洋600周年纪念活动筹备领导小组主编：《郑和下西洋研究文选(一九〇五—二〇〇五)》，海洋出版社2005年版，第195页。

③ 郑鹤声、郑一钧编：《郑和下西洋资料汇编》，齐鲁书社1983年版，第386页。

④ 周运中：《郑和下西洋新考》，中国社会科学出版社2013年版，第207页。

⑤ 姜鸣：《龙旗飘扬的舰队——中国近代海军兴衰史》，生活·读书·新知三联书店2002年版，第4—5页。

⑥ 刘亚洲、丁一平、金一南、罗援等：《甲午殇思》，上海远东出版社2014年版，第2—3页。

⑦ 陈悦：《甲午海战》，中信出版社2014年版，第3—5页。

在《中华海权史论》总结出:“在血与火的海洋发展史上,海权与国家的安危、荣辱、兴衰系于一身。从人类浩劫的世界大战,到海洋文明大放光彩的今天,海权的得失勾勒出一个国家的历史发展轨迹,形成了强与弱、兴与衰的历史。”①文天尧在《争洋霸海:制海权与国家命运》中提出了:“将海军力量、海上安全与海洋资源、海洋环境、海洋科技相结合,形成新的综合海权观。”②王生荣在《海权对大国兴衰的历史影响》提出了一个基本逻辑判断是:“一个民族或国家虽为海洋所怀抱,却不一定能够真正拥有海洋;而一个民族或国家若拥有强大的海权,则必定会成为一个海洋大国。”③这些研究通过比较全球历史上一些民族和国家,是如何通过海权的培育而发展成为海洋大国的,是如何在海权的争夺中兴衰成败的,从而得出结论——中国也必须追求和发展强大海权。

2. 引进和介绍海权论,以此指导中国海洋安全

改革开放之初,中国的核心期刊《历史研究》发表了冯承柏、李元良的《马汉的海上实力论》一文,文章简明扼要地介绍了马汉的“海上实力论”(海权论在该文中称作海上实力论),文章认为,该理论“为帝国主义制定了一幅依靠海上力量,夺取制海权,重新分割殖民地,争夺世界霸权的蓝图”,“它代表了垄断资产阶级的利益和要求,并从理论上和战略上论证了海上实力在争夺世界霸权中所占的地位和作用”。④该文代表了我国改革开放初期及其以前的中国学者对马汉的海权论的基本认识,这一时期,人们受阶级斗争的影响比较重,对马汉的海权论的批评色彩较浓。从中华人民共和国成立到改革开放初期,学术界认为:西方的“海权”思想或理论具有鲜明的垄断资产阶级属性,带有强烈的帝国主义侵略性、疯狂的扩张性和对海洋霸权争夺的意志和野心,是压迫和剥削落后国家和民族的理论武器,是帝国主义国家侵略扩张的反映和必然产物。

1991年,海洋出版社出版了由黄彩虹主编的新中国第一套《海洋意识》丛书,这套丛书中有一册张炜、徐华所著的《海权与兴衰》,成为改革开放以来国内第一本研究海权理论的论著。该书以马克思“两类自然富源”的理论为基础,从

① 秦天、霍小勇主编:《中华海权史论》,国防大学出版社2000年版,第1—2页。
② 文天尧:《争洋霸海:制海权与国家命运》,凤凰出版社2009年版,第2页。
③ 王生荣:《海权对大国兴衰的历史影响》,海潮出版社2009年版,第1—2页。
④ 冯承柏、李元良:《马汉的海上实力论》,载于《历史研究》,1978年第2期,第73—79页。

文化初期东西方自然地理环境的分析入手，从中国与西方文明历史对比的角度，论述了中国代表的陆地文明与地中海代表的海洋文明的根本不同，指出“这是两种不同性质的文明，前者以农为本，受自然经济规律的支配；后者则以商为本，受商品经济规律的支配”。在地中海国家、大西洋国家以及中国的你更我替、大国兴衰的背后，“隐藏着一把无形的巨剑——海权”①。该书还比较科学合理地评价了马汉的海权论：“它是对资本主义产生与发展规律的认识与把握，它从国家战略高度考虑对海洋的利用和控制，它对当时的国家兴衰产生巨大作用。因为，当人类由开发陆地转而开发海洋的时候，对海权的认识及其运用决定着国家的兴衰。”②

3. 海权中国化与海洋安全的研究

随着时代的前进，海权不再局限于海军这个传统领域，突破了传统界限，向其他领域扩展，国内学术界认识到要把海权论和中国具体实际相结合，把海权中国化以推动中国海洋安全的实现。鞠海龙在《中国海上地缘安全论》提出了双区双点的海权战略：将朝鲜半岛和中南半岛作为中国走向海洋的陆基基础，将台湾和南海作为中国走向远洋的海基基点。③张炜和冯梁在《国家海上安全》中提出“发展中国特色海权，是发展中国家运用海上力量开发利用海洋的过程，是维护国家利益和保障国家海上安全的过程，更是发展中国家对海洋事务的战略管理及其管理海洋的能力和艺术的过程”。④刘中民在《世界海洋政治与中国海洋发展战略》中指出：“应该寻找思路提高海洋经济的综合国力贡献率，进而为海权发展提供动力；中国的海权发展并不构成阻碍中国和平崛起的结构性因素。”⑤季国兴在《中国的海洋安全和海域管辖》中详细阐释了“搁置争议、共同开发的解决海域管辖争端的各种有效途径”⑥。梁芳在《海上战略通道论》中剖析了马六甲海峡、苏伊士运河、巴拿马运河和黑海海峡等海上战略通道的重要战略地位及其

① 张炜、许华：《海权与兴衰》，海洋出版社 1991 年版，第 4 页。
② 同上，第 110 页。
③ 鞠海龙：《中国海上地缘安全论》，中国环境科学出版社 2004 年版，第 2 页。
④ 张炜主编、冯梁副主编：《国家海上安全》，海潮出版社 2008 年版，第 509 页。
⑤ 刘中民：《世界海洋政治与中国海洋发展战略》，时事出版社 2009 年版，第 54 页。
⑥ 季国兴：《中国的海洋安全和海域管辖》，上海人民出版社 2009 年版，第 348 页。

对各国的意义。[①]张世平在《中国海权》中提出了“向南,向海,向全球的海权战略,主张中国要高度重视和解决南海问题”。[②]张文木在《论中国海权》中指出:“中国海权是有限海权,其特点是它基本不出主权和国际海洋法确定的中国海洋权利范围,海军发展不出自卫范围。”[③]石家铸在《海权与中国》中从“海洋国土的维护、海洋通道的保障、海洋经济的发展、海洋防卫的实力构建”四个方面构建了中国的海权论。[④]胡波在《中国海权策》中从海洋外交、海洋经济及海上力量三个方面详尽阐述了中国海权发展战略。[⑤]这些研究从马汉的“海权论”出发,认为中国的海权包括海洋政治权益的维护、国际海洋法的运用解释、海洋战略通道的安全保障、海洋经济的安全与发展以及海洋军事安全与海洋军事力量的构建等方面,并结合中国实际,对中国未来的海权发展战略进行了精心论证和阐述。

4.国内研究综合述评

在近现代历史中,因为清政府腐败无能,在海战中屡次战败,所以在海洋安全历史的研究中总结的经验教训几乎都是战败的经验教训或者是救亡图存的经验教训。即使郑和下西洋,虽然是古代航海事业的顶峰,但也是由盛转衰,研究总结的也是不成功的经验教训。这些经验教训虽有一定的借鉴意义,但对于今天构建海洋安全观的指导意义和建设意义不强。

海权论是美国的马汉在100多年前提出的,海权论在当时帝国主义时代的核心思想就是大力建设海军,夺取海权,成为海洋霸权国家,进而影响和统治世界其他国家。正是在海权论影响下,德国和日本走上了争夺海洋霸权的道路,两次世界大战的部分起因就是对海权的争夺,这给世界人民带来了巨大灾难。国内学者从批判海权转向把海权中国化,把海权与中国的海洋安全实际结合起来,阐释了中国特色的海权,这些研究是值得肯定的;但是在西方话语中,海权就是海洋霸权的同义词,中国大谈特谈海权,就为西方国家宣扬中国“海洋威胁论”提供了口实,也容易引起一些遭受过去海权侵害的发展中国家的误解,不利于中国

---

① 梁芳:《海上战略通道论》,时事出版社2011年版,第213页。

② 张世平:《中国海权》,人民日报出版社2009年版,第267页。

③ 张文木:《论中国海权》(第2版),海洋出版社2010年版,第10页。

④ 石家铸:《海权与中国》,上海三联书店2008年版,第1页。

⑤ 胡波:《中国海权策》,新华出版社2012年版,第128、177、207页。

海洋政治正面形象的树立。

（三）研究值得提升的地方

由于国外的研究是从西方发达国家的实际情况出发，为发达国家的海洋霸权服务的，很多研究不符合中国的国情。总之，国内经过30多年学术界的研究积淀，围绕海权论的中国化，中国学术界在马汉的海权论的引进介绍、中国海洋地缘政治安全研究、中国海权历史的研究、中国海权发展的必要性分析、中国的海洋安全特点、中国海洋的总体发展战略等方面的研究取得了长足的进步和巨大的成就。但是，也存在许多值得提升和深化的地方：

1. 研究的范围主要在集中海洋政治、海洋经济和海洋军事领域，这些领域属于海洋强国的硬实力方面，而对于海洋安全的软实力——海洋文化安全研究的较少。只有硬实力和软实力都强大，才能更好地实现海洋安全。

2. 从马克思主义中国化这个角度来研究中国海洋安全，并突出“中国特色”，关于这方面的研究少之又少，或者说刚刚起步。

3. 国内对“海权中国化”和“中国海权战略”这一领域的研究成果众多，但是海权论毕竟是100多年前的理论，时代在发展，海权论当时适用的条件到现在已经发生了很大的变化，能否符合中国现在的实际情况是有疑问的。另外，这些研究没有具体提出能够系统实施的实践方案。本书提出了一些具体的可以操作的实践方案。

四、研究的创新和不足之处

（一）创新之处

1. 提出了“中国特色海洋共同安全观”的新观念

自大航海时代以来，西方列强屡次从海上侵略中国和其他众多发展中国家，造成发展中国家处于贫穷落后和动荡不安的状态。此外，西方列强之间还互相展开海洋竞争和海洋战争，海洋成了争夺海洋霸权的主要场所。实质上，西方列强一直奉行的是弱肉强食、赢者通吃的海洋霸权安全观。即哪个国家控制了海洋，获得了海洋霸权，哪个国家就成为海洋和世界的霸主。这种海洋安全观导致了全世界的海洋处于普遍不安全状态，遭到世界各国人民的强烈反对。作为社会主义国家，中国倡导的海洋共同安全观不仅要保障本国的海洋安全，最终实现国家的总体安全；还要统筹兼顾世界其他国家和地区的海洋安全，提倡世界各国勠力同心、协商合作，共同维护和保障世界海洋的整体安全。

2. 确立了中国特色海洋安全观的外延体系

中国特色海洋安全观的核心思想是中国特色海洋共同安全观，中国特色海洋安全观的观念体系由互利共赢的海洋经济安全观、共同责任的海洋政治安全观、共同竞合的海洋军事安全观和共同繁荣的海洋文化安全观组成。

海洋经济是海洋安全的基础，它决定和影响海洋政治、海洋军事、海洋文化的发展。自新航线开辟以来，西方列强以海洋武力打破发展中国家大门，利用资本主义经济的优势疯狂剥削掠夺发展中国家，完成了资本主义原始积累，造成世界海洋经济的严重两极分化，严重阻碍和影响了世界海洋经济持续发展。西方列强的海洋经济观本质就是海洋殖民、扩张和掠夺经济观，用更一针见血的话来讲就是海洋强盗经济观。作为改革开放深入发展的社会主义国家，中国努力践行互利共赢的海洋经济安全观。中国海洋经济的发展不会损害世界其他国家的海洋经济利益，反而会带动和促进有关国家海洋经济的发展，努力做到各国共同享有海洋经济发展的成果，在海洋经济往来中力争做到各方双赢和共赢，实现世界海洋经济的永续发展。

倡导和践行共同责任的海洋政治安全观，就是把中国建设成负责任的海洋政治大国，就是通过和平谈判等方式妥善处理海洋争端。维护世界海洋安全既是中国的也是世界各国各地区应尽的责任，只有世界各国各地区团结一致、共同努力才能实现世界海洋的整体安全。

卡尔·冯·克劳塞维茨(Karl Von Clausewitz)认为："战争不仅是一种政治行为，而且是一种真正的政治工具，是政治交往的继续，是政治交往通过另一种手段的实现。"①同样道理，海洋军事是海洋政治的延续，是达到海洋政治目的之

① [德]卡尔·冯·克劳塞维茨：《战争论》上，中国人民解放军军事科学院译，商务印书馆 1982 年版，第 43 页。

重要手段。中国奉行共同竞合的海洋军事安全观是因为在海洋军事领域存在着激烈的竞争,同时还存在不同程度的各种合作。这就要求中国在海洋军事安全竞争合作力求双赢,在海洋军事竞争中努力谋求合作,避免海洋军事竞争导致海洋危机和海洋战争等极端不安全事件的发生;在海洋军事合作中也不完全放弃竞争,通过有限度的海洋军事竞争促进本国海军的健康发展,为中国海洋事业的发展争取安全的海洋环境。

海洋文化是国家"软实力"的重要组成部分,海洋文化对海洋政治、经济、军事和生态的发展产生巨大的促进作用。共同繁荣的海洋文化安全观是指在海洋世纪,世界各国各地区海洋文化没有先进和落后之分,任何海洋文化都有长处和短处,应该推动不同的海洋文化互相学习、互相借鉴、取长补短和融合创新,推动世界海洋文化交流,反对海洋文化霸权主义和海洋文化帝国主义,努力促进世界各国各地海洋文化的共同繁荣发展。

(二) 不足之处

1. 宏观与微观的关系没有把握好

海洋安全观是一个宏大、复杂的理论和实践体系,要实现海洋安全,就必须从小事做起,从细节着手,"天下难事必作于易,天下大事必作于细"。①这就要求研究"大中见小,小中见大"。②但是研究完成的时候,宏观的论述比较多,细致的论证还是较少。

2. 海洋文化安全观研究不够深入

实现海洋安全的实力是由硬实力和软实力——海洋文化构成的,硬实力和软实力之间的关系是辩证的、统一的,二者相互联系、相互作用、相互转化。把硬实力和软实力灵活的运用就属于巧实力。一个国家的海洋硬实力越强,该国的海洋"软实力"就具备更为广泛的影响力、吸引力和拓展空间。美国作为世界头号海洋强国,其强大的海洋军事实力和科技实力为推广美国的海洋文化观念等提供了强大示范效应。例如,马汉的《海权论》直到今天仍然在世界各国被翻译

① [春秋]老子:《道德经·第六十三章》。
② [清]沈复:《浮生六记》第二卷。

出版，历久弥新。反之，海洋“软实力”也可以通过其本身的作用促进海洋硬实力的迅速提升。正是美国把《海权论》奉为国家的海洋行动指南，才使美国逐渐摆脱“孤立主义”的影响，超越英法等国家，成为世界唯一的超级大国。在研究中，由于海洋“硬实力”容易衡量和操作，占用的篇幅较大；另外，中国海洋文化历史悠久，有关古代海洋文化的典籍汗牛充栋，要一一总结归纳起来，难度不小，导致海洋文化安全观等的研究就相对薄弱一些。

总之，书中存在的不足，就是我今后的研究方向，我会继续努力，为实现中国海洋安全，为“海洋强国”的早日实现贡献自己的一点力量！

五、研究逻辑框架

综上所述，本书的研究逻辑框架如下图所示：

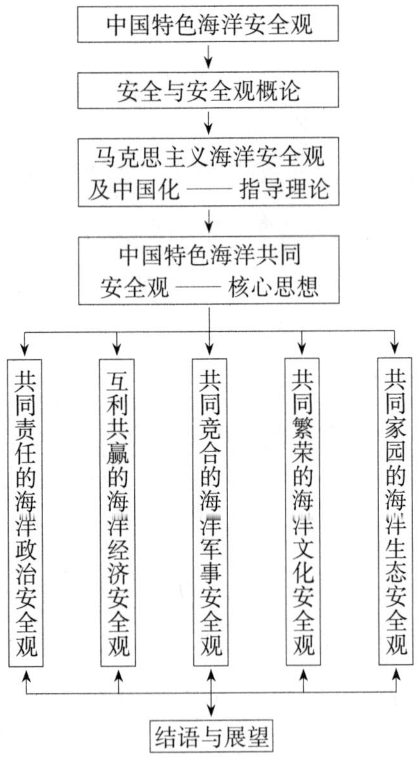

第一章　安全与安全观概论

当和平与发展成为时代的主题时，安全则变得更为重要。个人和平安宁的生活需要安全，社会经济的持续发展需要安全，“中国梦”的实现需要安全，时代的不断进步更需要安全。

第一节　安全相关概念与安全类型

自从人类诞生以来，“安全”就时时刻刻遍布于人类生产、生活的每一个角落，任何人、组织和国家都需要安全和安全感。国家的生存与发展，最离不开的是安全。国家安全是国家全部活动的基础和前提，也是一个国家的人民大众所追求的最基本的目标之一。古今中外的实践表明，安全利益是国家利益、民族利益和最广大人民群众根本利益的集中体现。但要切实维护国家安全，首先必须要有一个正确的、符合实际的安全观来指导。

一、安全的概念与重要性

（一）安全的概念

安全的概念或含义是安全理论分析的起点，也是构建各种安全观理论体系的根基。在国际安全理论研究领域,安全概念的内涵和外延不断变化和发展,从而带动安全研究不断深入和演进。正是基于这种思路,在对海洋安全观进行深入研究之前,非常有必要对安全与安全观等相关概念进行科学的界定,在此基础上,再深刻分析研究“中国特色海洋安全观”这个命题。

安全是一个具有丰富内涵的综合概念,世界上关于安全问题的研究与著作很多,但专家学者对安全的概念却“仁者见仁,智者见智”,[①]没有形成统一的意见与看法。

在我国古代,安全用“安”一词来表达。中国古代《周易》一书指出:“是故君子安而不忘危,存而不忘亡,治而不忘乱,是以身安而国家可保也。”[②]其要义即指君子平安时不忘记危险,生存发展时不忘掉败亡的可能,国家稳定昌盛时不忘记动乱与战争,唯此才能保证自己的安全和国家政权的稳定。王逸舟等认为,“安全”一词的基本含义为“远离危险的状态或特性”,或“客观上不存在威胁,主观上不存在恐惧”。[③]

在英语中,表达“安全”之意的有 safety 和 security 两个单词,虽然这两个单词的含义及用法有所不同,但都可在不同意义上与中文“安全”相对应。安全(safety)是为了减少或消除可能伤害人体的危险条件而采取的各种行动。[④]在这里,与国家安全联系的“安全”单词是 security,指需要安全主体主动采取措施寻求或达到安全的意思。其中经常被研究国家安全的专家学者提到的含义有两方面:一方面是指安全的状态,即处于没有危险与没有恐惧的状态;另一方面是指排除危险,维护安全,建立安全机构和采取安全措施。西方学者对安全的定义的各种解释见表 1-1。

综上所述,安全的含义包括静态和动态两个层次的意思。静态安全是一种状态,最简单的定义是没有危险。较详细的定义是指国家、社会、个人客观上受到保护,不受到各种类型(包括身体、社会、灵性、财务、政治、情感、职业、心理及教育等方面)的故障、损坏、错误、意外、伤害或是其他不情愿事件的影响,主观上

---

① [西周]《周易·系辞上》。

② [西周]《周易·系辞下》。

③ 王逸舟主编:《全球化时代的国际安全》,上海人民出版社 1999 年版,第 36 页。

④ 中国大百科全书出版社不列颠百科全书编辑部:《不列颠百科全书(国际中文版)》第 14 卷,中国大百科全书出版社 1999 年版,第 474 页。

表 1-1 安全的各种定义①

“如果一个国家没有为避免战争而被迫牺牲自己的合法利益，并且在遇阻的时候还能通过战争维护本国的合法利益，那么这个国家就拥有安全。”(Walter Lippmann,1943)
“客观来讲，安全是指已经获得的价值没有受到威胁；主观来讲，安全是指不害怕这些价值受到攻击。”(Arnold Wolfers, 1962)
“当短时间内接连发生的事件令人担心，当一方面一个国家人民的生活质量急剧下降，另一方面政府和非政府实体(个人、组织、公司)可以作出的选择和采取的行动的余地大为减少，那安全就受到了威胁。”(Richard Ullman, 1983)
“人们可以认为‘安全’是语言学中所说的言语行为。说出这个词本身就是行动。一个国家代表在说‘安全’的时候，就是指特定空间内的特殊情况，甚至可以要求拥有使用一切必要手段以消除安全隐患的特殊权利。”(Ole Waever, 1989)
“在安全的情况下讨论安全问题是为了避免威胁。在国际体系内，安全是指国家和社会保持身份自主和功能完整的能力。”(Barry Buzan, 1991)
“安全和摆脱束缚是相辅相成的两个方面。真正的安全是摆脱束缚，而不是实力和秩序。摆脱束缚是使人(个人和集体)从客观存在和人为设置的束缚中解脱出来，这些束缚阻止他们去做在没有束缚的情况下想做的事情。只有一个人不去剥夺另一个人的安全，持久的安全才有可能实现。”(Ken Booth, 1991)
“一个问题要成为涉及安全的重大问题，必须指出确实存在一种威胁，需要采取紧急行动或特殊措施，并取得大批听众的认可。”(Barry Buzan, Ole Waever et Jaap de Wilde, 1999)
“安全是个人和国家、国际组织、公司、协会等主体之间一切相互作用的总和，他们不仅要推行自己的喜好，而且准备采用暴力和强制手段来达到目的。”(Edward Kolodziej, 2005)

不存在恐惧、害怕等不安全感觉。动态安全的定义是可以控制特定的已被识别的危害和威胁，使风险完全消除或控制在一定可接受的水平以下，因此可以消除风险造成的损失或将损失降低到最小限度。在本书中，安全的含义采取静态和动态定义相结合的方式来理解。

(二) 安全是人类的第二需要——安全的重要性

在资本主义产生之前，由于生产力不发达，交通工具落后，人们虽有不安全感，但这种感觉不是频繁产生的。资本主义产生之后，人们的不安全感与经受的威胁和危险频繁发生，这是因为：“生产的不断变革，一切社会状况不停的动荡，永远的不安定和变动，这就是资产阶级时代不同于过去一切时代的地方。一切固定的僵化的关系以及与之相适应的素被尊崇的观念和见解都被消除了，一切

① [法]夏尔-菲利普·戴维：《安全与战略——战争与和平的现时代解决方案》，王忠菊译，社会科学文献出版社 2011 年版，第 31 页。

新形成的关系等不到固定下来就陈旧了。一切等级的和固定的东西都烟消云散了，一切神圣的东西都被亵渎了。”[①]在资本主义制度下，不仅无产阶级面临着被剥削或失业的危险，一些资产阶级在竞争中失败后，也会被无情地抛进无产阶级的队伍中。在资本主义社会几乎可以用“人人自危”来形容。所以，美国的心理学家马斯洛（Abraham H. Maslow）把安全需要作为人类在满足生理需要之后的第二个基本需要。在 21 世纪，安全每时每刻都渗透在国家社会生活的各个方面，对个人来讲，安全意味着健康平安；对家庭来说，安全意味着幸福安康；对企业而言，安全意味着利润和平稳发展；对国家来说，安全意味着和谐发展，民族振兴。安全是个人、家庭、企业、国家需求的重中之重，没有安全就没有一切，安全是前提，安全是保障。所以，美国的学者约瑟夫·奈把安全比喻为“氧气——你可以不在意它，但你不能离开它”。[②]

二、安全化与安全困境

个人、组织、社会和国家在应对威胁、获得安全的过程中，会产生安全化和安全困境两种状态。

（一）安全化

安全化（securitization）最早由丹麦学者奥利·维夫（Ole Waever）提出，随后英国的巴里·布赞（Barry Buzan）对其进行了全面的阐述。在二人合著的《新安全论》中，安全化理论得到了全面发展和阐述。他们认为“安全化”是这样一个过程：某个公共问题只要尚未成为公共争论与公共决策问题，不需要国家涉及和参与解决它，那么这一问题就还被置于“非政治化”的范围，因此还不是安全问题。当这个问题成为国家政策对象的一部分，需要政府的决心及考虑资源重新分配，或者还需要一种不同于以往的公共治理体制的介入，则它就被置于“政治

① 中共中央马克思恩格斯列宁斯大林著作编译局编译：《马克思恩格斯文集》第 2 卷，人民出版社 2009 年版，第 34—35 页。

② Jose S. Nye, “The Case for Deep Engagement”, *Foreign Affairs*, Vol.74, No.4, July/August, 1995, p.91.

化”的范围，成为“准安全”问题。而当这个问题被政府部门作为“存在性威胁”而提出，并需要多方面采取紧急措施，甚至这些措施超出了政治秩序的正常限度而仍然被证明是正当的，则这个问题就成为安全问题了。所以，从广义的角度看，“安全化”就是使得一种公共问题经过特定的过程（如权威机构“宣布为危险”）而成为国家机构甚至国际社会处理的安全问题。国家安全威胁的实质是经过安全化机制运作的国际、国内社会公共问题的政治升级与社会建构。为此，“安全化”不仅使“宣布或认定为危险”成为一个合理的施动过程，而且还能很好地解释为何不同的国家会有不同的安全重点，不同的历史阶段会有不同的安全重心。而且，真正的安全问题“被政治化”之后表明，“安全”自然而然“是超越一切政治规则和政治结构的一种途径，实际上就是一种所有政治之上的特殊政治”。①

安全化理论的优势在于可以把很多非传统安全问题纳入既有的安全框架内进行考虑，或者将非传统安全问题通过安全化的路径——反复强调的逻辑、特殊的修辞结构、特定的言语行为、认同文化的建构等——上升为重要的安全议题。从而把传统的国家安全和非传统的社会安全、人的安全、文化安全、经济安全、全球安全融合到一个框架内加以考虑研究，消除了传统安全与非传统安全的鸿沟和界限，解决威胁的方法与路径可以相互借鉴和使用。

“去安全化”（desecuritization）是与“安全化”相对的一个范畴，它强调的是安全化不是愈多愈好，因为安全化表明正常政治制度或国际国内机制处理安全问题的失败，因此，不倡导将所有的安全问题上升到安全领域进行处理，而应该将问题排斥在安全领域之外回到普通公共领域加以处理解决。

（二）安全困境

安全困境（security dilemma）是国际政治尤其是国家安全研究领域中一个重要的概念。约翰·赫兹（John Herz）在 20 世纪 50 年代早期就提出了“安全困境”概念。②“安全困境”，又叫“安全两难”，是一个结构性概念，它主要是指国际

---

① ［英］巴里·布赞、［丹］奥利·维夫、［丹］迪·怀尔德：《新安全论》，朱宁译，浙江人民出版社 2003 年版，第 32—37 页。

② John H. Herz, “Idealist internationalism and the security dilemma”, *World Politics*, 2, (1950); John H. Herz, *Political Realism and Political Idealism* (Chicago: University of Chicago Press, 1951); and John H. Herz, *International Politics in the Atomic Age* (New York: Columbia University Press, 1959), pp.231—243.

社会处于无政府状态下，主权国家行为体之间因缺乏相互信任和彼此猜疑、出于各自安全目的而扩充实力(通常的方式是扩军备战乃至军备竞赛)的国家行为，最终却导致国际体系中安全普遍缺失的危险境况。之所以出现此种现象，是因为“如果一个国家增强其实力以确保自身的安全不受另外一个国家的侵害，那么第二个国家在看见第一个国家变得更加强大后，可能也会增强自己的实力，以防备第一个国家。这样一来，每一方增强自己的实力，以确保自身安全的独立行为，都会使得双方更不安全”。①从根本上来说，安全困境来自国家对安全的追求，而维护国家安全始终是任何类型国家的基本职责和追求目标，由于国际政治的无政府状态和传统国际政治理论和现实中都坚持的国家利益的不可让渡性，任何关于国家安全的承诺都有可能背叛国家利益，而违反安全承诺的行为却不一定得到惩罚，因此，在追求安全目标过程中即使采用理性的手段和形式也必然会引起与有利益冲突的其他国家的担忧和恐惧，除非这些国家之间的力量过于悬殊，弱小国家自愿归属强大国家，或者是有关国家已经建立起了完全相互信任的合作机制，所有冲突能够通过和平对话形式解决，否则担忧和恐惧的国家也必然相应地采取一定措施来强化自己的安全，形成“螺旋恶性循环”，矛盾进一步激化的结局便有可能是武装冲突和大规模战争，安全困境由此产生，这一点已为国际体系的史实无数次地证明，安全困境一旦陷入，国家就很难摆脱。

三、永久和平——安全的理想状态

和平与安全是国际关系的两个完全不同的概念和两种不同的状态，和平是指没有战争和武装冲突的状态，而安全是指没有威胁、恐惧和不确定感。和平是关于安全状态的概念，而安全是关于安全程度的概念。我们可以把国际安全划分为“和平”“冷战(非战非和)”和“热战(战争)”3 种性质。把国际安全程度划分为“不安全”“不太安全”“较安全”和“绝对安全”4 个等级。由于人类社会自古以来饱受战争摧残和破坏，人们对战争深恶痛绝，对人类的未来提出了种种美好设想，德国哲学家康德就提出了永久和平的美好设想。

① [美]小约瑟夫·奈:《理解国际冲突:理论与历史》，人民出版社 2002 年版，第 23 页。

(一)康德的永久和平论

1795年,伊曼努尔·康德在《永久和平论》(*Perpetual Peace*: *A Philosophical Sketch*)一书中,提出建立共和制政府与世界联邦的美好构想,以此来实现世界的永久和平。

该理论分为两个部分,第一部分关于各个国家之间的永久和平的预备条款的6项条文从消极方面(negative)鼓励缔结和平合约,并借此来实现永久和平。一是“凡缔结和平条约而其中秘密保留有导致未来战争的材料的,均不得视为真正有效”。[①]二是“没有一个独立的国家(不论大小)可以由于继承、交换、购买或赠送而被另一个国家所取得”。[②]三是“常备军(miles perpetuus)应该及时地全部加以废除”。[③]四是“任何国债均不得着眼于国家对外争端方面加以制定”。[④]五是“任何国家均不得以武力干涉其他国家的体制和政权”。[⑤]六是“任何国家在与其他国家作战时,均不容许出现破坏未来和平、使双方的相互信任成为不可能的那类敌对行动:例如,向派遣暗杀者(pecussores)、放毒者(venefici)、破坏降约以及在交战国中教唆叛国投敌(perduellio)等”。[⑥]康德认为国际社会做到了废除秘密条约、停止侵略和掠夺、废除常备军、禁止发行战争债、不使用武力干涉别国内政、交战国家不得采取破坏未来和平的阴谋行动等,则永久和平就达到了消极方面。

第二部分则积极(positive)且明确地要求制定共和制的公民宪法和联邦主义为基础的国际法,给予各国公民以世界公民权,以此来制定国家之间的永久和平的正式条款。第一项正式条款:“每一个国家的公民体制都应当是共和制(Republican)。”[⑦]第二项正式条款:“国际权利应该以自由国家的联盟制度为基

---

① [德]伊曼努尔·康德:《永久和平论》,何兆武译,人民出版社2005年版,第5页。
② 同上,第6页。
③ 同上,第7页。
④ 同上,第8页。
⑤ 同上,第9页。
⑥ 同上,第9—10页。
⑦ 同上,第14页。这里,必须注意“共和制”和“民主制”在此特定语境中的含义。康德,就像大多数启蒙时期的哲学家一样,认为在民主制中人民自己行使执行权(executive power),因此人民永远是自己的事情的法官。显然,这是不合理的。根据当时的通行理解,共和制是指立法权和执行权彼此分离(不管执行权是转交给一个人还是许多人)政体。它实质上是今天所习用的“代议民主制”。

础。”[①]国际上决不存在关于战争的国际法，法就是和平，而战争本身则根本不是合法的状态；如能维护这一条款，也就不会有战争。第三项正式条款：“世界公民权利应将普遍的友好作为其条件。”[②]这体现了所谓的普世权利（Universal Right of Hospitality），即每一个人不会单纯因为踏上别国土地而受到敌意对待，尽管一个国家单纯根据国家法原则本来完全有权利这么做。在这里，康德对未来的世界联盟作了一番美好设想。

在阐述了实现永久和平的预备条款和正式条款之后，康德还从哲学的角度阐述了保证永久和平的三项法则：大自然的演进法则、政治与法律的一致性法则、人类在不断朝着改善前进的法则。总之，康德从哲学角度提出了国际社会实现永久和平的一种理想，通过建立一个世界联盟，在这个联盟中，有着统一的宪法和法律，各个国家依靠联合起来的力量，依靠统一的法律为根据所作出的决定，来获得自己的安全和权利。康德所处的时代，正值欧洲各个资本主义国家对亚非拉侵略扩张、在欧洲内部争夺霸权，永久和平无法实现，这仅仅是哲学家对未来的美好设想而已。

（二）列宁的和平共处思想

和平共处思想是列宁在领导苏维埃俄国无产阶级夺取政权后，面对复杂而紧迫的国际国内安全形势提出的处理国与国之间，特别是社会主义国家与资本主义国家关系，具有深远意义的外交重要思想，它是苏俄处理国家关系的外交方针。当时，新生的苏俄政府刚刚从第一次世界大战中挣脱出来，国内面临着反革命叛乱，国际上遭受帝国主义的联合武装干涉。对此，列宁指出：“俄罗斯苏维埃社会主义共和国希望同各国人民和平共处，把自己的全部力量用来进行国内建设，在苏维埃制度的基础上搞好生产、运输和社会管理工作”。[③]第一次世界大战期间，由于沙皇俄国政治经济发展落后，成为帝国主义统治的薄弱一环，社会主义革命在俄国首先取得胜利，如何处理社会主义国家与帝国主义国家之间的关

---

① [德]伊曼努尔·康德：《永久和平论》，何兆武译，上海人民出版社2005年版，第19页。

② 同上，第24页。

③ 中共中央马克思恩格斯列宁斯大林著作编译局编译：《列宁全集》第30卷，人民出版社1990年版，第208页。

系？在苏维埃第七次代表大会上，列宁指出："俄罗斯苏维埃社会主义共和国希望同各国人民和平共处，始终不渝的执行和平外交政策。"①而这种和平共处不局限于处理社会主义国家与帝国主义国家之间的关系，它还包括了世界上的所有国家。列宁进一步指出："一个没有任何武装的最小的民族，不管它多么弱小，都绝对可以放心而且应当放心：我们对它除了和平的愿望，没有任何别的企图；我们一直在不懈地宣传历届旧政府的旧政策是罪恶的政策；我们不惜以巨大的牺牲和让步为代价，无论如何都要同过去属于俄罗斯帝国而现在不愿同我们在一起的各个民族和睦相处，我们这种愿望始终是坚定不移的。"②针对过去遭受沙俄侵略的民族和国家，列宁主张宣传旧政府侵略剥削弱小民族和国家的政策是罪恶的政策，苏俄愿意与这些民族和国家和平共处。同时，列宁主张的和平共处不是教条的，是有原则的，"要记住我们是被那些公开表示极端仇恨我们的人、阶级和政府包围着的。我们随时都有遭到入侵的危险。我们要竭尽所能来防止这种灾难发生。我们可以作最大的让步和牺牲，只要能保住我们用高昂的代价换来的和平。但也不是不讲原则，没有止境"。③列宁最终强调，对于极端敌视苏维埃政权的人、阶级和政府，当和平共处外交政策行不通的时候，必须做好准备，敢于同敌人作坚决的斗争，不能无止境地让步和牺牲。

列宁的和平共处思想提出的另一个考虑就是借鉴利用资本主义来发展社会主义。针对当时党内外很多人对和平共处思想和学习借鉴资本主义感到难以接受的情况，列宁强调指出同资本主义国家不交往是"中非洲的居民的心理。我们不能设想，除了建立在资本主义庞大文化所获得的一切经验教训的基础上的社会主义，还有别的什么社会主义"。④社会主义不是凭空建立的，而是在原有的资本主义基础上发展而来。由于沙俄的资本主义发展缓慢落后，新生的苏俄社会主义政权面临着机器设备陈旧、生产力水平不高、资金缺乏、人们文化教育素质不高的现实情形，"我们应该利用资本主义（特别是要把它纳入国家资本主义的

---

① 中共中央马克思恩格斯列宁斯大林著作编译局编译：《列宁全集》第 37 卷，人民出版社 1985 年版，第 354 页。

②③ 中共中央马克思恩格斯列宁斯大林著作编译局编译：《列宁全集》第 42 卷，人民出版社 1987 年版，第 326 页。

④ 中共中央马克思恩格斯列宁斯大林著作编译局编译：《列宁全集》第 34 卷，人民出版社 1985 年版，第 252 页。

轨道)作为小生产和社会主义之间的中间环节,作为提高生产力的手段、途径、方法和方式"。[①]列宁认为,新生的苏维埃社会主义政权只有学习和利用资本主义先进的生产技术、管理经验和文化成果,才能促进新生的苏维埃国家的安全和发展。和平共处的思想的立足点和出发点都是基于此。

列宁的和平共处思想创造性地发展了马克思主义外交思想,为苏维埃俄国外交新局面的开辟提供了理论指导。从 20 世纪 20 年代起,英、法、意、美等国相继解除对苏维埃俄国的经济封锁,并恢复了外交关系,为苏维埃俄国的社会主义建设创造了和平稳定的外部国际环境。

(三) 毛泽东的永久和平思想

毛泽东作为伟大的无产阶级革命家、军事家和思想家,继承了马克思主义关于战争起源和阶级、阶级斗争的观点,结合中国新民主主义革命的战争实践,第一次系统、完整、科学地给出了战争的精辟而全面的定义:"战争——从有私有财产和有阶级以来就开始了的、用以解决阶级和阶级、民族和民族、国家和国家、政治集团和政治集团之间在一定发展阶段上的矛盾的一种最高的斗争形式。"[②]毛泽东认为战争是阶级矛盾的产物,并且是解决阶级矛盾的最高的斗争形式。关于反对战争的方法,毛泽东指出:"在战争未爆发前,极力阻止其爆发;既爆发后,只要有可能,就用战争反对战争,用正义战争反对非正义战争。"[③]在战争爆发前,无产阶级应该采取一切方法防止战争爆发;当战争爆发后,应该用无产阶级的正义战争反对帝国主义的非正义战争。

毛泽东还对未来战争的消亡作了展望,认为人类最终会达到永久和平的时代,他指出:"人类社会进步到消灭了阶级,消灭了国家,到了那时,什么战争也没有了,反革命战争没有了,革命战争也没有了,非正义战争没有了,正义战争也没有了,这就是人类的永久和平的时代。我们研究革命战争的规律,出发于我们要求消灭一切战争的志愿,这是区别我们共产党人和一切剥削阶级的界线。"[④]毛

---

① 中共中央马克思恩格斯列宁斯大林著作编译局编译:《列宁全集》第 41 卷,人民出版社 1986 年版,第 217 页。

② 毛泽东:《毛泽东军事文集》第 1 卷,军事科学出版社、中央文献出版社 1993 年版,第 691 页。

③ 毛泽东:《毛泽东军事文集》第 2 卷,军事科学出版社、中央文献出版社 1993 年版,第 304 页。

④ 毛泽东:《毛泽东选集》第 1 卷,人民出版社 1991 年版,第 174—175 页。

泽东认为无产阶级搞革命的目的不是一个国家侵略另一个国家，不是一个阶级剥削压迫另一个阶级，而是用革命战争消灭反革命战争，用正义战争消灭反非正义战争，最终实现永久和平，这也是无产阶级和其他一切剥削阶级在战争态度上的最根本区别。

（四）邓小平的“和平与发展是时代主题”的新判断

20 世纪 70 年代末以后，邓小平对世界形势的发展变化进行了深入的研究和分析，在战争与和平问题上逐渐形成了“和平与发展是时代主题”的新判断。

首先，世界大战可以避免。“文化大革命”结束后，邓小平敏锐地把握到整个世界局势出现了缓和的趋势，世界大战爆发的可能性大大降低。1977 年，邓小平首次提出：“我们有可能争取多一点时间不打仗……苏联的全球战略部署还没有准备好。美国在东南亚失败后，全球战略目前是防守的，打世界大战也没有准备好。所以，可以争取延缓战争的爆发。”①进入 80 年代，他更多地指出争取更长时间的和平是可能的。1980 年邓小平指出：“当然，我们有信心，如果反霸权主义斗争搞得好，可以延缓战争的爆发，争取更长时间的和平。这是可能的，我们也正是这样努力的。”②邓小平在 1985 年的中央军委扩大会议上讲话中指出：“美苏两家还在进行军备竞赛，世界战争的危险还是存在的，但双方的战略部署还没有完成……现在看，再有五年或更多时间，也还是打不起来，因为世界和平力量的增长超过战争力量的增长……在较长的时间内不发生大规模的世界战争是有可能的，维护世界和平是有希望的。根据对世界大势的这种分析，以及对我们周围环境的分析，我们改变了原来认为战争的危险很迫近的看法。”③之后他多次指出，世界总的趋势是和平力量在发展壮大。邓小平得出“战争可以避免”的结论是由于：第一，只有美苏两个超级大国有资格打世界大战，但他们都没有做好世界大战的军事部署与准备，再加上两个阵营核武器数量大体均衡，谁都不敢抢先动手。第二，第二次世界大战的残酷性使全世界爱好和维护和平的力量远远超过了战争力量的增长，和平成为世界全体人民的共同愿望。第三，世界竞

① 邓小平：《邓小平文选》第 3 卷，人民出版社 1993 年版，第 77 页。
② 邓小平：《邓小平文选》第 2 卷，人民出版社 1994 年版，第 241 页。
③ 邓小平：《邓小平文选》第 3 卷，人民出版社 1993 年版，第 127 页。

争中，军事力量竞争的主导地位被经济、科技力量的竞争逐步取代了，在一定程度上起到了制约战争的作用。

其次，和平与发展是世界现存的两大根本问题，其中发展问题是核心问题。1984 年邓小平就认识到："我看世界现在存在两个最根本的问题。第一是反对霸权主义，维护世界和平……第二是南北问题。这是今后国际问题中一个十分重要的方面。"①同年 10 月，他首次提出和平与南北问题是两个"带全球性、战略性和关系全局问题"的思想。1985 年 3 月，邓小平再次强调："现在世界上真正的大问题，带有全球性的战略问题，一个是和平问题，一个是经济问题或者说发展问题。和平问题是东西问题，发展问题是南北问题。概括起来，就是东西南北四个字。南北问题是核心问题。"②20 世纪 90 年代初，在国际关系发生重大调整时邓小平仍说："现在旧的格局在改变中，但实际上并没有结束，新的格局还没有形成。和平与发展两大问题，和平问题没有得到解决，发展问题更加严重"，"世界和平与发展这两大问题，至今一个也没有解决"。③冷战结束后，虽然世界大战可以完全避免，但是世界局部地区的战争与武装冲突愈演愈烈，没有丝毫缓和的迹象；发达国家和发展中国家的发展差距不仅没有缩小，反而进一步扩大。所以，和平与发展问题，至今一个也没有彻底解决。

（五）胡锦涛的坚定不移地走和平发展道路的新理念

和平发展道路是以胡锦涛同志为核心的党中央领导集体，为了消除世界对中国综合国力不断上升的恐慌，从而为中国的发展营造和平稳定的良好国际环境而对我国国际战略所做的新概括。它是对我国原有的外交政策和外交战略思想的继承和发展，是一条在社会主义制度下，既通过利用和平的国际环境发展壮大自身，又通过中国自身的发展去维护世界和平与地区稳定，最终实现中华民族伟大复兴的新道路。

改革开放以来，中国的综合实力不断增强，国际地位和影响力大大提高，社会主义强国面貌初步显现。面对中国的日益强大，一些国家的人们存在疑虑，担

① 中共中央文献研究室编：《邓小平思想年谱》，中央文献出版社 1998 年版，第 282 页。

② 邓小平：《邓小平文选》第 3 卷，人民出版社 1993 年版，第 105 页。

③ 同上，第 353、383 页。

心中国走上西方列强侵略扩张、争夺霸权的老路。对此,胡锦涛在邓小平同志诞辰 100 周年纪念大会上的讲话中指出:“我们要坚持独立自主的和平外交政策,不断推进世界和平与发展的崇高事业。中国的发展,需要和平的国际环境,也有利于促进世界的和平与发展。我们要高举和平、发展、合作的旗帜,始终奉行独立自主的和平外交政策,坚持走和平发展的道路,在平等互利的基础上加强和扩大同世界各国的交流和合作,永远做维护世界和平、促进共同发展的坚定力量。”①邓小平明确了和平与发展是时代主题,在 21 世纪,以胡锦涛为核心的党中央领导集体继承了邓小平关于时代主题的新判断,还进一步发展为中国坚定不移地走和平发展的新道路。

在坚持走和平发展的新道路的同时,中国还要处理好和平发展与国家安全的关系。我们“要始终把国家主权和安全放在第一位,坚决维护国家政治安全、经济安全、文化安全和国防安全”。②由于世界的和平局面是整体稳定和局部不安全的,威胁世界和平的安全隐患依然存在。这就要求我们走和平发展的新道路的同时,把国家主权和安全放在首位,对于一些安全威胁和隐患绝对不能掉以轻心。

自从加入世界贸易组织后,中国从分享 WTO 红利到走向世界经济舞台中心,在 WTO 话语权越来越大。针对世界一些国家和地区的疑虑,胡锦涛作出郑重承诺:“面向未来,中国将坚定不移做和平发展的实践者、共同发展的推动者、多边贸易体制的维护者、全球经济治理的参与者。我们坚信,一个改革开放的中国,一个繁荣发展的中国,一个和谐稳定的中国,必将为人类作出新的更大的贡献。”③中国的发展壮大的目的不是推行霸权,威胁别的国家,而是为人类的和平与发展作出更大的贡献。

四、安全类型

安全是一个整体概念,根据不同的标准和内容,可以把安全划分为不同的类型。

---

①② 胡锦涛:《在邓小平同志诞辰 100 周年纪念大会上的讲话》,载于《人民日报》,2004 年 8 月 23 日第 1 版。

③ 胡锦涛:《在中国加入世界贸易组织 10 周年高层论坛上的讲话》,载于《人民日报》,2014 年 1 月 19 日第 1 版。

(一) 国家安全与人的安全

国家安全是指主权国家独立自主地生存和发展利益的总和，指国家独立、主权和领土完整以及人民生命、财产不被外来势力威胁和侵犯；国家政治制度不被颠覆，内政不受干涉；经济不断发展、民族团结和睦、社会稳定没有动荡；国家秘密尤其是军事秘密等不被窃取；国家机关不被渗透等。国家安全工作涉及面较广。广义上的维护国家安全的工作包括国防、外交、隐蔽战线斗争、公共安全以及思想、文化、经济、科技等国家安全和利益有关的诸多方面。狭义上的国家安全工作是指国家安全机关在隐蔽战线上维护国家安全和利益所开展的一系列工作。

人的安全也称人类安全，联合国开发计划署在 1994 年发布的《人类发展报告》中最先提出并界定了“人类安全”。该报告指出：“人类的安全有两大方面的内容。其一是避免受到诸如饥饿、疾病和压迫等长期性威胁的安全；其二是在家庭、工作或社区等日常生活中对突如其来的、伤害性的威胁的保护。”[①]按照人们生活的不同领域，人的安全可以划分为以下几类：

1. 政治安全（人权和民主原则遭到侵犯）。

2. 人身安全（冲突，贫穷，与毒品有关的犯罪，对妇女和儿童施加暴力，恐怖主义）。

3. 环境安全（空气、水、土地和森林被破坏而恶化）。

4. 食品安全（食物的数量和质量方面，食物品质的可追溯性）。

5. 卫生安全（疾病、水、空气、土壤污染造成的各种系统疾病）。

6. 经济安全（失业，工作不安全，收入和资源不平等，贫穷和没有住房）。

人的安全是国家安全的最终目标，国家安全是人的安全的保障手段。人类结合成为部落、社会、建立国家的目的就是获得相对更高程度的安全保证，自然界对个人的生存或是安全可以构成无法抵御的威胁，因此人类只有通过结合成才能获得安全，并生存下去。

---

① United Nations Development Programme：*Human Development Report*，New York：Oxford University Press，1994，p.23.

（二）陆地安全与海洋安全

陆地也称领土（又称疆域）指主权国家所管辖的地区范围，通常包括一个国家国界（边境）内的陆地（即领陆）、内水（包括河流、湖泊、内海），以及它们的底床、底土和上空（领空），有时亦会包括领海。[①]国家拥有的领土按国际法来说是不可分割、不可侵犯的。[②]国家在其领土上有完全的主权和管辖权，且其他国家理论上无权干涉。[③]因此，陆地安全也称作领土安全，是指一个国家的领土完整，不可分割和不受侵犯，并在领土上享有完全的管辖权和主权。

海洋安全是国家安全的一部分，是濒海国家或涉海国家在海岸、海上、海中、海底等方面的安全。从客观上讲，海洋安全是一种无威胁状态，表现为国家海洋方面的活动、权利和利益不受到外部威胁、干扰和破坏；从主观上讲，国家海上安全是一种感受，表现为国家主体（主要是政府和人民）不存在外部威胁的紧张与恐惧感受。国家海洋安全的最高境界，表现为国家不受到来自海洋方面的各种威胁，并"能够在和平、安宁的状态下确保国家发展利益的实现"。[④]

（三）传统安全与非传统安全

传统安全指涉及一个国家领土和主权完整的主要问题，主要表现为战争及与国土归属相关的军事活动和政治、外交斗争。其基本理论是以军事安全为核心，国家政治安全、国家意识形态为主要内容。强调军事实力是衡量一个国家实力强弱最重要的标准。在传统安全观指导下，各国均把国家军事力量视为维护国家安全的基石。由此，我们更容易理解国际社会在两次世界大战，甚至是在冷战时期美苏两极争霸格局中为什么会长期存在着恶性循环的军备竞赛。

---

① Krasner, Professor Stephen D., *Problematic Sovereignty: Contested Rules and Political Possibilities*, (New York: Columbia University Press), 2001, pp.6—12.

② Talmon, Stefan, *Recognition of Governments in International Law*, Oxford Monographs in International Law Series, Oxford University Press, 1998, p.50.

③ Newton, Kenneth, *Foundations of comparative politics: democracies of the modern world*, Cambridge: Cambridge University Press, 2005.

④ 张炜、冯梁：《国家海上安全》，海潮出版社 2008 年版，第 23 页。

非传统安全威胁是相对传统安全威胁因素而言的，指除军事、政治和外交冲突以外的其他对主权国家及人类整体生存与发展构成威胁的因素。关于非传统安全的内涵和外延，有着各种不同的解释，“学术界关于‘非传统安全’概念的理论界定的讨论也颇为激烈，但至今尚未达成共识”。[①]但各种不同的解释、看法也存在许多共性。非传统安全问题主要包括：经济安全、金融安全、生态环境安全、互联网信息安全、资源能源安全、恐怖主义、大规模杀伤性武器扩散、严重传染性疾病蔓延、跨国犯罪（包含走私贩毒、非法移民、海盗活动、洗钱等）。

五、实现安全的实力途径

要实现安全，解决安全困境，就必须依靠和使用实力来实现。实力（power，也可译作权力）是指个人、组织或国家拥有的实在的可以使用的力量。它是国际关系研究领域中一个永不过时的话语。权力是指“人支配他人的意志和行动的控制力”。[②]实力分为硬实力、软实力、巧实力三种。

（一）硬实力

硬实力（hard power），是指一个国家具有的支配性力量，包括战略资源（如国土面积、人口数量和质量、自然资源等）、军事力量、经济力量（如 GDP）和科技力量等。简单地说硬实力是指人们看得见、摸得着的物质力量。在冷战结束之前，世界大国频繁使用硬实力，即利用其军事力量强迫侵略别国或用经济实力收买其他国家，以达到称霸世界的目的。反映一个国家硬实力的指标是国家实力综合指数。

国家实力综合指数（Composite Index of National Capability，CINC）是一种衡量国家硬实力的统计指数，由大卫和辛格（David and Singer）在 1963 年为战争相关计划（Correlates of War）所创。它使用人口统计学、经济学和军事力

---

① 俞晓秋、李伟、张运成、方金英、翟坤：《非传统安全论析》，载于《现代国际关系》，2003 年第 5 期，第 46 页。

② ［美］汉斯·摩根索：《国家间政治：权力斗争与和平》，徐昕、郝望、李保平译，北京大学出版社 2006 年版，第 56 页。

量等 6 个成分平均占全世界总百分比的比例来衡量关于真实国家实力在世界中的位置。[①]国家实力综合指数(CINC)计算公式为:[②]

$$RATIO=\frac{Country(国家)}{World(世界)}$$

$$\text{CINC}=\frac{TPR+UPR+ISPR+ECR+MER+MPR}{6}$$

由于 CINC 只衡量硬实力,没有考虑"软实力"等因素,所以,不能完全衡量出国家真实的实力。如果按照这个公式来计算,由于中国人口众多,钢铁产量居世界第一,中国的国家实力综合指数在 2007 年超过了美国,位居世界第一。[③]不管怎么说,这说明改革开放以来,我们国家的硬实力有了迅猛发展,在硬实力建设上取得了举世瞩目的成就。

(二) 软实力

软实力(soft power),是相对于硬实力而言的,指在国际关系中,一个国家所具有的除经济及军事外的第三方面实力,主要是文化、价值观、意识形态及政治制度等方面的影响力。此词汇由美国哈佛大学教授约瑟夫·奈提出,约瑟夫·奈教授认为一个国家的软实力主要存在于三种资源中:"文化(在能对他国产生吸引力的地方起作用)、政治价值观(当这个国家在国内外努力实践这些价值观时)及外交政策(当政策需被认为合法且具有道德威信时)"。[④]对于美国软实力给美国带来的好处,他指出:"不管我们做什么,美国的大众文化都具有全球影响。好莱坞、有线电视和互联网的影响无所不在。美国的电影和电视节目宣传自由、个人主义和变革(还有性和暴力)。笼统地说,美国文化的全球影响力有

---

① Singer, Joel David: *The Correlates of War. Testing some Realpolitik Models*. New York: The Free Press, 1980.

② *RATIO* = 国家实力占全世界总体的比例;*TPR* = 国家总人口系数;*UPR* = 城市人口系数;*ISPR* = 钢和铁产量系数;*ECR* = 主要能源消耗系数;*MER* = 军费开支系数;*MPR* = 军队数量系数。参见:Singer, Joel David, *The Correlates of War. Testing some Realpolitik Models*, New York: The Free Press, 1980.

③ 相关数据和结果见 http://correlatesofwar.org/COW2%20Data/Capabilities/NMC_v4_0.csv, 2014-10-18。

④ [美]约瑟夫·奈:《软力量——世界政坛成功之道》,东方出版社 2005 年版,第 11 页。

助于增强我们的软权力，即我们的文化和意识形态的号召力。”[①]总之，美国在全世界通过推行软实力，达到让外国人民理解和支持美国政策的意图，从而达到“不战而屈人之兵”[②]的目的。软实力对整个国家和社会发展具有潜移默化的促进作用。增强文化软实力，对于提高全体社会成员的科学文化素质，增强人们的创新意识，具有不可忽视的重要意义。随着21世纪社会主义改革开放的深入发展，文化软实力的特殊作用越来越凸显出来。我们必须坚持社会主义先进文化前进方向，掀起建设社会主义文化强国新高潮，激发全体人民的文化创造积极性和主动性，不断提升国家文化软实力。

(三) 巧实力

美国安全与和平研究所高级研究员苏珊尼·诺瑟尔最早提出了“巧实力”(smart power)概念，她在2004年美国《外交》杂志上发表一篇题为《巧实力》的论文认为，美国政府“必须实行这样一种外交政策，通过灵巧地运用各种力量，在一个稳定的联盟机构和框架中实现美国的利益”。[③]2009年1月，刚刚走马上任的美国国务卿希拉里·克林顿(Hillary Clinton)在国会参议院外交委员会就其提名举行的听证会上就把“巧实力”战略纳入了美国的外交战略，她指出，新一届美国政府要“动用一切可以使用的手段，包括外交、经济、军事、政治、法律和文化等领域的可行手段，运用一切可以利用的力量，巩固原有联盟，形成新的联盟，开辟美国外交的新局面”。[④]后来，2007年美国前副国务卿阿米蒂奇和软实力提出者约瑟夫·奈发表了题为《巧实力战略》的研究报告，[⑤]其中明确提出美国要运用“巧实力”进行对外战略转型，即从小布什强调的以硬实力为核心的单边主义外交政策转向“巧实力”外交政策，帮助美国摆脱阿富汗战争和伊拉克战争的困

---

① [美]约瑟夫·奈：《美国霸权的困惑：为什么美国不能独断专行》，郑志国、何向东、杨德、唐建文译，世界知识出版社2002年版，前言第5页。

② [春秋]孙武：《孙子兵法·谋攻》。

③ Suzanne Nossel, “Smart Power”, *Foreign Affairs*, March/April 2004, Vol.83, Issue 2, p.131.

④ Hillary Rodham Clinton, “Nomination Hearing To Be Secretary of State, Statement before the Senate Foreign”, Relations Committee, Washington. DC, January 13, 2009.

⑤ “CSIS Commission on Smart Power: A Smarter, More Secure America.” Center for Strategic and International Studies. Retrieved 12 April 2012.

境，重振全球领导地位。

（四）三种实力之间的关系

三种实力之间是既紧密联系，又存在差别。它们不是简单的加减关系，而是相辅相成、相互协调和相互促进的关系，共同构成了一个国家的综合实力。

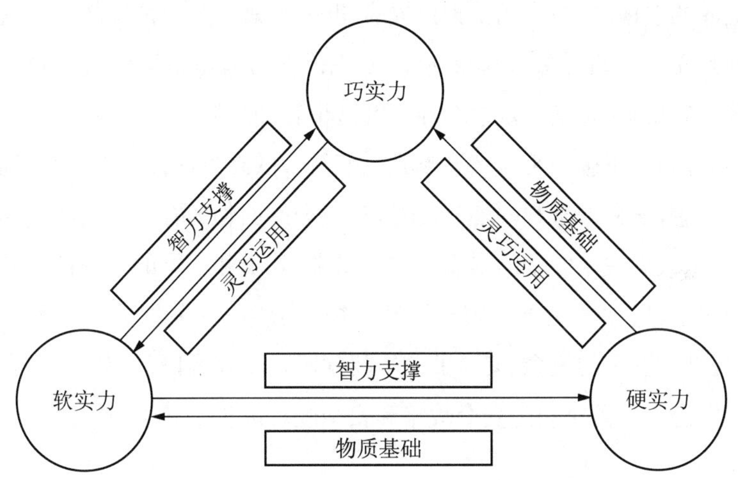

图 1-1　硬实力、软实力、巧实力之间的关系

总之，如图 1-1 所示，硬实力是有形的载体，可以看得见、摸得着和能够加以衡量，它是“软实力”和“巧实力”的物质基础；而软实力是国家实力无形的延伸，它为硬实力和巧实力的提供智力支撑，强盛的软实力，是国力强大的一种硬形象；巧实力是对硬实力和软实力的灵巧运用。综上所述，一个国家要想获得安全，必须因地制宜、因时制宜灵活地运用这三种实力，使三种实力相互协调、相互补充、相互促进。

第二节　安全观及其类型

一、安全观的含义

观是观念的简称，是人们对客观事物主观与客观认识的系统化之集合体。

在黑格尔看来,"思维过程,即甚至被他在观念这一名称下转化为独立主体的思维过程,是客观事物的创造主,而客观事物只是思维过程的外部表现"。①马克思的看法完全相反,他指出:"观念的东西不外乎是移入人的头脑并在人的头脑中改造过的物质的东西而已。"②观念在哲学上属于意识形态和上层建筑的范畴,从一般的意义上来理解,就是人们在长期的生活和生产实践之中形成的对客观事物与世界的总体的、综合的认识。同意识一样,观念具有能动作用。人类的一切行为都是受人们的观念影响和支配的,正确的观念就是人的大脑对客观事物和环境的正确反映,正确的观念会促进客观事物的发展,错误的观念会阻碍客观事物的发展,观念正确与否直接影响到人们行为的结果和社会进步与发展。

安全观念,简称安全观,是安全主体对自身所面临的客观安全状况和环境的理性认识,是人们关于安全的信念、理想、追求、认识和评价的系统性认知。它来源于安全实践,反过来又指导安全实践,并在实践中不断发展和完善。简单说来,安全观是对安全的概念、安全的基本要素和基本问题以及如何实现安全的总体认识。安全观是国家制定安全战略和安全政策的哲学基础,具有深刻的哲学、政治、战略和文化内涵。③

安全观从内容方面来看,它是人们关于什么是安全、什么是威胁,如何实现安全、怎样应对威胁,以及安全主体在实现安全的过程中向往什么、追求什么、舍弃什么、反对什么、拥护什么等的观念、思想态度和认识的总和。安全观主要包括以下几个方面:对安全环境和安全威胁的判断,对安全性质和安全利益的认识,对安全战略和安全目标的确定,以及对寻求和维护安全的途径、方式的选择。

二、安全观的类型

在人类历史发展的长河中,人们在应对威胁和获得安全的过程中,形成了形形色色的安全观,按照不同的标准,可以把安全观分成不同的类型。

---

①② 中共中央马克思恩格斯列宁斯大林著作编译局编译:《马克思恩格斯全集》第44卷,人民出版社2001年版,第22页。

③ 张玮主编:《国家海上安全》,海潮出版社2008年版,第81页。

(一) 西方安全观与中国安全观

1. 西方国家提出的安全观

(1) 均势安全观

均势(balance of power),在国际关系体系中,指的是两个或多个国家处于力量平衡状态的一种状况,没有任何一国处于绝对优势地位或能对其他国家发号施令的状态,是与霸权(hegemony)相对而言的一种国际格局,又称势力均衡。对国家而言,要实现均势安全通常有两种手段,即增强自身的实力,尤其是军事实力;或者与他国结成联盟,共同对抗实力强大的国家。历史上,英国在英法百年战争中丧失所有的法国领地之后,便对欧洲大陆推行"大陆均势"政策,长期充当欧洲"均势"的"平衡者",专注于海外发展,成为全球最大的"日不落"帝国。英国外交官艾尔·克劳(Eyre Crowe)爵士在他发表的《克劳备忘录》中形象地指出:"英国时而把砝码放在天平的这一端,时而放在另一端,但任何时候都是支持与最强国或国家集团的政治专政抗衡的那一方,以维持均衡。"①均势安全观使英国的外交通过扶弱抑强、孤立强国、武装干涉等手段的交替应用,维持着一种对英国海洋霸权非常有利的欧洲大陆均势,并在长达400多年的时间内成为这种均势安全观的坚定执行者。

(2) 集体安全观

集体安全(collective security),也称"集体安全保障",是一种保障全部国家生存与发展以及国际和平的制度。在这种机制下,每个成员国都认为侵略国破坏和平是对所有成员国共同的挑战和威胁。也就是说,成员国认为其他国家的安全是所有国家的安全,其他国家受到的威胁会牵连到所有成员国,因此,成员国需要共同反击侵略和对受害国提供各种援助,甚至包括军事援助和直接参战。由于第一次世界大战的残酷性,以及人们对协约国和同盟国两大军事集团的结盟和寻求均势的谴责和反对,美国总统伍德罗·威尔逊(Woodrow Wilson)对第一次世界大战前的两大军事集团采取的安全途径进行了严厉批评,他指出:"均

---

① Thomas Otte, "Eyre Crowe and British Foreign Policy: A Cognitive Map", in T.G.Otte and Constantine A.Pagedas(eds.), Personalities, War and Diplomacy. Essays in International History(Cass, 1997), pp.14—37.

势现在已经成为永远令人憎恨的游戏。在这场战争爆发之前，它是一种古老而邪恶的主导秩序。我们今后再也不需要均势这个东西了。”①1917 年 1 月 23 日在国会参众两院联席会议上作关于“没有胜利的和平”演讲时，他明确提出：“不要搞势力均衡，而要一个强大的国际集体，不要有组织的竞争，而要有组织的和平。”②集体安全概念的假设是，国家将放弃使用武力或是以武力为威胁以求达成国家利益及目标，所有国家对违反此一原则的侵略国家进行集体制裁，以维持国际和平及秩序（见图 1-2）。当 A、B 两国发生武装冲突时，C、D、…、K 等国组成国际集体，采取各种措施来维护地区和平与安全。

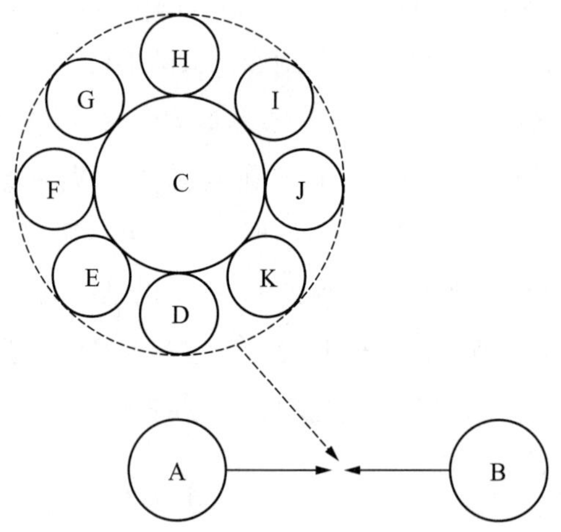

图 1-2 集体安全理想

小约瑟夫·奈认为，一个新的集体安全体系的建立和运作需要具备三个条件：首先，应当宣布侵略和进攻性战争为非法的行为。其次，爱好和平的国家必须结成同盟，对侵略行为起到威慑作用。最后，假如威慑失败和出现侵略行为，所有国家都要同意惩罚发动侵略的国家。一旦威慑失败，它们都愿意使用武力。③集体安全是 1920 年成立的国际联盟的主要宗旨之一。但由于大力倡导集

① Woodrow Wilson in Ray S.Baker and William E.Dodd, eds., The Public Papers of Woodrow Wilson: War and Peace, vol.1(New York: Harper, 1927), pp.182—183.

② [美]罗伯特·A.帕斯特:《世纪之旅:七大国百年外交风云》,胡利平、杨韵琴译,人民出版社 2001 年版,第 228 页。

③ [美]小约瑟夫·奈:《理解国际冲突:理论与历史》(第五版),张小明译,人民出版社 2005 年版,第 104 页。

体安全观的美国最终拒绝加入国联，而苏联和德国等国又被排斥在外，国联内部对什么是侵略又争论不休，再加上侵略发生后，国联各个成员国不愿意为被害国家伸张正义而采取制止侵略的武力行动，反而明哲保身，执行了“绥靖政策”，导致法西斯国家发展壮大，因此无法阻止第二次世界大战的爆发。

（3）单边主义安全观

“9·11”恐怖袭击发生后，美国政府实行“先发制人”的安全战略，也就是单边主义安全观。美国时任总统乔治·布什（George Walker Bush）在2002年的《国家安全战略报告》中表达了“先发制人”的安全观，他着重指出：“对美国来说，最好的防御就是良好的进攻，必须在即将出现的威胁完全形成之前扼杀之”，“面对的威胁越大，不主动采取行动所导致的危险也就越大”，“考虑到‘邪恶轴心国’（axis of evil）的目的以及遏止潜在攻击者的困难性，美国不能让我们的敌人先下手”，“历史将严厉审判那些见到正在来临的危险而不采取行动的人。在我们已经进入的新世界里，通向安全的唯一道路就是行动”。①该主张的核心就是先发制人，即针对安全威胁，先采取行动的往往可以制伏对方，获得安全先发优势。单边主义安全观的典型例子就是伊拉克战争。美国认为伊拉克拥有大规模杀伤性武器，先是要求联合国授权对伊拉克动武，在遭到众多国家反对的情况下，美国单方面对伊拉克采取军事行动，结果推翻萨达姆政权后，却没有发现大规模杀伤性武器存在。

2. 中国倡导的安全观

（1）新安全观

所谓新安全观，是以江泽民、胡锦涛为代表的中国共产党人根据国际形势和世界发展的新情况所提出的建立以“互信、互利、平等、协作”为核心的新安全观，即在高度重视国家经济安全的基础上发展同各国的关系，促进共同繁荣的思想，是和平共处五项原则思想在新世纪的丰富和发展。

1999年3月访问瑞士期间，江泽民在日内瓦裁军谈判会议上的讲话中首次提出并阐述了适应时代发展需求的新安全观。他认为冷战结束前的以军事联盟

---

① Office of the President，“National Security Strategy of the United States of America”，September 2002. http://usinfo.state.gov/topical/pol/terror/secstrat.htm.

为基础、以军备竞赛为手段的旧安全观，无法保障世界安全，不能给国际社会带来持久和平。他强调指出："这就要求必须建立适应时代需要的新安全观，并积极探索维护和平与安全的新途径。新安全观的核心，应该是互信、互利、平等、协作。各国相互尊重主权和领土完整、互不侵犯、互不干涉内政、平等互利、和平共处五项原则以及其他公认的国际关系准则，是维护和平的政治基础。互利合作、共同繁荣，是维护和平的经济保障。建立在平等基础上的对话、协商和谈判，是解决争端、维护和平的正确途径。"①进入21世纪以来，中国继续在国际社会积极倡导新安全观。2002年7月31日，参加东盟地区论坛外长会议的中国代表团向大会提交了《中方关于新安全观的立场文件》，对中国在新世纪、新形势下的新安全观进行了全面系统地阐述。该文件指出："新安全观实质是超越单方面安全范畴，以互利合作寻求共同安全"，"新安全观建立在共同利益基础之上，符合人类社会进步的要求。在新的历史条件下，安全的含义已演变为一个综合概念，其内容由军事和政治扩展到经济、科技、环境、文化等诸多领域。寻求安全的手段趋向多元化，加强对话与合作成为寻求共同安全的重要途径"。②

2009年9月23日，胡锦涛在第64届联合国大会发表题为《同舟共济　共创未来》的讲话中，在阐明中国的新安全观时又强调指出："在人类历史上，各国安全从未像今天这样紧密相连。安全不是孤立的、零和的、绝对的，没有世界和地区和平稳定，就没有一国安全稳定。我们应该坚持互信、互利、平等、协作的新安全观，既维护本国安全，又尊重别国安全关切，促进人类共同安全。"③互信，是指超越意识形态和社会制度异同，摒弃冷战思维和零和博弈政治心态，互不猜疑，互不敌视。各国应经常就各自安全防务政策以及重大行动展开对话与相互通报。互利，是指顺应全球化时代经济发展的客观要求，互相尊重对方的经济利益和人民福祉，在实现自身经济利益和福祉的同时，为对方经济安全和发展创造条件，实现互惠互利。平等，是指国家无论大小强弱，都在国际社会处于同等的地位，平起平坐，享有同等的权利，推动国际关系的民主化。协作，是指提倡用和平谈判的方式解决国际争端，并就共同关心的安全问题进行广泛深入的协调与

① 江泽民：《江泽民文选》第2卷，人民出版社2006年版，第313页。
② 李敏伦：《中国"新安全观"与上海合作组织研究》，人民出版社2007年版，第40页。
③ 中共中央文献研究室：《十七大以来重要文献选编》中，中央文献出版社2011年版，第216页。

配合,消除隐患,防止战争和冲突的发生。①

总之,新安全观的目标是实现世界持久和平,宗旨是通过对话增进相互信任,通过合作实现共同安全。新安全观继承和发展了和平与发展的时代主题,顺应了经济全球化和世界多极化的历史潮流,更是适应了21世纪世界要和平、人民要幸福的新世纪发展要求。

(2) 总体安全观

党的十八大以来,以习近平为核心的新一代中央领导集体首次提出总体国家安全观,努力走出一条中国特色国家安全道路。

习近平在中央国家安全委员会第一次会议上指出,总体国家安全观就是:"以人民安全为宗旨,以政治安全为根本,以经济安全为基础,以军事、文化、社会安全为保障,以促进国际安全为依托,走出一条中国特色国家安全道路。贯彻落实总体国家安全观,必须既重视外部安全,又重视内部安全,对内求发展、求变革、求稳定,建设平安中国,对外求和平、求合作、求共赢,建设和谐世界;既重视国土安全,又重视国民安全,坚持以民为本、以人为本,坚持国家安全一切为了人民、一切依靠人民,真正夯实国家安全的群众基础;既重视传统安全,又重视非传统安全,构建集政治安全、国土安全、军事安全、经济安全、文化安全、社会安全、科技安全、信息安全、生态安全、资源安全、核安全等于一体的国家安全体系;既重视发展问题,又重视安全问题,发展是安全的基础,安全是发展的条件,富国才能强兵,强兵才能卫国;既重视自身安全,又重视共同安全,打造命运共同体,推动各方朝着互利互惠、共同安全的目标相向而行。"②

以人民安全为宗旨。以人民安全为宗旨是唯物史观的必然要求,是党的性质和宗旨的重要体现。中国共产党是始终代表广大人民利益的无产阶级政党,党的根本宗旨是全心全意为人民服务。维护国家安全的根本目的,就在于保障人民的生命和财产安全,保障人民生存发展的基本条件,实现人的自由全面发展。③以人民安全为宗旨,就是要:"坚持以民为本、以人为本,坚持国家安全一切为了

① 上海国际问题研究所编:《国际形势年鉴2003》,上海教育出版社2003年版,第489页。

② 习近平:《坚持总体国家安全观　走中国特色国家安全道路》,载于《人民日报》,2014年4月16日第1版。

③ 马占魁、孙存良:《坚持总体国家安全观》,载于《解放军报》,2014年7月30日第1版。

人民、一切依靠人民。积极顺应人民群众对公共安全、司法公正、权益保障的新期待,妥善处理好各方面利益关系。把人民群众的生命安全放在第一位。”①

以政治安全为根本。国家安全的根本是政治安全。政治安全是指一个国家的政治制度、意识形态、政治活动、国家政权等免受各种侵蚀、干扰、威胁和危害的客观状态。我国作为中国共产党领导的社会主义国家,政治安全不仅包括领土完整、主权独立,而且包括坚持中国特色社会主义制度的性质、坚持马克思列宁主义理论的主导地位不动摇,其中最关键的是确保中国共产党的领导地位和执政地位绝对巩固。就像习近平指出的那样:“中国特色社会主义是社会主义而不是其他什么主义,科学社会主义基本原则不能丢,丢了就不是社会主义……我们就是要有这样的道路自信、理论自信、制度自信,真正做到‘千磨万击还坚劲,任尔东西南北风’。”②

以经济安全为基础。冷战结束后,随着世界范围的竞争从军事实力转向以经济实力和高科技为基础的综合国力的较量,经济安全在国际关系中的地位不断上升。经济全球化加快了全球贸易、投资和金融的一体化,各国之间经济依存度上升,一个国家和地区的经济危机可能迅速演变为世界范围的经济危机。2007 年发端于美国的次贷危机引发世界经济的动荡不安,就是很好的例子。以经济安全为基础,不仅要保障我国自身的社会主义经济制度安全、金融体系安全、民族产业安全等,而且要对外部发生的经济危机的冲击有万全之策,确保国家经济发展不受风险侵害,促进经济持续稳定健康发展,提高国家经济实力,为国家安全提供坚实物质基础。

以军事、文化、社会安全为保障。①军事安全直接关系到国家领土和主权完整,关系到国家生死存亡,是其他安全的重要保证。不管形势如何变化,军事手段始终是维护国家安全,有效遏制、抵御外来侵略和颠覆的最后手段和有效手段。“实现中华民族伟大复兴,是中华民族近代以来最伟大的梦想。可以说,这个梦想是强国梦,对军队来说,也是强军梦。我们要实现中华民族伟大复兴,必须坚持富国和强军相统一,努力建设巩固国防和强大军队。一是要牢记,坚决听

---

① 习近平:《始终把人民群众生命安全放在第一位》,新华每日电讯,2013 年 11 月 25 日第 1 版。

② 中共中央文献研究室:《习近平关于实现中华民族伟大复兴的中国梦论述摘编》,中央文献出版社 2013 年版,第 25 页。

党指挥是强军之魂，必须毫不动摇坚持党对军队的绝对领导，任何时候任何情况下都坚决听党的话、跟党走。二是要牢记，能打仗、打胜仗是强军之要，必须按照打仗的标准搞建设、抓准备，确保我军始终能够招之即来、来之能战、战之必胜。三是要牢记，依法治军、从严治军是强军之基，必须保持严明的作风和铁的纪律，确保部队高度集中统一和安全稳定”。[①]②文化安全是确保一个民族、一个国家独立和尊严的重要精神支撑。随着文化软实力在综合国力竞争中的地位和作用不断凸显，尤其信息社会多元文化相互激荡、相互交融，维护文化安全任务更加艰巨，增强国家文化软实力、中华文化国际影响力要求更加紧迫。“意识形态工作是党的一项极端重要的工作，能否做好意识形态工作，事关党的前途命运，事关国家长治久安，事关民族凝聚力和向心力”。[②]社会主义核心价值观是社会主义文化的集中体现，“是文化软实力的灵魂、文化软实力建设的重点”，它关系国家和社会的长期稳定。要“把培育和弘扬社会主义核心价值观作为凝魂聚气、强基固本的基础工程”，[③]切实抓紧抓好。③社会安全直接影响着人们生活质量和生活水平，涉及国家安全稳定。我们“必须做好维护社会和谐稳定工作，做好预防化解社会矛盾工作，从制度、机制、政策、工作上积极推动社会矛盾预防化解工作。要增强发展的全面性、协调性、可持续性，加强保障和改善民生工作，从源头上预防和减少社会矛盾的产生”。[④]此外，我国的一些暴力恐怖活动，严重危害社会稳定和人民生命财产安全，必须加以遏制和打击。“反恐怖斗争事关国家安全，事关人民群众切身利益，事关改革发展稳定全局，是一场维护祖国统一、社会安定、人民幸福的斗争，必须采取坚决果断措施，保持严打高压态势，坚决把暴力恐怖分子嚣张气焰打下去。要建立健全反恐工作格局，完善反恐工作体系，加强反恐力量建设。要坚持专群结合、依靠群众，深入开展各种形式的群防群治活动，筑起铜墙铁壁，使暴力恐怖分子成为‘过街老鼠，人人喊打’”。[⑤]以军事、文

---

① 习近平：《习近平在广州战区考察时强调　坚持富国和强军相统一　努力建设巩固国防和强大军队》，人民出版社 2012 年版，第 3 页。

② 中共中央宣传部：《习近平总书记系列讲话重要读本》，学习出版社、人民出版社 2014 年版，第 105 页。

③ 习近平：《习近平谈治国理政》，外文出版社 2014 年版，第 163 页。

④ 习近平：《反恐怖斗争事关国家安全、人民利益》，载于《齐鲁晚报》，2014 年 4 月 28 日。

⑤ 习近平：《要使暴力恐怖分子成为“过街老鼠　人人喊打”》，http://news.xinhuanet.com/politics/2014-04/26/c_1110426869.htm，2014 年 4 月 26 日。

化、社会安全为保障，就要注意研究这些方面面临的大量新情况、新问题，遵循不同领域的特点规律，建立完善强基固本、化险为夷的各项对策措施，构筑起国家安全的重要屏障。

以促进国际安全为依托。21世纪的世界日益成为一个“地球村”，任何一个国家都不可能脱离别的国家而存在和发展，各国之间的时空距离大大缩短。国家安全不是孤立的、零和的、绝对的，任何一个国家的安全都不可能置身于国际大环境影响之外，国际环境的变化是国家安全的重要变量。现在，我国与外部世界的政治、经济、文化、军事等联系日益紧密，很多安全问题越来越具有世界共同性，越来越需要国际共同协作解决。以促进国际安全为依托，就要坚定不移走和平发展道路，在注重维护本国安全利益的同时，注重维护国际安全，推动建设持久和平、共同繁荣的命运共同体。努力做到“既重视自身安全，又重视共同安全，打造命运共同体，推动各方朝着互利互惠、共同安全的目标相向而行”。①

总之，“总体国家安全观”开拓和发展了马克思主义安全观的新境界。我们要以“总体国家安全观”为指导，尤其是以“共同安全”理念为指导，走出一条不同于西方的维护国家安全的新道路，努力开创国家和国际安全新局面。

三、海洋安全观、陆地安全观、天空安全观

罗伯特·卡普兰指出：“空间理论依然管用，而且在现今更管用，正是由于世界日趋拥挤，空间才比以往任何时候都更显珍贵。”②安全观按照空间标准来划分，可以分为陆地安全观、海洋安全观、天空安全观。

（一）陆地安全观

陆地安全观，是国家和民族对自身所面临的领土客观安全状况和环境的理性认识，是人们关于领土安全的信念、理想、追求、认识和评价的系统性认知。陆地安全观的典型理论代表就是英国的哈利福德·麦金德（Halford Mackinder）

① 习近平：《习近平谈治国理政》，外文出版社2014年版，第201页。

② ［美］罗伯特·卡普兰：《即将到来的地缘战争》，涵朴译，广东人民出版社2013年版，第60页。

的“心脏地带”学说。他从全球陆地大局的高度，把世界划分为“心脏地带（Heart Land）”（又称枢纽地区）、内新月形地带和外新月形地带。心脏地带包括从东欧平原一直延伸到西伯利亚平原的欧亚大陆中心地域。内新月形地带包括德国、奥地利、土耳其、印度、中国及欧亚大陆边缘的其他国家和地区。外新月形地带包括欧亚大陆陆地部分以外的大陆及海岛，主要包括英国、非洲、澳大利亚、日本及美洲。这样就形成了内新形地带包围心脏地带，外新月形地带又包围内新月形地带的格局。麦金德认为，心脏地带由于地理上与外界隔绝，故海权国家难以进入；又由于地势平坦便于修筑铁路，故可以进入欧亚大陆的边缘地区。对欧洲而言，可以通过东欧进入中欧和西欧，并利用丰富的资源发展海上力量，最终战胜海权国家。

（二）海洋安全观

海洋安全观，是海岛国家和沿海国家对自身所面临的海洋安全状况和环境的理性认识，是涉海人们关于海洋安全的信念、理想、追求、认识和评价的系统性认知。海洋历史上比较有代表性的海洋安全观主要有三种：

1. “以海为障”的海洋安全观。在古代，由于造船技术不发达，船只只能在近海活动，无法进入风大浪急的深海。因此，人们就把海洋当作安全的屏障，本国无法通过海洋对外扩张，敌国也无法跨越海洋进行侵略。

2. 闭关锁国的海洋安全观。日本的德川幕府统治时期和中国的明末清初时期这种安全观占据统治地位。当时的中日两国封建制度处于鼎盛时期，但是西方的殖民冒险者已经远涉重洋来到亚洲，并对中日两国的沿海地区进行袭扰，为了维护封建专制统治，两国不约而同地实行了闭关锁国的消极海洋安全观。

3. 争洋霸海的海洋安全观。自从新航路的开辟和新大陆发现以来，西方海洋列强发现，谁控制了海洋，谁就获得了海洋安全，谁就能成为世界的霸主。因此，列强之间大力发展海军，展开了对海洋和海外殖民地的激烈争夺，甚至发生了一系列闻名世界的海洋战争，这种海洋安全观一直持续到第二次世界大战结束。

（三）天空安全观

天空安全观是指如何限制敌方空军的战斗活动，保障己方空军的行动自由，使陆、海军的作战行动得到有效的空中掩护，国家重要战略目标不受敌方空军的轰炸和破坏。天空安全观的开创者是杜黑，他认为："航空为人类开辟了一个新的活动领域——空中领域，结果就必然形成一个新的战场。"①他还继而指出："我曾坚持，并将继续坚持，在未来战争中空中战场是决定性战场。"②"因为如果我们在空中被击败(在空中被击败意味着不可能进行有效的反击)，那么不管地面和海上情况如何，我们将决定性地战败了"。③从这个意义上说，制空权将变得和制海权同等重要，正如以往陆军和海军一样，在经济力量限度内争夺优势的竞赛也将在空中领域中开始。

后来，随着航空母舰、人造卫星和运载火箭技术的发展，天空安全观的范围扩大到海洋上空及外太空；"9·11"恐怖袭击发生后，民用航空领域的安全问题也被纳入天空安全观研究范围内。由此，天空安全观又衍生出了海空安全观和太空安全观两个子类型。

1. 海空安全观。第二次世界大战以前，海上战争的主角是大炮巨舰。即吨位很大的战列舰装备口径巨大的火炮，交战双方在海上互相炮击对方成为当时的主要作战方式。第一次世界大战中出现的飞机和军舰相结合，就诞生了新的军舰种类——航空母舰。在太平洋战争爆发前，日本的山本五十六非常重视以航母为核心的作战方式，他在担任联合舰队司令期间，力主大量建造航空母舰和使用舰载飞机作战，并组织日本海军进行严格训练，对日本海军航空兵的发展起了重要作用。1941年12月7日凌晨，在山本五十六航母决胜思想指导下，日本偷袭珍珠港，重创了美国太平洋舰队。从此以后，以航母为中心的海空作战安全观就成为天空安全观的重要分支，并经久不衰。

2. 太空安全观。在冷战期间，由于美国和苏联两国制造了大量核武器和运载工具，而且在核武器军备竞赛中形成了势均力敌的态势。为了改变这种局面，美国总统罗纳德·里根提出了星球大战计划(Star Wars Program)，其核心内容是："以各种手段攻击敌方的外太空的洲际战略导弹和外太空航天器，以防止敌对国家对美国及其盟国发动的核打击。其技术手段包括在外太空和地面部署高

① [意]杜黑：《制空权》，解放军出版社1986年版，第1页。

② 同上，第194页。

③ 同上，第202页。

能定向武器(如微波、激光、高能粒子束、电磁动能武器等)或常规打击武器,在敌方战略导弹来袭的各个阶段进行多层次的拦截。该计划的着眼点在于当苏联发动大规模核武攻击时,相当数目的美国洲际导弹能够存活下来并进行核反击。”①该计划提出后,美苏两个超级大国大力发展宇宙飞船和航天飞机,建造宇宙空间站,美国甚至进行了阿波罗登月计划,并取得成功。这样,太空就成了美苏两国争霸的新战场。太空安全观由此产生和发展。冷战结束后,美国于20世纪90年代宣布中止“星球大战计划”,但却继续保留和发展其中的弹道导弹防御计划。

冷战结束后,用于太空军备竞赛的武器和技术出现了扩散趋势。当前,世界各国高度依赖太空中的卫星来进行侦察军事情报、导航、天气预报、通信等重要工作,如果离开了卫星,各国就相当于失去了一只眼睛。因此,如何保证本国的卫星安全以及反卫星侦察、打击敌对方的卫星、防止洲际导弹在太空被拦截等仍然是太空安全观的重要内容。

四、中国特色海洋安全观的含义和建构原则

(一) 中国特色海洋安全观的含义

中国特色海洋安全观是指中国吸取从鸦片战争以来的海洋安全的经验和教训,总结中华人民共和国成立以来的海洋安全建设的战略、方针、政策,并吸收借鉴世界各国实现海洋安全的理论和经验,所形成的社会主义中国关于海洋安全的信念、理想、追求、认识和评价的系统性认知。

(二) 构建中国特色海洋安全观必须坚持的指导原则

1. 超前性原则。由于海洋安全观念来源于海洋安全实践又高于海洋安全实践,因此,中国海洋安全观必须树立长期的奋斗目标,通过安全实践,一步步地

---

① 杨永明:《国际关系》,前程出版社2010年版,第203页;[日]五百旗头真主编:《战后日本外交史》,吴万虹译,世界知识出版社2007年版,第157页。

逐渐实现这个长远目标。

2. 综合性原则。要实现中国海洋安全，必须综合运用军事、政治、经济、文化多种手段，多管齐下，才能更好地实现海洋安全。只采取一种手段，例如军事手段，得到的结果可能微乎其微。

3. 预防性原则。毛泽东指出："'凡事预则立，不预则废'，没有事先的计划和准备，就不能获得战争的胜利。"[①]不论是在革命战争时期，还是和平时期，我们都需要事前做好各种准备，才能取得成功，否则，没有准备就要失败。海洋安全威胁刚产生的时候，危害性可能不大，但是"千里之堤，溃于蚁穴"。[②]所以，发现海洋安全威胁时，要及时采取预防措施，防止安全威胁进一步扩散和扩大。

4. 持续性原则。中国特色海洋安全观指导海洋安全实践的目标是获取持续性安全。即"过去安全不等于现在安全，现在安全不等于将来安全，将来安全不等于永久安全"。在海洋安全实践中，我们应做到合理规划，做到海洋经济、海洋政治、海洋军事和海洋文化的可持续发展。既反对急躁冒进，又反对守旧保守，坚持稳扎稳打，稳步前进。

5. 全球化原则。在经济全球化条件下，尤其是在现代交通技术的发展下，海洋再也不是分割大陆的天堑，地球上的时空距离大大缩短，整个地球变成了世界村（Global Village）。在这种形势下，一个国家的安全观，一个国家采取的海洋安全活动，会迅速波及和影响到全世界。所以，中国特色海洋安全观也必然带有全球化的深深烙印。

6. 适用性原则。中华人民共和国成立以来特别是改革开放 40 周年以来的长期建设，我国取得了举世瞩目的发展成就，整个国家和社会面貌发生了意义深远的重大变化，但我国仍处于并将长期处于社会主义初级阶段的基本国情没有变。这就要求海洋安全观要符合中国实际和中国国情，以此为基础来构建海洋安全观，不能脱离国情，制定安全观时要以满足中国实际需要出发，不能盲目地追求高性能、高指标，避免造成海洋资源浪费。

---

① 毛泽东：《毛泽东选集》第 2 卷，人民出版社 1991 年版，第 495 页。
② ［战国］韩非：《韩非子·喻老》。

7. 合作性原则。第二次世界大战结束以来，国际经济、政治合作向纵深发展。改革开放40年来，我国海洋综合实力持续增强。作为一个新兴海洋大国，我们牢牢把握海洋世纪的战略机遇，与国际社会深化合作，积极参与国际海洋安全治理体系，共同应对威胁与挑战，寻求实现与世界的合作共赢。

8. 利益性原则。利益就是好处。国家利益（National Benefit）是指一个民族国家的整体好处，这种利益是由统治者和被统治者共享的好处。在国家关系中，我们要始终把国家的主权和安全等利益放在第一位考虑。邓小平指出："国家的主权、国家的安全要始终放在第一位，对这一点我们比过去更清楚了。"[①]在海洋争端中，我们绝不允许晚清时期丧权辱国的悲剧再一次上演，更不会牺牲海洋主权和海洋利益去交换一时的和平。

五、海洋共同安全观——中国特色海洋安全观的核心思想

（一）马克思主义共同安全思想及其中国化

1. 自由人联合体是"真正的安全共同体"

共同体（Community）是指人们在共同生产和生活的交往过程中自然形成的相对稳定的社会组织形式（团体或组织）。在人类历史上普遍存在的社会共同体有家庭、氏族、部落、民族、国家等。马克思主义认为人类社会共同体的发展史与人类社会从低级到高级发展的历史基本一致。在马克思著作中，把共同体分成"原始共同体"[②]"农奴制共同体"[③]"封建的共同体"[④]和"资本主义共同体"。在这些社会共同体中由于存在着阶级对立和阶级剥削，所以马克思和恩格斯指出："人类的全部历史（从土地公有的原始氏族社会解体以来）都是阶级斗

① 邓小平：《邓小平文选》第3卷，人民出版社1993年版，第348页。

② 中共中央马克思恩格斯列宁斯大林著作编译局编译：《马克思恩格斯选集》第1卷，人民出版社2012年版，第212页。

③ 中共中央马克思恩格斯列宁斯大林著作编译局编译：《马克思恩格斯文集》第8卷，人民出版社2009年版，第147页。

④ 中共中央马克思恩格斯列宁斯大林著作编译局编译：《马克思恩格斯选集》第1卷，人民出版社2012年版，第213页。

争的历史。”①到了资本主义共同体阶段，由于生产力的迅速发展，导致资产阶级和无产阶级之间的阶级矛盾十分尖锐，阶级斗争频繁发生，已经达到了这样的程度：“被剥削被压迫的阶级（无产阶级），如果不同时使整个社会一劳永逸地摆脱一切剥削、压迫以及阶级差别和阶级斗争就不能使自己从进行剥削和统治的那个阶级（资产阶级）的奴役下解放出来。”②

在资本主义共同体中，由于资产阶级残酷剥削压榨无产阶级，导致工人罢工、游行示威、武装起义此起彼伏，甚至各国资本主义统治阶级为了争夺地区和世界霸权，相互之间进行一系列惨烈的战争，造成了资本主义共同体中人们和国家普遍没有安全感。要彻底改变这种局势，马克思、恩格斯认为只有建立“自由人联合体”——“共产主义联合体”，这才是人类的“真正的安全共同体”。

在“自由人联合体”这种共同体中，由于消灭了剥削和压迫，消灭了阶级和阶级对立，消除了这些安全威胁的来源，真正实现了人类的“真正的安全共同体”。在这个共同体中，人们所创造的一切成为其他人全面而又自由地发展的条件。正如马克思、恩格斯在《共产党宣言》中所指出的：“代替那存在着阶级和阶级对立的资产阶级旧社会的，将是这样一个联合体，在那里，每个人的自由发展是一切人的自由发展的条件。”③恩格斯指出：“由社会全体成员组成的共同联合体来共同地和有计划地利用生产力；把生产发展到能够满足所有人的需要的规模；结束牺牲一些人的利益来满足另一些人的需要的状况；彻底消灭阶级和阶级对立；通过消除旧的分工，通过产业教育、变换工种、所有人共同享受大家创造出来的福利，通过城乡的融合，使社会全体成员的才能得到全面发展——这就是废除私有制的主要结果。”④在未来的“共产主义联合体”中，生产力高度发达，劳动不再是谋生的手段，而是人的第一需要，物质产品极大丰富，产品分配方式是前所未有的按需分配，彻底消灭了阶级和阶级对立，消灭了工农差别、城乡差别、体力劳动和脑力劳动的差别，从而实现了人的自由全面发展。也就是消灭了一切安全

①② 中共中央马克思恩格斯列宁斯大林著作编译局编译：《马克思恩格斯文集》第2卷，人民出版社2009年版，第14页。

③ 中共中央马克思恩格斯列宁斯大林著作编译局编译：《马克思恩格斯选集》第1卷，人民出版社2012年版，第422页。

④ 同上，第308—309页。

威胁来源，建立了人类的“真正的安全共同体”。

2. 第三世界人民大团结的安全思想

要实现马克思、恩格斯所设想的“真正的安全共同体”的实现，就需要世界广大无产阶级联合起来，尤其是广大第三世界国家团结合作。20 世纪 70 年代初，毛泽东根据国际格局的变化和发展，提出了“三个世界”划分的战略思想。当时，美国由于越南战争的拖累，实力大大削弱，霸权地位下降；而苏联则依靠强大起来的军事力量到处进行扩张，在美苏争霸过程中出现了苏攻美守的态势。不管美苏实力发生怎样的变化，美苏争霸给世界安全带来了严重威胁。1974 年，毛泽东在会见赞比亚总统卡翁达时指出：“美国、苏联是第一世界。中间派，日本、欧洲、澳大利亚、加拿大，是第二世界”，“亚洲除了日本，都是第三世界。整个非洲都是第三世界，拉丁美洲也是第三世界”。[①]“我们是第三世界，我赞成第三世界的国家要互相帮助。第三世界人民要团结起来”。[②]美国和苏联两个国家拥有远远超过其他国家的军事和经济力量，是在世界范围内推行霸权并争夺霸权的两个超级大国。欧洲、日本、加拿大、澳大利亚等资本主义发达国家，他们追随美国，与美国结盟，充当了美国霸权主义的帮凶。而广大第三世界国家则是霸权主义的受害者，只有第三世界团结起来，才能实现共同反对帝国主义、殖民主义、霸权主义的强烈愿望。

“三个世界”的思想在当时的历史条件下，超越了第二次世界大战结束后社会制度和意识形态的局限性，对于反对美苏两个超级大国的霸权主义和战争威胁，努力建立和发展同第三世界各国以及其他第二世界国家的和平共处与友好合作关系，促进我国外交工作健康发展，对中国国际安全路径进行了新的战略选择，对维护国际社会安全起到了极其重要的作用。第三世界国家不论国土面积，还是人口总数在世界上都占绝对优势，只有第三世界国家真正实现了团结，心往一块想，劲往一块使，才能更好地维护整个世界的安全，有利于世界和平、安全和稳定。

3. 建立国际安全新秩序的理论

进入 20 世纪 80 年代，邓小平在毛泽东提出的“三个世界”战略思想的指引

① 中华人民共和国外交部、中共中央文献研究室：《毛泽东外交文选》，中央文献出版社、世界知识出版社 1994 年版，第 601 页。

② 中共中央文献研究室：《毛泽东传(1949—1976)》下，中央文献出版社 2003 年版，第 1695 页。

下，根据国际形势的新发展，提出建立一个国际安全新秩序的理论，这是国际社会尤其是第三世界国家普遍关心的重大问题。邓小平认为旧的国际政治经济秩序严重阻碍世界和平与发展，有必要建立一个国际安全新秩序。他指出："世界上现在有两件事情要同时做，一个是建立国际政治新秩序，一个是建立国际经济新秩序。"[①]国际政治新秩序是指国家不论大小、强弱，在国际事务中一律平等，共同反对霸权主义；建立国际经济新秩序是指在国际经济活动中，加强南南合作，主张公平互利，反对以不平等交换为基础的国际贸易体系和以国际金融资本垄断为基础的国际金融体系。邓小平主张在和平共处五项原则的基础上，建立和平、稳定、公正、合理的国际新秩序，并且强调建立国际新秩序是世界全体国家的共同责任。"应当把发展问题提到全人类的高度来认识，要从这个高度去观察问题和解决问题。只有这样，才会明了发展问题既是发展中国家自己的责任，也是发达国家的责任"[②]，"考虑国与国之间的关系主要应该从国家自身的战略利益出发。着眼于自身长远的战略利益，同时也尊重对方的利益，而不去计较历史的恩怨，不去计较社会制度和意识形态的差别，并且国家不分大小强弱都相互尊重，平等相待。这样，什么问题都可以妥善解决"。[③]邓小平对当时国际形势的敏锐洞察、严谨分析、精辟论断和提出的重要对外方针，为提出和打造人类命运共同体奠定了深刻的思想基础、指明了方向。

根据邓小平提出的指导思想，以江泽民同志为核心的党的第三代中央领导集体，准确分析当代世界矛盾，全面深刻认识和平力量和战争因素消长，与时俱进，深入阐发和实践建立国际秩序的新理论，积极推动建立国际政治经济新秩序。

江泽民在党的十六大报告中指出："我们主张顺应历史潮流，维护全人类的共同利益。"[④]建立国际政治经济新秩序，应该从当今世界的实际情况出发，应该反映世界各国人民的共同愿望和共同利益，应该体现历史发展和时代进步的要求。和平共处五项原则以及其他公认的国际关系准则，应该成为建立国际政治

① 邓小平：《邓小平文选》第3卷，人民出版社1993年版，第282页。

② 同上，第281—282页。

③ 同上，第356页。

④ 江泽民：《江泽民文选》第3卷，人民出版社2006年版，第566页。

经济新秩序的基础。维护世界和平、促进共同发展，各国人民所期待建立的国际政治经济新秩序，应当包括："各国政治上应相互尊重，共同协商，而不应把自己的意志强加于人；经济上应相互促进，共同发展，而不应造成贫富悬殊；文化上应相互借鉴，共同繁荣，而不应排斥其他民族的文化；安全上应相互信任，共同维护，树立互信、互利、平等和协作的新安全观，通过对话和合作解决争端，而不应诉诸武力或以武力相威胁。反对各种形式的霸权主义和强权政治。"①这一国际新秩序思想对于加强中国与世界各国的交流与合作，认真规划和坚持中国与世界发展的正确方向，在共同创造一个和平、稳定和繁荣的新世纪，共同缔造一个更加美好的世界问题上，作出了非常重要的实践贡献。

4. 和谐世界的新理念

进入21世纪，中国的综合国力大大增强，成为世界格局中举足轻重的一极。对此，一些别有用心的西方国家大肆宣扬各种各样的"中国威胁论"。面对这种局面，以胡锦涛为核心的党中央在国内努力建设社会主义和谐社会，在国际上提出了建立"和谐世界"的新外交理念。

2005年9月15日，联合国成立60周年首脑会议举行第二次全体会议，胡锦涛在《努力建设持久和平、共同繁荣的和谐世界》的重要讲话中指出："我们应该尊重各国自主选择社会制度和发展道路的权利，相互借鉴而不是刻意排斥，取长补短而不是定于一尊，推动各国根据本国国情实现振兴和发展；应该加强不同文明的对话和交流，在竞争比较中取长补短，在求同存异中共同发展，努力消除相互的疑虑和隔阂，使人类更加和睦，让世界更加丰富多彩；应该以平等开放的精神，维护文明的多样性，促进国际关系民主化，协力构建各种文明兼容并蓄的和谐世界。"②"和谐世界"理论是以胡锦涛同志为总书记的中央领导集体在继承和深化和平与发展成为时代主题的国际环境下提出的创新性的外交理念。和谐世界理念主张无论大小强弱的各个国家和地区，都应坚持和平共处五项原则，各国以平等的身份地位参与国际和地区事务；以联合国宪章精神为基础，对国际法律体系、国际和地区机制进行改革和创新，使平等、公平获得强有力的国际法律

---

① 江泽民：《江泽民文选》第3卷，人民出版社2006年版，第567页。

② 中共中央文献研究室：《十六大以来重要文献选编》中，人民出版社2006年版，第997页。

保障和制度保障。在国家安全行为规范塑造方面，新理念提倡通过对话、协商和谈判的方式解决有关国家间争端和冲突，不使用武力或以武力相威胁；倡导以实现共同安全为目的的安全观；倡导开放包容，呼吁不同文化间的对话、交流与合作；不同社会制度和发展模式相互借鉴，取长补短，实现共同发展。

“和谐世界”新理念为消除“中国威胁论”以及国际社会和平共处、和谐发展提供了一条新思路。中国的“和谐世界”理论，不仅解决了中国发展道路问题——建设和谐社会，也是站在全球秩序角度，努力追求和谐社会与和谐世界在价值追求与政治逻辑方面相统一。中国努力建设和谐社会，必定为推动和谐世界的实现增添新的动能；而实现各国和谐共处，建立和谐民主的世界，必定为和谐社会的建设创造和平稳定的外部国际环境。建设和谐世界、促进人类持久和平、共同繁荣是中国人民也是全世界人民的共同愿望。

5. 人类命运共同体思想

2015 年 9 月 28 日，中国国家主席习近平在纪念联合国成立 70 周年大会上发表题为《携手构建合作共赢新伙伴　同心打造人类命运共同体》的讲话，这是新一代中央领导核心首次在重大国际组织中提出人类命运共同体的概念并详细阐释以此为核心的世界观思想。习近平在讲话中指出：“当今世界，各国相互依存、休戚与共。我们要继承和弘扬联合国宪章的宗旨和原则，构建以合作共赢为核心的新型国际关系，打造人类命运共同体。”①当前世界格局基本特点是经济全球化和社会信息化深入发展，各个国家和地区的人们越来越紧密地联系在一起，“地球村”是一个非常恰当的比喻。与此同时，全球传统安全和非传统安全问题层见迭出，给国际秩序和人类生存都带来了严峻挑战。不论世界各地的人们是否意识到，实际上全世界已经处在“地球村”这个命运共同体中。为实现打造人类命运共同体这一伟大目标，习近平强调：“我们要建立平等相待、互商互谅的伙伴关系。要营造公道正义、共建共享的安全格局。要谋求开放创新、包容互惠的发展前景。要促进和而不同、兼收并蓄的文明交流。”②此次讲话马上引起国际社会的高度重视和反响。

①② 习近平：《携手构建合作共赢新伙伴　同心打造人类命运共同体》，新华每日电讯，2015 年 9 月 29 日第 1 版。

2017年1月，习近平在联合国日内瓦总部发表题为《共同构建人类命运共同体》的重要讲话。这一讲话受到国际国内各方面广泛关注。在讲话中，习近平强调要以共同安全观来指引有关各方建立普遍安全的世界，他指出："坚持共建共享，建设一个普遍安全的世界。世上没有绝对安全的世外桃源，一国的安全不能建立在别国的动荡之上，他国的威胁也可能成为本国的挑战。各方应该树立共同、综合、合作、可持续的安全观。"①当今的国际形势是不同国家和地区已经形成"你中有我、我中有你，一荣俱荣、一损俱损"的局面。国家之间，过时的零和博弈思维必须摒弃，"修昔底德陷阱"完全可以避免，不能只追求弱肉强食、损人利己，更不能搞你输我赢、赢家通吃。只有同舟共济，权责共担，才能促进人类共同发展和繁荣。总之，人类命运共同体思想超越了民族、文化、国家、社会制度与意识形态的界限，为国际社会提供了全新的世界治理观，为推动世界和平、安全和发展给出了一个切实可行的建设方案。

（二）中国特色海洋共同安全观的含义与内容

中国特色共同海洋共同安全观是指海洋不是各国尤其是大国争夺霸权的地方，海洋安全是相互依赖的，必须从全人类、全世界角度出发，维护海洋安全是世界所有国家、地区和国际组织的共同责任。全世界人民一起努力共同建设和倡导公正合理、互利共赢、求同化异、共商共建共享的海洋安全观念，使海洋成为全人类的和平之海、安全之洋，为人类的永久安全和发展提供稳定的海洋安全环境。

中国特色海洋共同安全观的主要内容如下：

1. 人类只有一个海洋，维护海洋安全是全世界各个国家、地区和人民的共同责任和义务。

2. 在海洋政治和外交中，国家不分大小、强弱、穷富，一律平等，反对任何国家在世界任何海洋地区谋求海洋霸权，或向他国在海洋事务上发号施令。

3. 世界所有国家（不论沿海国家，还是陆地国家）都有平等获得海洋资源以发展本国经济与获得海洋经济利益的合法权利。

4. 军事力量不是解决国家间海洋争端的合法手段，中国大力提倡并亲自践

---

① 习近平：《共同构建人类命运共同体》，新华每日电讯，2017年1月20日第1版。

行以和平谈判等合法合理手段解决海洋争端;通过海洋军备竞赛和海洋政治军事结盟是无法获得国家绝对安全的;削减海军军备数量和对海洋军备进行质量限制是共同安全所需要的;海洋军备谈判和其他政治事件之间的"挂钩"应该避免。

5. 在海洋文化交流中,反对西方海洋文化优越论,主张海洋文化多样化,倡导各国海洋文化在交流中相互促进、相互借鉴、共同繁荣。

六、中国特色海洋安全观的外延体系

外延是指一个概念所概括的思维对象的数量或者适用范围。中国特色海洋安全观的外延体系的确定需要以马克思主义的历史合力论为指导。

(一) 历史合力论——中国特色海洋安全观外延体系的指导理论

针对当时一些人误读、误解马克思的著作,把经济因素当作历史进程中的唯一决定性因素的错误思想。恩格斯在 1890 年 9 月 21 日给约瑟夫·布洛赫的复信中回答道:"根据唯物史观,历史过程中的决定性因素归根结底是现实生活的生产和再生产。无论马克思或我都从来没有肯定过比这更多的东西……经济状况是基础,但是对历史斗争的进程发生影响并且在许多情况下主要是决定着这一斗争的形式的,还有上层建筑的各种因素:阶级斗争的各种政治形式及其成果——由胜利了的阶级在获胜以后确立的宪法等,各种法的形式以及所有这些实际斗争在参加者头脑中的反映,政治的、法律的和哲学的理论,宗教的观点以及它们向教义体系的进一步发展。这里表现出这一切因素间的相互作用,而在这种相互作用中归根结底是经济运动作为必然的东西通过无穷无尽的偶然事件(即这样一些事物和事变,它们的内部联系是如此疏远或者是如此难于确定,以致我们可以认为这种联系并不存在,忘掉这种联系)向前发展。否则把理论应用于任何历史时期,就会比解一个简单的一次方程式更容易了。"①在这里,恩格斯

① 中共中央马克思恩格斯列宁斯大林著作编译局编译:《马克思恩格斯文集》第 10 卷,人民出版社 2009 年版,第 591—592 页。

阐明了历史发展是基于“经济基础上的各因素相互作用论”。历史发展过程就是各种因素共同作用的结果，但在所有因素中，最终起着决定性作用的是经济基础或生产力，但又不是唯一的因素。这些作用的复杂性可以概括为经济基础的决定作用与其他因素交叉互动作用的统一，经济必然性与其他因素偶然性的统一。历史发展归根结底表现为经济基础起着决定性作用，但在某一历史时期，政治、法律等其他因素从表面上看来起着决定作用，这些现象表明经济基础的决定性最终作为必然的规律性的东西是通过无数的偶然性的东西表现出来的，呈现为历史的不同的发展过程。所以，历史发展就是在经济基础上各种因素综合作用的结果，不懂得历史发展中各种因素的综合交叉作用，就等于违背了马克思主义历史辩证法，就会犯形而上学的错误，进而把历史发展的研究简单化。

为了进一步解释和回答约瑟夫·布洛赫所提出的问题，恩格斯在对经济基础是历史过程的决定性因素这一唯物史观的基本观点作了完整的解释以后，进而提出并阐发了作为“历史决定论”重要补充的“历史合力论”。恩格斯指出：“历史是这样创造的：最终的结果总是从许多单个的意志的相互冲突中产生出来的，而其中每一个意志，又是由于许多特殊的生活条件，才成为它成为的那样。这样就有无数互相交错的力量，有无数个力的平行四边形，由此就产生出一个合力，即历史结果，而这个结果又可以看作一个作为整体的、不自觉地和不自主地起着作用的力量的产物。因为任何一个人的愿望都会受到任何另一个人的妨碍，而最后出现的结果就是谁都没有希望过的事物。所以到目前为止的历史总是像一种自然过程一样地进行，而且实质上也是服从于同一运动规律的。但是，各个人的意志——其中的每一个都希望得到他的体质和外部的、归根结底是经济的情况（或是他个人的、或是一般社会性的）使他向往的东西——虽然都达不到自己的愿望，而是融合为一个总的平均数，一个总的合力，然而从这一事实中决不应作出结论说，这些意志等于零。相反地，每个意志都对合力有所贡献，因而是包括在这个合力里面的。”①恩格斯认为，历史发展是包括经济基础在内的各种因素共同作用的结果，促进历史发展进步的各个因素之间就像物理学上施加在物

① 中共中央马克思恩格斯列宁斯大林著作编译局编译：《马克思恩格斯文集》第10卷，人民出版社2009年版，第592—593页。

体上的作用力一样，有的向前、有的向后、有的向上、有的向下等，这些力量相互交叉交错，形成了像物理合力中的无数个力的平行四边形，最后形成了一个合力——历史结果。历史的不断发展就是无数个因素相互作用形成合力推动的结果。

对于中国特色安全观来说，历史的经验告诉我们，要获得海洋安全，人们首先想到的是建设强大的海军，但是海军不是凭空产生的，需要雄厚的海洋经济基础来支持。所有的海洋强国一般都是当时经济非常强大的国家，海洋经济都十分发达。有了发达的海洋经济和强大的海军还需要国家进行海洋政治顶层设计，为海洋安全和海洋发展制定长期的奋斗目标。在海洋经济活动中，产生了海洋文化，先进的海洋文化对海洋安全和发展起着良好的促进作用。所以，海洋安全的获得是海洋各个安全要素综合作用、产生合力的结果，片面发展一面无法获得持久的海洋安全。这就要求中国特色海洋安全观以历史合力论为指导，形成海洋安全观念的合力体系。

（二）中国特色海洋安全观的外延体系

中国特色海洋安全观外延体系由以下四个方面构成：

1. 互利共赢的海洋经济安全观

海洋经济是指开发、利用和保护海洋的各类产业活动，以及与之相关联活动的总和。没有强大的海洋经济，国家就不可能获得海洋安全。自从大航海时代以来，西方资本主义国家建立了以西方为主导的海洋贸易体系，这一体系把广大亚非拉地区当做工业原料产地和工业制成品倾销地，造成欧洲与亚、非、拉国家之间的海洋经济鸿沟不断扩大。西方列强奉行的利用海洋经济剥削和压迫其他国家和地区的海洋经济观，造成世界海洋经济不稳定和不安全，有时甚至以世界经济危机的极端形式爆发出来。中国倡导的互利共赢的海洋经济安全观是指，在海洋经济贸易活动中，把既坚决维护我国的海洋经济利益，又能促进各国各地区共同发展，作为处理与各国各地区海洋经贸关系的基本准则和观念。

2. 塑造共同责任的海洋政治安全观

海洋政治安全观一般指的是国际社会成员对海洋世界、海洋秩序的看法，包括看待、评价海洋政治系统及其海洋政治活动的标准，以及由此形成的国家主体或国际海洋组织的价值观念和行为模式的选择标准和观念体系。

在海洋世纪，中国的海洋国际责任也趋于全球化，当今的海洋总体形势仍是处于无政府状态，迫切需要各国共同维护海洋安全秩序，而前提是世界主要大国要承担国际海洋责任，贡献国际海洋安全公共物品。海洋安全领域的公共产品，如世界海洋公共性、开放性的维护，航海自由，打击和抑制海盗，海洋安全秩序的保持等都属于海洋公共产品，全世界需要海洋公共安全产品的更多提供者。中国积极倡导共同责任的海洋政治安全观，愿意同世界有关海洋国家一起提供海洋公共安全产品，共同担负起维护世界海洋安全的共同责任。

3. 奉行共同竞合的海洋军事安全观

海洋军事竞争是海洋军事安全的基础。现代海军的一切武器装备，都是竞争的产物。从最初的木板帆船到铁甲舰再到现代的航空母舰，无一不是海军竞争的产物。如果没有海洋军事竞争，海军装备和技术就会停滞不前，且永远不会想去超越原有技术和装备，正是因为不断地有新的海军装备技术出现，人们才会想要进一步做得更好更强，可见是海洋军事竞争推动了海军的发展进步。

简氏防务列举了当代海军的五大职能："预防冲突、维持对海洋的控制和航海自由、维护海洋秩序、向海外投送兵力以及进行必要的国际合作，主要目的是直接或间接地保护以海洋为中心的全球贸易体系，应对全球性危机和应付国家间冲突一样，将成为未来国家海上防御的一大主要任务。"①在这些职能中，海洋军事合作的重要性日益提升。

奉行共同竞合的海洋军事安全观是指在海洋军事安全竞争合作力求双赢，在海洋军事竞争中努力谋求合作，避免海洋军事竞争导致海洋危机和海洋战争等极端不安全事件的发生；在海洋军事合作中也不完全放弃竞争，通过有限度的海洋军事竞争促进本国海军的健康发展。

4. 共同繁荣的海洋文化安全观

海洋文化是海洋安全的软实力，海洋文化的繁荣发展会促进海洋安全其他安全要素的发展。中华民族是人类海洋文化的主要缔造者之一。中华民族世世代代所居住的大地，东、南两面临海，这样的沿海环境，孕育了历史久远的海洋文

① 竺子华：《从海洋大国到海洋强国》，载于《解放军报》，2015 年 4 月 7 日第 3 版。

化。共同繁荣的海洋文化安全观是指在海洋世纪,中华民族既宣传弘扬民族传统海洋文化,同时,也要不断学习和吸收外国的先进海洋文化。海洋文化没有先进和落后之分,任何海洋文化都有长处和短处,应该推动海洋文化互相学习、互相借鉴、取长补短和融合创新,推动世界国家之间多种形式的海洋文化交流,反对海洋文化霸权主义和海洋文化帝国主义,努力促进世界各国各地海洋文化的共同繁荣发展。

5. 共同家园的海洋生态安全观

地球是名副其实的"水球",海洋面积占全球面积的 71%,海洋生态系统是最大的子生态系统。生命起源于海洋,海洋是人类的共同家园。建设共同家园的海洋生态安全观就是全世界国家和人民要团结一致,认识到海洋生态系统是全人类的共同的蓝色家园,我们要像对待自己的家庭一样,共同保护海洋生态系统,把海洋建设成为人类共同的美丽家园。

综上所述,中国特色海洋安全观的核心思想就是中国特色海洋共同安全观,中国特色海洋共同安全观是由互利共赢的海洋经济安全观、共同责任的海洋政治安全观、共同竞合的海洋军事安全观、共同繁荣的海洋文化安全观、共同家园的海洋生态安全观五个基本观点组成。这五个基本观点相互影响、相互促进,构成了一个科学合理的观点体系。

第二章　马克思主义海洋安全观及其中国化

马克思和恩格斯在各种著作中对海洋对资本主义的作用进行了研究，他们虽然没有写过关于海洋安全的专门著作，但是他们关于海洋安全的观念和思想散见于他们的著作和书信当中，这些思想直至今天仍然对于“中国特色海洋安全观”的构建具有重大理论指导意义。中国共产党人继承了马克思、恩格斯和列宁的海洋安全观，并把它们与中国海洋安全实际相结合，丰富和发展了马列主义的海洋安全观念和思想。

第一节　海洋经济思想的持续发展

欧洲历史的地理大发现（Age of Discovery），又称大航海时代，是指15—17世纪，欧洲的船队出现在世界各处的海洋上，寻找新的海洋贸易路线和贸易伙伴，以发展欧洲新生的资本主义。[①]大航海时代开辟了新的海洋航线，促进了资本主义的发展，使资本主义在世界上逐渐占据统治地位。

---

① 人民教育出版社历史室：《世界近代现代史》，人民教育出版社2000年版，第4页。

一、海洋新航线是资本主义发展的加速器

（一）海洋新航路的开辟加快了资本的原始积累

在海洋新航路发现之前，欧洲的资本主义虽然已经出现，但是发展缓慢，原因就是资本原始积累还是非常缓慢。而新航路的开辟，美洲新大陆的地理大发现大大加快了资本主义的原始积累。“形成工场手工业的最必要的条件之一，就是由于美洲的发现和美洲贵金属的输入而促成的资本积累”。①资本家除了掠夺金银，还在美洲、非洲等地方推行殖民制度，贩卖黑人奴隶，获得了更多的资本，促进了资本主义时代的早日到来。“美洲金银产地的发现，土著居民的被剿灭、被奴役和被埋葬于矿井，对东印度开始进行的征服和掠夺，非洲变成商业性地猎获黑人的场所——这一切标志着资本主义生产时代的曙光。这些田园诗式的过程是原始积累的主要因素”。②

原始积累的增加最终使大工业出现，资本主义社会代替封建社会，而这一切都发端于新航路的开辟，马克思在《共产党宣言》中对事情发展的前因后果联系做了精辟概括：“美洲的发现、绕过非洲的航行，给新兴的资产阶级开辟了新天地。东印度和中国的市场、美洲的殖民化、对殖民地的贸易、交换手段和一般商品的增加，使商业、航海业和工业空前高涨，因而使正在崩溃的封建社会内部的革命因素迅速发展。”③新航路的开辟，使西方列强发现了比本国大许多倍的市场和贸易，推动了资本主义工商业和航海业加速发展，加快了欧洲各国内部资本主义代替和战胜封建主义的历史进程。

在资本主义社会，大工业和海洋交通等行业是相互促进的关系。大工业的建立促进航海业等交通业的发展，交通业反过来又促进了大工业的扩张，并使资

① 中共中央马克思恩格斯列宁斯大林著作编译局编译：《马克思恩格斯文集》第1卷，人民出版社2009年版，第624页。

② 中共中央马克思恩格斯列宁斯大林著作编译局编译：《马克思恩格斯文集》第5卷，人民出版社2009年版，第860—861页。

③ 中共中央马克思恩格斯列宁斯大林著作编译局编译：《马克思恩格斯文集》第2卷，人民出版社2009年版，第32页。

产阶级最终战胜封建地主阶级，确立了资本主义的统治地位。马克思指出："大工业建立了由美洲的发现所准备好的世界市场。世界市场使商业、航海业和陆路交通得到了巨大的发展。这种发展又反过来促进了工业的扩展。同时，随着工业、商业、航海业和铁路的扩展，资产阶级也在同一程度上发展起来，增加自己的资本，把中世纪遗留下来的一切阶级排挤到后面去。"①

（二）太平洋新航线的开辟加速了美洲资本主义的发展

1848年美国加利福尼亚发现金矿，美国迅速掀起了一股淘金热。马克思和恩格斯立刻敏锐地意识到了这将给世界市场的布局和海洋航线带来历史性的改变。在《时评（1850年1—2月）》中，马克思和恩格斯写道："美国最大的事件，比二月革命更重要的事件，是加利福尼亚金矿的发现。仅仅过了差不多18个月，现在就已经可以预料到，这一发现带来的后果甚至将比美洲大陆的发现还要大得多。在330年中，欧洲同太平洋的全部贸易一直是以非常感人的耐性绕道好望角或合恩角进行的。所有打通巴拿马地峡的建议都因贸易国的偏见和猜忌而搁浅。从发现加利福尼亚金矿到现在，仅仅过去18个月，美国佬就已经着手修建铁路、宽阔的国家公路，开凿以墨西哥湾为起点的运河；从纽约到查格雷斯，从巴拿马到圣弗朗西斯科已经有轮船定期航班；太平洋的贸易已经集中在巴拿马，绕道合恩角的航线已经过时。"②加利福尼亚金矿的开采，使美国获得了大量资本，有实力去开凿巴拿马运河，大幅缩短海洋贸易距离。

巴拿马运河的成功开凿，连通了大西洋和太平洋，促进了太平洋上海洋航线的发展。虽然海洋运输公司之间存在着激烈竞争，但是也促进了海洋运输效率的提高。"不管有多少个公司破产，轮船还依然存在，而这些轮船将加倍发展大西洋上的运输，开辟太平洋上的交通，把澳大利亚、新西兰、新加坡、中国跟美洲联系起来，把环球旅行时间缩短到四个月"。③

太平洋新航线的开辟促进了太平洋沿岸国家，尤其是美国资本主义的发展。

---

① 中共中央马克思恩格斯列宁斯大林著作编译局编译：《马克思恩格斯文集》第2卷，人民出版社2009年版，第32—33页。

② 中共中央马克思恩格斯列宁斯大林著作编译局编译：《马克思恩格斯全集》第10卷，人民出版社1998年版，第275页。

③ 同上，第592—593页。

“一条跨越30个纬度的海岸[①]，世界上最美丽、最富饶的海岸之一，以前几乎荒无人迹，现在正迅速地变成一个富足的文明区域”。[②]太平洋新航线的开辟还会促进世界贸易中心和世界交通枢纽转移到太平洋。马克思指出：“加利福尼亚的黄金流遍美洲，流遍亚洲的太平洋沿岸地区，甚至把最倔强的野蛮民族也拖进了世界贸易，拖进了文明。世界贸易第二次获得了新的发展方向。世界贸易中心在古代是推罗、迦太基和亚历山大里亚，在中世纪是热那亚和威尼斯，以前还曾是伦敦和利物浦，而现在则是纽约和圣弗朗西斯科、圣胡安和莱昂、查格雷斯和巴拿马。世界交通枢纽在中世纪是意大利，在近代是英国，而目前则是北美半岛南半部。旧欧洲的工业和贸易如果不愿意像16世纪以来意大利的工业和贸易那样衰败，如果不愿让英国和法国变成今天的威尼斯、热那亚和荷兰，就必须作出巨大的努力。再过几年，我们就将有一条固定航线，从英国通往查格雷斯、从查格雷斯和圣弗朗西斯科[③]通往悉尼、广州和新加坡。加利福尼亚的黄金和美国的不断努力，将使太平洋两岸很快同现在从波士顿到新奥尔良的海岸地区那样，人口也那样稠密、贸易也那样方便、工业也那样发达。”[④]马克思认为太平洋沿岸国家人口众多，资源丰富，随着这些国家发展机器大工业，必然会成为资本主义发达地区，甚至可能代替大西洋的世界贸易中心地位。

对于太平洋的未来地位，马克思和恩格斯预测指出：“那时，太平洋就会像大西洋在现在，地中海在古代和中世纪一样，起着伟大的世界水路交通线的作用；而大西洋的地位将要降低，而像现在的地中海那样只起一个内海的作用。[⑤]太平洋实际上只是现在才被打开并将成为世界上最重要的大洋。”[⑥]马克思和恩格斯的这些伟大预见被历史的发展证实无误。世界市场上美国取代了欧洲的位置，

---

① 指从美国的加利福尼亚到中美洲的巴拿马这一段海岸。

② 中共中央马克思恩格斯列宁斯大林著作编译局编译：《马克思恩格斯全集》第10卷，人民出版社1998年版，第275—276页。

③ 查格雷斯(Chagres)是巴拿马中部加勒比海岸边的一个城市；圣弗朗西斯科(San Francisco)即美国的旧金山。

④ 中共中央马克思恩格斯列宁斯大林著作编译局编译：《马克思恩格斯全集》第10卷，人民出版社1998年版，第276页。

⑤ 中共中央马克思恩格斯列宁斯大林著作编译局编译：《马克思恩格斯全集》第19卷，人民出版社2006年版，第152页。

⑥ 中共中央马克思恩格斯列宁斯大林著作编译局编译：《马克思恩格斯全集》第10卷，人民出版社1998年版，第590—591页。

跨太平洋贸易把中国和美国牢牢地联系在一起。这个时候世界市场已经不再是工业国生产商品在落后国家市场销售这样简单了，世界市场还意味着商品生产在世界各地的展开，资本主义生产方式得以普及和推广。环太平洋地区在世界海洋贸易中的地位不断上升，太平洋取代了大西洋，成为世界经济的中心。

二、对外开放的海洋经济政策

中华人民共和国成立后，由于资本主义阵营的经济封锁，我国经济对发达国家开放的一扇大门被迫关闭了。后来，中苏关系恶化，我国经济对社会主义国家开放的另一扇大门也关闭了。“文化大革命”结束后，邓小平认识到：“现在的世界是开放的世界。中国在西方国家产业革命以后变得落后了，一个重要原因就是闭关自守。建国以后，人家封锁我们，在某种程度上我们也还是闭关自守，这给我们带来了一些困难。三十几年的经验教训告诉我们，关起门来搞建设是不行的，发展不起来。关起门有两种，一种是对国外、还有一种是对国内，就是一个地区对另外一个地区，一个部门对另外一个部门。两种关门都不行。”①邓小平认为，开放分成两种：一种是打开国门，对世界各国开放；另一种是在国内，打破计划经济条块分割的状况，使各个地区和部门相互开放，使经济要素自由流通。

后来，邓小平把开放思想进一步发展，形成了全方位的对外开放理论。1988年5月，邓小平在会见莫桑比克总统希萨诺时说：“建设一个国家，不要把自己置于封闭状态和孤立地位。要重视广泛的国际交往，同什么人都可以打交道，在打交道的过程中趋利避害。用我们的话讲叫对外开放。”②对外开放要从发达国家学习和引进什么呢？那就是我国紧缺的先进科学技术、建设资金和管理经验，用这些来促进社会主义现代化建设。邓小平指出：“对外开放具有重要意义，任何一个国家要发展，孤立起来，闭关自守是不可能的，不加强国际交往，不引进发达国家的先进经验、先进科学技术和资金，是不可能的。”③

---

① 邓小平：《邓小平文选》第3卷，人民出版社1993年版，第64—65页。
② 同上，第260页。
③ 同上，第117页。

天下没有免费的午餐。外国资本家当然不会把比较先进的机器设备、资金和技术白白地送给中国，我国只能遵循等价交换的市场规则，外国来中国投资，就会获得利益或利润。邓小平针对外国投资人作出承诺："为了发展中外的经济合作，中国要创造条件，发达国家的经济界也要创造条件，首先的一条就是不要怕冒风险，不必担心我们的政策会变，胆子放大一些，合作的步子更快一些。历史最终会证明，帮助了我们的人，得到的利益不会小于他们对我们的帮助。"①邓小平还反复强调改革开放是大趋势，是中国的一项基本国策，谁也阻挡和改变不了的，中国也绝不会走回头路。邓小平指出："谁也不能阻挡中国的改革开放继续下去。为什么？道理很简单，不搞改革开放就不能继续发展，经济要滑坡。走回头路，人民生活要下降。改革的趋势是改变不了的。"②

邓小平的对外开放经济政策是从经济长远发展角度来考虑，为了防止改革开放的发生风险，打消人们的顾虑，改革开放先是在东南沿海地区选择一些城市试点，搞好了再向全国推广。对外开放经济战略不是一边倒，而是面向海外所有国家的全方位开放。邓小平强调："一个是对西方发达国家的开放，我们吸收外资、引进技术等主要从那里来。一个是对苏联和东欧国家的开放，这也是一个方面。国家关系即使不能够正常化，也可以交往，如做生意呀，搞技术合作呀，甚至于合资经营呀，技术改造呀，156个项目的技术改造，他们可以出力嘛。还有一个是对第三世界发展中国家的开放，这些国家都有自己的特点和长处，这里有很多文章可以做。"③邓小平认识到，发达国家有资金和技术的优势，苏联和东欧国家有一定的市场和技术优势，发展中国家有资源上的优势，每个国家都有自己的特点和长处，全方位开放有利于中国取长补短，促进经济的迅速发展。

总而言之，邓小平的对外开放经济政策从物质上和精神上突破了"闭关自守"，首先在东南沿海地区打开了国门，使中国真正融入和走向世界，也使世界了解和接近中国，中华民族在对外开放中迈出了复兴的坚实步伐。

---

① 邓小平：《邓小平文选》第3卷，人民出版社1993年版，第80页。
② 同上，第332页。
③ 同上，第99页。

三、"引进来"和"走出去"相结合的海洋开放战略

改革开放 20 年来，我国的经济取得了伟大的成就。改革开放初期缺乏资金、技术、管理经验的局面得到很大的改善，国内建设资金还有了一定的剩余。这就要求改革开放战略需要进一步深化和发展，进行转型升级。1997 年，江泽民同志在会见全国外资工作会议代表时指出："'引进来'和'走出去'，是我们对外开放基本国策两个紧密联系、相互促进的方面，缺一不可……不仅要积极吸引外国企业到中国投资办厂，还要积极引导和组织国内有实力的企业走出去，到国外去投资办厂，利用当地的市场和资源；视野要放开一些，既要看到欧美市场，也要看到广大发展中国家的市场……在努力扩大商品出口的同时，必须下大气力研究和部署如何走出去搞经济技术合作。"①实施"引进来"和"走出去"相结合的开放战略的关键是"有领导有步骤地组织和支持一批国有大中型骨干企业走出去，形成开拓国外投资市场的初步规模"。②由于国有大中型骨干企业在改革开放中积累了一定的资金，并且实力雄厚，再加上国家政策的支持，它们就成为走出去的"先锋"企业。实施"走出去"战略是我国对外开放新阶段的重大战略举措——"这是一个大战略，既是对外开放的重要战略，也是经济发展的重要战略"。③实行对外开放，既要向外国开放我们的市场，引进国外的资金、先进技术和管理经验；同时又要开拓海外市场，只进不出或只出不进，都不是完整的对外开放战略。"引进来"和"走出去"，是我们对外开放战略的两个紧密联系、相辅相成的方面，不可偏废任何一个。这就要求我们科学合理地处理好国内市场和海外市场的关系。江泽民同志形象地说："'引进来'与'走出去'是对外开放的两个轮子，必须同时转动起来。"④

进入 21 世纪，随着我国经济实力的不断增强、现代化建设的稳步推进和我国较好地融入 WTO，实施"引进来"和"走出去"战略的条件更加成熟了，要求也更迫切了。尤其是实施"走出去"战略，是更好地利用国内和海外两个市场、两种

①②③　江泽民：《江泽民文选》第 2 卷，人民出版社 2006 年版，第 92 页。

④　同上，第 457 页。

资源的必然选择，是逐步打造我国世界著名的品牌和形成我们自己的大型跨国公司的重要途径。这个战略实施好了，对增强我国经济发展的动力和后劲，促进我国经济和社会的长远发展，具有极为深远的意义。

四、海洋经济和科技是提高海洋安全水平的重要支柱

以胡锦涛同志为核心的新一代中央领导集体从21世纪是海洋世纪的时代要求出发，提出了大力发展海洋科技，实施海洋开发战略的重大部署，以此提高我国海洋安全水平。

（一）实施海洋开发战略

海洋经济是建设和谐海洋的基础，只有大力发展海洋经济，才能提高国家海洋实力，才能更好地促进和谐海洋的早日到来。胡锦涛在中央人口资源环境工作座谈会上的讲话中强调开发海洋已经成为我国的一项战略任务，他指出："开发海洋是推动我国经济社会发展的一项战略任务。要加强海洋调查评价和规划，全面推进海域使用管理，加强海洋环境保护，促进海洋开发和经济发展。"①过去，我国的经济活动主要在陆地上进行，对于海洋经济的重要性认识不够深刻，这就需要全国上下增强海洋意识，重视发展海洋经济。2006年12月，胡锦涛在中央经济工作会议上明确指出要大力发展海洋经济，他说："在做好陆地规划的同时，要增强海洋意识，做好海洋规划，完善体制机制，加强各项基础工作，从政策和资金上扶持海洋经济发展。"②到了党的十七大，胡锦涛就把发展海洋经济上升到国家战略高度，提出了实施海洋发展战略。他在报告中指出："发展海洋经济。坚持陆海统筹，制定和实施海洋发展战略，提高海洋开发、控制、综合管理能力。科学规划海洋经济发展，发展海洋油气、运输、渔业等产业，合理开发利用海洋资源，加强渔港建设，保护海岛、海岸带和海洋生态环境。保障海上通道安全，维护我国海洋权益。"③根据他的讲话精神，在党的十七届五中

① 胡锦涛：《在中央人口资源环境工作座谈会上的讲话》，载于《人民日报》，2004年4月5日第1版。

② 郑贵斌：《海洋经济集成战略》，人民出版社2008年版，第4页。

③ 中共中央文献研究室：《十七大以来重要文献选编》中，中央文献出版社2011年版，第982页。

全上通过的“十二五”规划纲要中指出：“深化港口岸线资源整合和优化港口布局。制定实施海洋主体功能区规划，优化海洋经济空间布局。推进山东、浙江、广东等海洋经济发展试点。”①此后，按照“十二五”规划纲要的安排，我国东部沿海地区的有关省市就掀起了规划和开发“蓝色经济区”，大力发展“蓝色经济”的建设浪潮。

在传统上，我国把经济各个产业划分第一产业、第二产业和第三产业。②在这三大产业之下，又可以分为不同的小产业。随着海洋世纪的到来，海洋产业成为一个新兴的产业，需要我国大力发展，以此构建现代化的产业体系。胡锦涛在党的十七大报告中指出：“发展现代产业体系，大力推进信息化与工业化融合，促进工业由大变强，振兴装备制造业，淘汰落后生产能力；提升高新技术产业，发展信息、生物、新材料、航空航天、海洋等产业；发展现代服务业，提高服务业比重和水平；加强基础产业基础设施建设，加快发展现代能源产业和综合运输体系。”③海洋产业作为新兴的朝阳产业，是现代产业体系的重要组成部分，只有高度重视、提前布局、重点扶持，才能带动我国产业结构的转型升级。

(二) 大力发展海洋科技

海洋是巨大的资源宝库，要开发海洋，离不开海洋科技这根支柱的强有力支撑。海洋科技对于提高我国海洋开发水平，促进海洋经济迅速发展起着第一推动作用。胡锦涛在党的十七大报告中指出：“加强基础前沿研究，在生命科学、空间海洋、地球科学、纳米科技等领域抢占未来科技竞争制高点。”④胡锦涛在中国科学院第十六次院士大会、中国工程院第十一次院士大会上的讲话中强调要大力发展海洋科学技术，他说：“发展海洋战略高技术，提高我国海洋经济水平，保护海洋航运安全，开发深海资源；发展生物安全应对技术，有效防控对人民生活和生态环境的生物威胁；发展信息网络战略高技术，建设基于网络信息的社会态势预警、分析、监控、应急体系，维护信息基础设施和网络安全。要加强基础研究

① 《中华人民共和国国民经济和社会发展第十二个五年规划纲要》，人民出版社 2011 年版，第 44 页。

② 国家质检总局、国家标准委：《国民经济行业分类》(GB/T 4754—2011)。

③ 中共中央文献研究室：《十七大以来重要文献选编》中，中央文献出版社 2011 年版，第 981 页。

④ 同上，第 987 页。

和原始科学创新，在生命科学、空间海洋、地球科学、纳米科技等领域力争取得原创性突破。”[①]海洋科学技术是 19 世纪 40 年代以来兴起的一门学科，在海洋世纪，海洋战略科学技术的发展进步，有利于中国更好地开发海洋、利用海洋。

第二节 海洋政治思想的不断深化

自大航海时代以来，围绕着海洋资源和海洋利益的争夺和分配，在世界各国之间产生了海洋政治。马克思主义经典作家和中华人民共和国历代领导人结合实际提出了不同于西方资本主义列强的海洋政治思想。

一、和平利用黑海海峡，争取国际和平环境

第一次世界大战结束后，英、法、意等国因英国和希腊对土耳其的干涉遭到失败而筹备召开近东问题会议。帝国主义列强原来根本不想让苏维埃俄国参加这次会议，但后来考虑到苏维埃俄国的国际作用日益增长，不得不在 1922 年 10 月 7 日的照会中表示允许苏俄在会议讨论黑海海峡问题时参加。近东问题会议于 1922 年 11 月 20 日在洛桑召开，一直开到 1923 年 7 月 24 日，史称“洛桑会议”。

在洛桑会议议程上占重要地位的是黑海海峡问题。苏维埃代表团提出了列宁在《答〈观察家报〉和〈曼彻斯特卫报〉记者 M.法尔布曼问》中所表述的建议。

“我们关于海峡问题的计划（目前当然还只是大致的）主要有下列几点：

第一，满足土耳其的民族愿望。我们认为，不只是民族独立的利益要求这样做。五年来我们在一个举世罕见的多民族国家里解决民族问题的经验使我们完全相信，在这类场合，对待民族利益的唯一正确的态度就是予以最大限度的满足，创造条件来排除由此引起冲突的一切可能。我们的经验使我们坚信，只有对

---

① 胡锦涛：《在中国科学院第十六次院士大会、中国工程院第十一次院士大会上的讲话》，人民出版社 2012 年版，第 5 页。

各个民族的利益极其关心，才能消除冲突的根源，才能消除互不信任，才能消除对某种阴谋的担心，才能建立语言不同的人们，特别是工人农民的互相信任，没有这种信任，无论各族人民之间的和平关系，或者现代文明中一切珍贵事物的顺利发展，都是绝对不可能的。

第二，我们的计划包括禁止任何军舰在平时和战时通过海峡。这是所有的国家，不仅是紧邻海峡的国家，而且是其余一切国家最直接的贸易利益。应当注意到，目前全世界发出的和平主义的言论和保证、有时甚至是反对战争和反对和约(指《凡尔赛和约》)的誓言非常多，而大多数国家，特别是现代的文明国家，准备采取实际的、哪怕是最简单的保障和平的措施的却非常少。我们希望在这个问题以及诸如此类问题上尽可能少来一些空泛的声明、庄严的诺言、华丽的口号，而尽可能多来一些最简单、最明确又能真正导致和平——且不说彻底消灭战争危险——的决定和措施。

第三，我们关于海峡问题的计划还包括商船有充分的航行自由。我认为，讲了上面那一些话以后，再来解释和具体说明这一点完全是多余的。”①

列宁上述观点的核心就是摆脱第一次世界大战期间各个帝国主义列强争夺黑海海峡的战争阴影，和平利用黑海海峡这个海洋战略通道，从海洋方向为新生的苏维埃政权争取和平的国际环境，大力发展经济，巩固新生苏维埃政权。但是以列宁观点为核心的建议遭到了否决。洛桑会议通过的海峡管理公约规定，任何国家的商船和军舰在任何时候都可以自由通过海峡。

二、反对美国干涉西太平洋的海洋外交政策

中华人民共和国成立后，美国就通过在亚洲建立许多海空军事基地，签署一系列集体防务条约，构建了封锁社会主义阵营的岛链，通过掌控东亚大陆的外边缘地带对苏联和中国进行围堵和遏制，这严重威胁了中国的海洋安全。因此，反对美国的军事包围和围堵构成了中国海洋外交中的核心工作。1946 年毛泽东

① 中共中央马克思恩格斯列宁斯大林著作编译局编译：《列宁全集》第 43 卷，人民出版社 1987 年版，第 239—240 页。

在《和美国记者安娜·路易斯·斯特朗的谈话》中指出："美国在太平洋控制了比英国过去的全部势力范围还要多的地方，它控制着日本、国民党统治的中国、半个朝鲜和南太平洋；它早已控制着中南美；它还想控制整个大英帝国和西欧。美国在各种借口之下，在许多国家进行大规模的军事布置，建立军事基地。美国反动派说，他们在世界各地已经建立和准备建立的一切军事基地，都是为了反对苏联的。不错，这些军事基地是指向苏联。但是，在现时，首先受到美国侵略的不是苏联，而是这些被建立军事基地的国家。我相信，不要很久，这些国家将会认识到真正压迫它们的是谁，是苏联还是美国。美国反动派终有一天将会发现他们自己是处在全世界人民的反对中。"①第二次世界大战结束后，美国利用强大的海军，到处建立以海军为主的军事基地，由于当时美国在驻军国家和地区实行治外法权，即美国军人在上述地方违法犯罪，需要用美国法律来审判，即使美国军人被判有罪，还要回美国服刑，这引起了军事基地所在国人民的强烈反对。

三、经济优先，"搁置争议、共同开发"的外交政策

在社会主义建设新时期，邓小平紧紧抓住和围绕"经济建设"这个中心，针对中国和周边国家的海洋争端，提出了"搁置争议、共同开发"的海洋外交政策。

（一）"搁置争议、共同开发"提出的时代背景

长期以来国际国内存在着一种片面的观点——认为邓小平解决海洋争端的战略思想"搁置争议，共同开发"是导致中国在南海问题和钓鱼岛问题上被动的一个原因。这种理解显然是"一叶障目，不见泰山"的。邓小平提出这个战略思想的时代背景是："文化大革命"造成我国国民经济的巨大损失，经济长期处于停滞状态，人民生活处于极其贫困的境地，"'文革'十年在经济上仅国民收入就损失 5 000 亿元人民币。这个数字相当于建国 30 年全部基本建设投资的 80%，超

① 中华人民共和国外交部、中共中央文献研究室：《毛泽东外交文选》，中央文献出版社、世界知识出版社 1994 年版，第 59 页。

过了建国 30 年全国固定资产的总和"①。从 1957 年到 1976 年,"全国职工在长达 20 年的时间里几乎没涨过工资。1957 年全国职工平均货币工资 624 元,1976 年下降到 575 元——不进反退,还少了 49 元"。②致使我国错过了新科技革命的发展机遇,造成中外的巨大发展差距。邓小平在改革开放之初访问过美国和日本等发达国家,对这些差距有着深刻的认识。要改变这一状况,只能是以经济建设为中心。

(二)"搁置争议、共同开发"的前提是发展经济

面对着"文化大革命"遗留的困难,邓小平认识到党和国家只能以"经济建设"为中心,毫不动摇。自 1972 年 9 月,中日两国政府发表《中日联合声明》,宣告恢复邦交开始,中日关系尤其经济关系进入了一段较长时间"蜜月期","蜜月期"直到 20 世纪 90 年代初期才结束。在此期间,中国引进日本的资金、技术和生产设备,迅速发展了生产力,日本则获得了发展工业所需的资源和原材料。为了不干扰经济建设这个中心,邓小平提出"搁置争议、共同开发"的战略思想,他指出:"我们有个钓鱼岛问题,还有个南沙群岛问题。我访问日本的时候,在记者招待会上他们提出钓鱼岛问题,我当时答复说,这个问题我们同日本有争议,钓鱼岛日本叫尖阁列岛,名字就不同。这个问题可以把它放一下,也许下一代人比我们更聪明些,会找到实际解决的办法。当时我脑子里在考虑,这样的问题是不是可以不涉及两国的主权争议,共同开发。共同开发的无非是那个岛屿附近的海底石油之类,可以合资经营嘛,共同得利嘛。不用打仗,也不要好多轮谈判。南沙群岛,历来世界地图是划到中国的,属中国,现在除台湾占了一个岛以外,菲律宾占了几个岛,越南占了几个岛,马来西亚占了几个岛。将来怎么办?一个办法是我们用武力统统把这些岛收回来;一个办法是把主权问题搁置起来,共同开发,这就可以消除多年积累下来的问题。这个问题迟早要解决。世界上这类的国际争端还不少,我们中国人是主张和平的,希望用和平方式解决争端。"③

---

① 曹普:《中国改革开放的历史由来》,《学习时报》,2008 年 9 月 29 日第 3 版。

② 曾培炎主编:《新中国经济 50 年(1949—1999)》,中国计划出版社 1999 年版,第 897—898 页。

③ 邓小平:《邓小平文选》第 3 卷,人民出版社 1993 年版,第 87—88 页。

四、和谐海洋思想

自大航海时代以来，海洋就成了资本主义列强争夺殖民地和海洋霸权的主要战争场所。在海洋上，列强之间发生了大大小小、不计其数的海洋战争，严重威胁了世界各国的海洋利益和海洋安全。围绕着构建一个“什么样的海洋”，以胡锦涛同志为核心的新一代党中央领导集体，根据新世纪新阶段中国经济社会发展的新需求、新趋向和新特征，提出了建设社会主义和谐社会的新思想，并把这一思想运用到世界和海洋领域，发展形成了和谐世界与和谐海洋思想。

2009 年 4 月 23 日，为纪念中国人民解放军海军成立 60 周年，以“和谐海洋”为主题的海上大阅兵在“海军城市”——青岛隆重举行，并取得圆满成功。举办这次多国海军大阅兵活动，是中国政府和海军致力于推动建设和谐海洋的重要举措，标志着中国人民解放军海军与世界各国海军合作交流进入一个崭新的阶段，同时也标志着中国对世界海洋安全提出了新的价值观念。在这次大阅兵上，胡锦涛发表讲话并指出：“这次多国海军活动以‘和谐海洋’为主题。推动建设和谐海洋，是建设持久和平、共同繁荣的和谐世界的重要组成部分，是世界各国人民的美好愿望和共同追求。加强各国海军之间的交流，开展国际海上安全合作，对建设和谐海洋具有重要意义。改革开放以来，中国人民解放军海军积极开展与世界各国海军之间各种形式的交流与合作，增进了与各国海军之间的相互了解和友谊。今后，中国人民解放军海军将本着更加开放、务实、合作的精神，积极参与国际海上安全合作，为实现和谐海洋这一崇高目标而不懈努力。”①自 1840 年以来，西方列强从海上侵略压迫中国人民，给中国带来了无穷无尽的灾难；而海洋又是列强之间激烈争夺霸权和残酷厮杀的场所，尤其是第一、第二次世界大战期间，海洋成为除了陆地战场之外的最重要的战场。这些海洋战争给世界各国人民带来了严重的苦难。和谐海洋思想反映了世界各国人民共同的价值理念和美好追求，也是中国“和谐世界”理念在海洋领域的具体体现。

---

① 胡锦涛：《胡锦涛在会见参加中国海军成立 60 周年庆典活动的 29 国海军代表团团长时的讲话》，载于《人民日报》，2009 年 4 月 24 日第 1 版。

21世纪的当今世界，海洋安全形势不容乐观和海洋争端愈来愈激烈，传统安全和非传统安全威胁等新旧威胁交替出现。面对日益猖獗的恐怖主义、分裂主义、极端主义势力跨海、跨国界扩散，以及日渐严重的海盗武装抢劫、海上走私、海洋偷渡等跨国犯罪现象泛滥等安全问题，单个国家和单支海洋军事力量显然无法应对如此纷繁复杂的全球海上安全威胁，只有开展国际海洋安全交流与合作，才能充分保护各国的海洋权益和实现互利共赢。胡锦涛指出："我们开展国际海上安全合作，始终坚持遵循《联合国宪章》《联合国海洋法公约》以及其他公认的国际关系准则，坚持谋求共同安全和共同发展，坚持尊重沿海国的主权和权益，坚持共同应对海上传统安全威胁和非传统安全威胁，努力寻求基于和平的多种途径和手段，维护海上安全。"①

新一代中央领导集体不仅是这样说的，而且是言行一致去做的。针对中日之间的钓鱼岛争端和东海油气田划界争端，温家宝2007年在日本国会众议院发表演讲中再次强调："中日两国在一些具体利益上和对某些问题的看法上存在分歧。但是，这些同我们的共同利益相比，毕竟处于次要地位。只要我们从战略高度、以长远眼光和对历史负责的态度，有诚意有信心，进行对话协商，双方之间存在的问题总是可以找到妥善解决的办法。对于东海问题，两国应本着搁置争议、共同开发的原则，积极推进磋商进程，在和平解决分歧上迈出实质步伐，使东海成为和平、友好、合作之海。"②作为和谐海洋思想的倡导国，中国一贯主张并坚持用和平谈判解决海洋争端的外交理念。中日之间虽然有分歧，但是合作大于分歧，和平解决才是最好办法。中日两国应该共同努力使东海成为和平、友好、合作之海。

第三节 海洋军事安全思想的连续演进

海洋军事力量的强弱是一个海洋国家是否强大的重要标志。在资本主义时

---

① 胡锦涛：《胡锦涛在会见参加中国海军成立60周年庆典活动的29国海军代表团团长时的讲话》，载于《人民日报》，2009年4月24日第1版。

② 中共中央文献研究室：《十六大以来重要文献选编》下，中央文献出版社2008年版，第1017页。

代，海军是列强争夺海洋霸权和侵略剥削亚非拉国家和人民的主要武装力量。要实现国家海洋安全，就必须高度重视海军建设和发展海洋军事安全思想。

一、机器大工业实力是海洋暴力的本质

蒸汽机的发明，机器大工业的建立，工业革命的发生带来了新的科学技术。而这些技术不仅运用于经济生产，还进一步运用到军事上。恩格斯指出："我们在上面已经一一看到，一旦技术上的进步可以用于军事目的并且已经用于军事目的，它们便立刻几乎强制地，而且往往是违反指挥官的意志而引起作战方式上的改变甚至变革。"①技术上的进步在海军作战中的体现就是军舰装甲防护能力和火炮威力的竞赛。

恩格斯在研究克里木战争的时候，发现战争开始的时候，军舰还是木质舰船，主要依靠风帆航行，蒸汽机做辅助动力。由于木质舰船容易被火炮击穿，因此，战争结束的时候，就出现了有浮动装甲炮台的舰船。当时俄国的火炮无法击穿该装甲，从而成为俄国战败的技术上的原因。克里木战争结束后，欧洲各国展开了军舰装甲防护能力和火炮威力的竞赛，出现了恩格斯所说的："火炮的进步很快就超过了它（军舰装甲），装甲每加厚一次，就有新的更重的火炮轻而易举地打穿它。这样，一方面，我们现在已经有了 10、12、14 和 24 英寸厚的装甲（意大利想建造装甲厚 3 英尺的军舰），另一方面，我们已经有了 25、35、80 甚至 100 吨（每吨 20 公担）重的线膛炮，能把 300、400、1 700 直到 2 000 磅的炮弹发射到前所未闻的距离之外。"②

装甲防护能力和火炮威力之间的关系就是矛与盾的关系，矛越来越锋利，盾越来越厚。因为，军舰体积大，建造时间长，所以，军舰装甲防护能力在竞赛中处于不利地位。恩格斯说："装甲防护能力和火炮威力之间的竞赛，还远远没有结束，以致军舰现在几乎总是不再能满足要求，在它下水之前就已经过时了。现代

① 中共中央马克思恩格斯列宁斯大林著作编译局编译：《马克思恩格斯选集》第 3 卷，人民出版社 2012 年版，第 551 页。

② 中共中央马克思恩格斯列宁斯大林著作编译局编译：《马克思恩格斯文集》第 9 卷，人民出版社 2009 年版，第 179 页。

的军舰不仅是现代大工业的产物，同时还是现代大工业的样板，是浮在水上的浪费大量金钱的工厂。大工业最发达的国家差不多掌握了建造这种舰船的垄断权。土耳其的全部装甲舰、俄国的几乎全部装甲舰以及德国的大部分装甲舰，都是在英国建造的；凡是可用的装甲几乎都是在设菲尔德制造的，欧洲只有三个钢铁厂能够制造最重的火炮，两个（伍利奇和埃尔斯维克）在英国，一个（克虏伯）在德国。"[①]海军军备竞赛的进行，离不开机器大工业的生产和支持。当时，西方国家中，能够完全制造装甲舰和舰载火炮的国家只有英国和德国，因为这两个国家工业革命进行的比较充分，有强大的经济实力，制造军舰的机器大工业体系完备、发达。

恩格斯最后指出了海上暴力的本质是："以现代军舰为基础的海上政治暴力，表明它自己完全不是'直接的'，而正是借助于经济力量，即冶金术的高度发展、对熟练技术人员和丰富的煤矿的支配。"[②]正是依靠这些大工业的力量，推动了海军军事技术的革命，最终推动海上战争由"风帆时代"进入"铁甲舰时代"。[③]所以，海上政治暴力最根本的本质是工业革命带来的经济力量。

二、海军建设必须服从经济建设

自进入"铁甲舰时代"以来，海军建设就是一项非常耗费大量金钱的任务。所以，如何处理好海军建设和经济建设之间的关系就是有关国家需要认真考虑和妥善处理的问题。

（一）削减海军舰只修建计划，增加建设经费

十月革命胜利以后，帝国主义国家对新生的苏维埃俄国发动了武装干涉，国内的地主、资本家和原沙皇时期的军官掀起了叛乱，苏俄处于极端困难的严峻形势。面对严峻的困难形势，列宁指出："人民会知道，而且大概很快会知道，面包

① 中共中央马克思恩格斯列宁斯大林著作编译局编译：《马克思恩格斯文集》第9卷，人民出版社2009年版，第180页。

② 同上，第181页。

③ 参见［英］安德鲁·兰伯特：《风帆时代的海上战争》，郑振清、向静译，上海人民出版社2005年版；［英］理查德·希尔：《铁甲舰时代的海上战争》，谢江萍译，上海人民出版社2005年版。

是有的，而且也是可以取得的，但是只有采取不崇拜资本与地产的神圣性的手段才能取得。”以此来鼓舞人民的革命热情和干劲。对此，列宁决定以巩固新生苏维埃政权为核心，下决心削减消耗很多钱财的海军舰只修建计划。列宁指出："现将关于舰只修理计划问题的综合材料送上。应尽快解决，我想，甚至就在今天解决。昨天我同斯克良斯基详谈过，有点犹豫，但是，1 000 万的开支太大了，所以我还是不得不提出下列建议：批准将‘纳希莫夫号’巡洋舰造完，然后，把其余的大型舰只（驱逐舰、战列舰等）削减 1/3，并责成主管部门相应地削减其他所有开支。我想，这样大体上可达 700 万，而把剩余的款项用来增加学校经费则要正确得多。现附上绝密的综合材料，以及皮达可夫委员会的工作报告，据斯克良斯基同志说，这个委员会已经几乎削减了 1 600 万。”①由于沙皇俄国海洋扩张传统的影响，苏维埃的海军将领希望在十月革命胜利后继续维持一支庞大的海军舰队。面对协约国武装干涉和国内武装叛乱的严重困难，列宁力排众议，大幅度削减海军舰只修建计划，把节约的资金用于改善民生，发展教育。

后来，列宁又决定把“纳希莫夫号”巡洋舰卖掉，增加学校经费，用于国家文化建设等最需要的地方。列宁认为：“目前这样规模的舰队，虽然按斯克良斯基同志公正的说法只是小小的舰队，但对我们来说仍然是过分的奢侈。‘纳希莫夫号’巡洋舰应当造完，因为我们可以把它出售获利，而在其他方面，我确信我们的海军专家实在是热心过分了。舰队我们不需要，而增加学校经费却迫切需要。”②由于协约国的武装干涉主要在陆地进行，而来自海洋的武装干涉较少，列宁据此认为海军舰队不是苏俄需要的，而经济建设资金和学校教育经费却是迫在眉睫的事情。

列宁根据当时的国内困难情况认为，海军的发展应该根据本国的实际情况，不应当成为巨大的财政负担，把资金用到需要的地方和领域。“由于有人指责我‘凭眼睛估计’就削减了舰只修理计划，我必须作如下说明：舰只修理计划的整个规模应与我们根据政治和经济原因决定拥有的舰队的规模相符合（而这一点当然只有专家们才能够办到）。我深信，‘纳希莫夫号’巡洋舰应列入我们的舰队，

---

① 中共中央马克思恩格斯列宁斯大林著作编译局编译：《列宁全集》第 43 卷，人民出版社 1987 年版，第 304—305 页。

② 同上，第 305 页。

因为至少我们必定有可能把它出售获利。其次，我们的舰只修理计划还包括一批驱逐舰、一部分战列舰，还有潜水艇等。我觉得这些舰只的总数过多，与我们整个海军的条件不相称，而且是我们的预算所无力承受的。我不知道这部分舰只究竟能够削减多少，我想皮达可夫和索柯里尼柯夫的委员会也不可能根据经济的，特别是政治的合理考虑而加以确定。"①

列宁还进一步指出了缩减海军经费的理由，海军专家和将领习惯为自己争取更多的经费。"因为海军专家们自然热心于自己的事业，会竭力加大每个数字。在我们给空军拨了大量经费的时候，我们对待用于舰队的开支应当四倍、十倍地慎重，况且由于符拉迪沃斯托克(即海参崴)的归并，当前还要有一笔可能很大的开支"。②由于制造海军舰只需要大量的钢铁制品，当时的苏俄的金属工厂的生产能力不能同时满足海军和农业两者的需要，列宁认为金属工厂的生产能力应该优先满足农业需要的金属制品，即首先解决"面包问题"。列宁指出："至于加米涅夫关于原定向金属工厂和电机工业总管理局订货的意见，那么应当说，我们订货应满足农民的需要，而决不用于舰队这类东西，因为维持一支相当规模的舰队，从经济上和政治上考虑，对于我们来说是不可能的。因此，我建议在把总的开支削减 300 万以后，计算一下，应按什么样的比例确定这笔款项在舰只修理计划范围内的各种用途，然后计算一下，我们怎样才能立刻开始将我们原定数量的修船厂转产农民所必需的金属制品。"③

(二) 海军大裁军，支援经济建设

改革开放初期，邓小平认识到和平与发展成为时代的主题，党和国家的中心任务就是搞好经济建设。在这个大前提下，就要处理军队存在着人员过多、人员臃肿的历史遗留问题。邓小平指出："我们存在的一个最大问题，就是军队很臃肿。真正打起仗来，不要说指挥作战，就是疏散也不容易。现在提出'消肿'，主要是要解决军队机构重叠、臃肿，以及由此带来的各级指挥不灵等问题。"④邓小

① 中共中央马克思恩格斯列宁斯大林著作编译局编译：《列宁全集》第 43 卷，人民出版社 1987 年版，第 305 页。

②③ 同上，第 306 页。

④ 中共中央文献研究室第三编研部、中国人民解放军军事科学院：《邓小平军事文集》第 3 卷，军事科学出版社、中央文献出版社 2004 年版，第 168 页。

平进一步指出:“我们军队肿在哪里? 主要不是肿在作战部队,当然部队也多了一点,主要是肿在各级领导机构,第一是三总部。总政人少一点,但也有点肿,也得减,减的有限就是了,主要是总参、总后。军兵种也不能说不肿。空军的人数恐怕是世界上最多的一个。海军不强,但也肿,因为我们舰艇只有那么多嘛。国防科工委现在那么大的机构,这还不叫肿啊? 再就是我们的大军区,每个都是‘麻雀虽小,肝胆俱全’,人多得不得了。所以说,消肿主要是总部、军兵种和大军区。减一百万人,恐怕大多数人要从这里减。”①

1985 年 5 月 23 日至 6 月 6 日,在北京召开的军委扩大会议根据邓小平提出的军队改革体制、精简方案,作出了一个令世界震惊的决定——中国人民解放军裁减军队人员 100 万。这个消息震惊了全世界。邓小平向全世界郑重宣告:“我们下这样大的决心,把中国人民解放军的员额减少一百万,这是中国共产党、中国政府和中国人民有力量、有信心的表现……减少一百万,实际上并没有削弱军队的战斗力,而是增强了军队的战斗力。”②这次百万大裁军——人民解放军三总部机关的人员编制精简了近一半;空军、海军和第二炮兵部队都作了相应的精简和调整,原先的 11 个大军区精简合并成 7 个……这次百万大裁军,减少了军队总人数,节省了军费开支,一部分节省的军费支援了经济建设,另一部分用于装备新式的军舰等武器装备,不仅没有削弱,反而增强了解放军的战斗力。

三、建设一支强大海军的不懈追求

自鸦片战争以来,西方列强不断从海上侵略中国,强迫战败的清政府签订了一个又一个不平等条约,把中国变成了一个半殖民地半封建社会。中华人民共和国成立以来,痛定思痛,建设一支强大的海军就成了中国政府和人民的不断追求的梦想。

---

① 中共中央文献研究室第三编研部、中国人民解放军军事科学院:《邓小平军事文集》第 3 卷,军事科学出版社、中央文献出版社 2004 年版,第 267 页。

② 同上,第 272 页。

(一) 建设强大的海军,保卫新中国海洋安全

1. 威胁来自海洋,要求我国建设强大的海军

中华人民共和国成立后,中国周边的安全形势严峻复杂,毛泽东运用抓住主要矛盾的哲学思维进行了分析:“中国人民的敌人是在东方,美帝国主义在南朝鲜、在日本、在菲律宾,都有很多的军事基地,都是针对中国的。中国的主要注意力和斗争方针是在东方,在西太平洋地区,在凶恶的侵略的美帝国主义,而不在印度,不在东南亚及南亚的一切国家……中国主要注意力只能放在中国的东方,而不能也没有必要放在中国的西南方。”①中华人民共和国成立后,虽然西南地区还有国民党残余势力没有被消灭,但已经不能构成实质性的威胁;而美国在中国海洋周边建立军事基地,构建针对社会主义阵营的军事包围圈,这称为中国的重要安全威胁。1960 年 5 月,毛泽东评估了来自各个国家的威胁后,得出结论:“我们不感到英国对我们是个威胁,也不认为法国对我们是个威胁。对我们的威胁主要来自美国和日本。”②英国和法国经过第二次世界大战战火的摧残破坏,海洋实力下降,再也没有力量维持在东方的殖民统治,便开始逐渐撤出亚洲;而美国和日本虽然和中国不接壤,他们结成军事安全同盟,仇视社会主义,有能力从海上发起对中国的攻击,这就要求中国必须建设一支强大的海军。

总结第二次世界大战经验,尤其是抗美援朝经验后,中国认识到陆、海、空全面发展是军队建设和发展的方向。1958 年 6 月,毛泽东在中央军委扩大会议上指出:“中国是个大国,要有强大的陆、海、空军。我国有那样长的海岸线,一定要建设强大的海军。”③在分析中华人民共和国成立前后国情的基础上,毛泽东认识到海军建设必须遵循事物的发展规律,必须符合中华人民共和国的工业和财力基础,必须按部就班。1952 年 11 月,毛泽东为海军订立了完整而具体的任务目标:“为了肃清海匪的骚扰,保障海道运输的安全,为了准备力量于适当时机收复台湾,最后统一全部国土,为了准备力量,反对帝国主义从海上来的侵略,我们

---

① 中华人民共和国外交部、中共中央文献研究室:《毛泽东外交文选》,中央文献出版社、世界知识出版社 1994 年版,第 376—377 页。

② 同上,第 424 页。

③ 毛泽东:《毛泽东军事文集》第 6 卷,军事科学出版社、中央文献出版社 1993 年版,第 359 页。

必须在一个较长时期内,根据工业发展的情况和财政的情况,有计划地逐步地建设一支强大的海军。"[①]为了早日建成一支强大的海军,毛泽东和周恩来多次视察海军,并为海军题词。毛泽东的题词是:"我们将不但有一个强大的陆军,而且有一个强大的空军和一个强大的海军。"[②]周恩来的题词是:"为建设强大的人民海军而奋斗。"[③]

2. 海洋安全利器——核潜艇一万年也要搞出来

核潜艇从诞生那天起,就引起各国海军的高度关注,成为一个国家海军威慑实力的重要象征。核潜艇吨位大,携带武器多,续航能力强等特点吸引中国也迫切希望拥有核潜艇。1958 年 7 月 21 日,苏联驻华大使尤金(Павел Фёдорович Юдин)向毛泽东转达了赫鲁晓夫(Никита Сергеевич Хрущёв)和苏共中央主席团关于中苏两国联合建立一支共同核潜艇舰队的建议,在建议中苏联提出了一些附加条件,并希望周恩来、彭德怀去莫斯科具体商量有关事宜。毛泽东当场指出:"建立潜艇舰队的问题,这是个方针问题:是我们搞你们帮助,还是搞'合作社',这一定要在中国决定。"[④]针对苏联希望和中国共建联合舰队,双方各自拥有一半所有权的提法,毛泽东接着说:"你们可以作顾问。为什么要提出所有权各半的问题?这是一个政治问题。"[⑤]毛泽东认为苏联附加的条件损害了中国的主权和利益,拒绝了苏联的这一提议。"要讲政治条件,连半个指头都不行。你可以告诉赫鲁晓夫同志,如果讲条件,我们双方都不必谈。如果他同意,他就来,不同意,就不要来,没有什么好谈的,有半个小指头的条件也不成。在这个问题上,我们可以一万年不要援助"。[⑥]接着在场的彭德怀同志说:"今年苏联国防部长马利诺夫斯基同志给我打来一个电报,要求在中国海岸建设一个长波雷达观测站,用来在太平洋指挥潜艇舰队,需要的费用一亿一千万卢布,苏联负担七千万,中国负担四千万。"[⑦]这就是有名的中苏之间关于联合舰队和长波电台的事件,在这个问题上,毛泽东的态度非常坚决果断,第二次世界大战结束后,包括大

① 毛泽东:《毛泽东文集》第 6 卷,人民出版社 1999 年版,第 314 页。
② 毛泽东:《毛泽东文集》第 5 卷,人民出版社 1996 年版,第 345 页。
③ 刘武生编:《周恩来军事文选》第 4 卷,人民出版社 1997 年版,第 328 页。
④ 毛泽东:《毛泽东文集》第 7 卷,人民出版社 1999 年版,第 393 页。
⑤⑦ 同上,第 391 页。
⑥ 同上,第 391—392 页。

连和旅顺在内的东北地区被斯大林以参战借口占领，后来，中国与苏联经过艰苦谈判，签订了《中苏关于中国长春铁路、旅顺口及大连的协定》，苏联才归还大连和旅顺。毛泽东熟知大连和旅顺被日俄反复争夺的历史，重要的海港再也不允许他国染指，因而，中国的国家主权和海洋主权是绝不能用来换核潜艇的。后来，中苏关系因种种原因破裂，苏联撤走援华的全部专家。1959 年 10 月，毛泽东在《赫鲁晓夫访华破坏技术援助后的指示》中指出："核潜艇，一万年也要搞出来。"[①]正是在这一指示下，我国军民同心协力，从零开始，终于造出了自己的核潜艇。

3. 实施"近岸防御"战略，保卫海洋安全

中华人民共和国成立后，百废待兴，当时的中国没有能力和工业基础制造海军所需要的舰艇，甚至出现了第一任海军司令萧劲光去威海刘公岛，还需要向渔民借船的窘境。[②]对于中国的海军需要制定什么样的防御战略，毛泽东从中国海军实际情况出发，制定了"近岸防御"战略。因为 1949 年 4 月 23 日，人民海军才正式诞生，拥有的都是国民党带不走的破烂舰艇，起义的重庆号巡洋舰由于遭到轰炸而被迫自沉，海军几乎没有多少舰艇，没有能力独立进行海上作战。1951 年 1 月，毛泽东指出："汕头至大亚湾一线及其他海岸线与内地，根本不要修筑什么工事或要塞，敌来让其登陆，并须诱其深入，然后聚而歼之。军队须离开海岸线，驻在便于按照上述意图歼灭敌人的适当地点，从事整训，不要去守海岸线。"[③]由于当时的沿海地区不像今天这样发达，所以我们要发挥陆军的优势，采取诱敌深入、寻机歼敌的办法。他指出："虎门、厦门、舟山、吴淞四处及珠江口外某些海岛必须确保，不令侵入。其余一切海岸线，都不要守而要让他进来，以利聚歼。"[④]"近岸防御"战略的实质就是让敌人登陆，岸上军队和在近岸活动的海军一起消灭敌人，这是从中华人民共和国成立初期海军弱小的实力实际出发而不得已采取的战略。

---

① 海军史编委会：《海军史》，解放军出版社 1989 年版，第 83 页。

② 吴东峰：《海军司令萧劲光逸事》，载于《北京日报》，2012 年 6 月 25 日第 19 版。

③ 毛泽东：《毛泽东文集》第 6 卷，人民出版社 1999 年版，第 135 页。

④ 同上，第 136 页。

（二）建设“精干”“顶用”的海军

1.建设少而精、真正顶用的海军

进入改革开放新时期，中国的社会主义现代化建设取得了一定成绩。为了搞好经济建设，邓小平认为包括海军在内的军费不能大幅度增长，而要重点考虑如何精打细算用好已有的军费，也就是好钢要用在刀刃上。“军队要考虑的，不是增加军费预算在国家财政开支中的比重的问题，而是在这个已定比例范围内，怎么用好这个钱，用得更好，用得更合理，真正用在加强战斗力上”。①

在海军武器装备上，邓小平认为海军舰艇不能光要吨位，更要追求战斗力。也就是有 100 艘能够活动的舰艇，不如有一艘能够击沉敌舰，消灭敌人的高质量舰艇。邓小平指出：“那时我们海军的同志，天天只要多少吨位，只讲数量不讲质量。现在改变了，讲质量，讲真正的战斗力，搞少而精的真正顶用的。每一艘战斗舰艇包括辅助舰艇都要顶用。你们也要有一个章程，起码百分之八十顶用吧。不从这方面着手，国家浪费，而且把风气搞坏了。”②在很长一段时间内，由于“文化大革命”的影响和破坏，海军军舰数量缺乏，所以一段时期内，海军过于追求军舰数量，而忽视了质量的重要性。邓小平认为质量才是海军军舰的生命，才能够出战斗力。“质量不好，根本不接收。凡不合格的都不接收，宁肯少，宁肯没有，也不要破烂货。军舰质量有问题，海军不接收是对的。质量不好是要死人的，要寸步不让。质量不好，就是不要，拒绝接收”。③

在海军现代化建设上，邓小平认为海军装备不仅要看表面漂亮，更要看实际战斗能力，这才是最重要的。“实现现代化还要经过一个相当时期。现有的东西要搞好，起码要好好修理一下。有些舰艇要配套。有的潜艇我是没有看过，听说很漂亮。只看表面不行，要看实战能力”。④邓小平 1979 年 8 月 2 日在山东烟台乘坐海军导弹驱逐舰出海视察时为海军题词：“建立一支强大的具有现代战斗能力的海军！”⑤

---

① 中共中央文献研究室第三编研部、中国人民解放军军事科学院：《邓小平军事文集》第 3 卷，军事科学出版社、中央文献出版社 2004 年版，第 180 页。

② 同上，第 160—161 页。

③ 同上，第 129 页。

④ 同上，第 161 页。

⑤ 同上，第 163 页。

2. 实施"近海积极防御"的海军战略

改革开放初期，随着我国工业实力的增强，海军陆续装备了飞机、潜艇、快艇和吨位较大的舰艇，此时海军开始具备一定的近海作战能力。邓小平继承和发展了毛泽东积极防御的军事战略方针，将其运用到海军战略领域。他指出："我们未来的反侵略战争，究竟采取什么方针？我赞成就是'积极防御'四个字。积极防御本身就不只是一个防御，防御中有进攻。"[①]这里积极防御是和消极防御、被动防御相对应，在世界海军战争史上，由于海军的高度机动性，决定了海军的进攻就是最好的防御。

虽然海军有了新的舰艇，但是吨位依然不大，没法进入深海作战，所以，邓小平进一步指出："我们的战略是近海作战。我们不像霸权主义那样到处伸手。我们建设海军基本上是防御，面临霸权主义强大的海军，没有适当的力量也不行。"[②]中国是世界最大的发展中国家，发展是第一要务，所以，中国不搞霸权主义和强权政治，海军不是全球性的，不会也不需要到处干涉别国内部事务。但是，面对强大的美国海军和苏联海军这两只霸权海军的威胁，我们必须建设适当的海军力量，所以适当海军的作战区域只能是近海。

（三）推进高技术条件下海军建设转型

世纪交替之际，尤其是第一次海湾战争的爆发，使我党认识到高技术条件下海军建设转型的紧迫性。第一次海湾战争爆发前，伊拉克的萨达姆政府拥有大量的苏联制造的武器装备，包括中国在内的很多国家认为：伊拉克的战败不可避免，这将是一场旷日持久的战争，但是以美国为首的联合作战部队，利用大量的军事高技术和新式武器，从海上发起攻击，迅速打败了几百万的伊拉克军队，这大大震动了中国军事界，使中国认识到海军的地位发生了战略性变化。江泽民提出："我们一定要从战略的高度认识海洋，增强全民族的海洋观念，把海军建设摆在重要地位。"[③]江泽民进一步指出："海上作战日益高技术化，已经大大改变

---

① 中共中央文献研究室第三编研部、中国人民解放军军事科学院：《邓小平军事文集》第3卷，军事科学出版社、中央文献出版社2004年版，第177页。

② 同上，第161页。

③ 陈万军等：《春风鼓浪好扬帆——江泽民主席关心人民海军现代化建设纪事》，载于《解放军报》1999年5月28日第1版。

了传统的海战样式，给我们提出了许多新的课题。今后高技术条件下的局部海战怎么打，海军的战场准备、发展重点、兵力结构、作战运用等方面如何适应未来作战的需要，都要好好研究。”①在海湾战争中，海军作战条件发生了质的飞跃，作战方式大大改变，这对海军改革研究提出了新的课题和指南。

1. 联合作战成为现代高技术条件下局部战争的基本作战方式

1996年，江泽民在中央军委扩大会议上讲话中指出：“高新技术的广泛应用，正在深刻改变着世界的社会经济面貌，也正在深刻改变着军事斗争的面貌，引发了军事领域一系列革命性的变化。武器装备呈现出信息化、智能化、一体化的趋势，各种武器装备联结为一个有机体系，远程攻击能力大大增强，打击精度空前提高，杀伤力成倍增长。战争形态、作战样式也随之出现了一些新的特征，全纵深作战、非线式作战有可能成为高技术条件下战争的基本交战方式。过去我们讲陆、海、空一体，现在已经是陆、海、空、天一体了，特别是争夺信息优势、取得制信息权将成为作战的重心之一。军队的组织结构也处在重大的调整改革之中，作战部队高度合成，趋于小型化、轻型化和多样化，指挥体制纵向层次减少，更加灵便、高效。”②江泽民的这段讲话清楚地阐明：正是高新科学技术在军事领域的应用，各种武器装备联结为一个有机整体，大大地改变、增强了武器装备的攻击效果和能力，而武器装备的变革改变了传统的单一军种作战的样式，促进了联合作战样式的加速形成，使联合作战成为现代高技术战争的基本作战形式。联合作战的一个突出表现就是军事作战空间急剧拓展，战争不仅在陆地、天空、水面，还在水下进行，而且迅速向外层空间扩展，这就是陆、海、空、天一体化作战。作战空间的拓展和延伸反过来加速了联合作战方式的到来。新技术的运用，还开辟了信息战场，信息战或情报战已成为战争中争夺制陆权、制海权、制空权的前提，它在战争开始前就已经开打，并直接影响着整个战争的进程和结局。高新技术在武器上的运用，使武器的杀伤力成倍增加，过去那种依靠军队数量优势，发动大规模集团冲锋来夺取战争胜利的作战方式一去不复返了。这就使作战部队的规模更加趋于小型化、轻型化，作战方式多样化，“金字塔”式的自上而

① 陈万军等：《春风鼓浪好扬帆——江泽民主席关心人民海军现代化建设纪事》，载于《解放军报》，1999年5月28日第1版。

② 江泽民：《江泽民文选》第1卷，人民出版社2006年，第606—607页。

下的作战指挥层次减少，扁平化的灵活高效的指挥体制出现了，并成为联合作战的主要指挥方式。

2. 高技术条件下近海防御战略的新内容

1997 年，江泽民在中央军委扩大会议上指出："根据我国安全形势的发展变化，军委确定了新时期积极防御的军事战略方针，强调把军事斗争准备的基点放在准备打赢一场现代化技术特别是高技术条件下的局部战争上。作为海军，要贯彻近海防御的战略思想，真正具备在近海遂行海上战役的综合作战能力。"①我国虽然奉行近海防御的战略思想，虽然在自己家门口近海作战，但是也提高综合作战的能力，即海军要在岸基航空兵、二炮部队等军队的支持下，进行综合作战，这样才能更好地保卫国家海洋安全。

为了适应海洋纵深防卫的战略需要，维护我国的海洋权益和安全，江泽民指出："冷战结束后，世界战略格局进一步向多极化发展，围绕海洋权益的斗争形势日益尖锐复杂，海洋已经成为各国激烈争夺与对抗的场所。我国的海上安全环境，从总体上看，基本是稳定的，但存在着一些复杂的不安全因素。为了确保我国海上方向的安全，完成祖国统一大业，我们必须加强海上方向的防御作战准备，不断提高海军在现代技术特别是高技术条件下的作战能力。"②

第四节　海洋文化思想的不断深化

一提到"文化"这个词语，人们就想到"文明"这个概念。在马克思主义经典著作中，这两个都出现过，很多时候这两个词语意思大体一致，是同义词。例如，马克思在《资本论》中指出："在文化初期，已经取得的劳动生产力很低，但是需要也很低，需要是同需要的手段一同发展的，并且是依靠这些手段发展的。"③这里的"文化初期"是指生产力水平较低和文明程度较低的原始社会，这里"文化"与

① 单秀法主编：《江泽民国防和军队建设思想研究》，军事科学出版社 2004 年版，第 327 页。

② 江泽民：《论国防和军队建设》，解放军出版社 2003 年版，第 181—182 页。

③ 中共中央马克思恩格斯列宁斯大林著作编译局编译：《马克思恩格斯选集》第 2 卷，人民出版社 2012 年版，第 239 页。

“文明”没有严格的区别。党的十五大报告明确指出:“有中国特色社会主义的文化,就其主要内容来说,同改革开放以来我们一贯倡导的社会主义精神文明是一致的。”[①]所以,文明是文化的内在价值,文化是文明的外在形式。很多时候,文化与文明是同义词。

一、对中国大陆文化的深刻剖析和前景展望

与海洋文化相对应的是大陆文化。马克思和恩格斯从大陆文化角度深刻剖析了过去中国落后挨打的原因,具有重要的警示和启发意义。

(一)自然经济是大陆文化封闭落后的根源

马克思主义经典作家认为,古代中国就像一块古代社会的活化石,长期保持封建社会形态而停滞不动,除了封建经济、政治制度长期不变外,封建文化也不发生根本性的变化。根本原因就是经济上,自然经济长期占据绝对优势地位。马克思认为:“妨碍与世界经济交往的主要因素,是那个依靠小农业与家庭工业相结合而存在的中国社会经济结构。”[②]这个经济结构的突出特点就是结构非常坚固,发展变化极其缓慢,对资本主义的产生和发展产生了极大的阻碍作用。马克思指出:“资本主义以前的民族的生产方式具有内部的坚固性和结构,对于商业的解体作用造成了多大的障碍,这从美国人同印度和中国的通商上可以明显地看出来。在印度和中国,小农业和家庭工业的统一形成了生产方式的广阔基础。”[③]小农业和家庭工业的统一形成了自给自足的自然经济结构,这种经济结构排斥商品交换和生产,具有天然的牢固性并且很难打破。马克思指出:“每一个农户差不多都是自给自足的,都是直接生产自己的大部分消费品,因而他们取得生活资料多半是靠与自然交换,而不是靠与社会交往。”[④]这种自然经济结构

---

① 江泽民:《江泽民文选》第2卷,人民出版社2006年版,第32—33页。

② 中共中央马克思恩格斯列宁斯大林著作编译局编译:《马克思恩格斯论中国》,人民出版社1993年版,第111页。

③ 中共中央马克思恩格斯列宁斯大林著作编译局编译:《马克思恩格斯文集》第7卷,人民出版社2009年版,第372页。

④ 中共中央马克思恩格斯列宁斯大林著作编译局编译:《马克思恩格斯文集》第2卷,人民出版社2009年版,第566页。

中，农产品以及手工业品都是自主生产并供自身使用的，这就把劳动力束缚在土地上，阻碍了扩大再生产的进行，造成了商品流通缓慢和市场狭小，因为："农业和手工制造业的直接结合而造成的巨大的节约和时间的节省，在这里对大工业产品进行了最顽强的抵抗；因为在大工业产品的价格中，会加进大工业产品到处都要经历的流通过程的各种非生产费用。"[①]这种根深蒂固的经济结构不仅阻碍了1949年前中国商品经济发展和资本主义萌芽的发展，导致了闭关锁国政策的实行，还造成了当时中国农民虽然不断起义，却没有促进新的社会制度的产生。

（二）学习西方海洋文明是中国文化的前途

在自然经济基础上产生和发展的大陆文化，造成当时人民因循守旧、缺乏创新精神。马克思对此有着深刻剖析："我们不应该忘记，这些田园风味的农村公社不管看起来怎样祥和无害，却始终是东方专制制度的牢固基础，它们使人的头脑局限在极小的范围内，成为迷信的驯服工具，成为传统规则的奴隶，表现不出任何伟大的作为和历史首创精神。"[②]马克思所说的"田园风味的农村公社"指的是个体农业与家庭手工业相结合的社会经济结构，这种封闭落后的经济结构压制了人们的反抗精神和创造力，阻碍了科学技术进步与资本主义萌芽的发展。

这种经济结构造成政治上中国长期实行封建君主专制统治，"皇帝通常被尊为全中国的君父"，而"皇帝的官吏也都被认为对他们各自的管区维持着这种父权关系"；而维系"这个庞大国家机器的各部分间的唯一精神联系"就是"家长制权威"。[③]与这样的经济和政治相一致，在精神文化方面，中国的皇帝及其周围的官员们常常"因循守旧""故步自封""夜郎自大""排挤外来新事物"；而中国广大农民常常目光短浅、性情懦弱、勤俭持家，宁愿贮藏金银，也不愿把财富拿出来投资或购买国外新机器和产品。因此，中国这个东方古国已经成为"腐朽的""半文

---

① 中共中央马克思恩格斯列宁斯大林著作编译局编译：《马克思恩格斯文集》第7卷，人民出版社2009年版，第372页。

② 中共中央马克思恩格斯列宁斯大林著作编译局编译：《马克思恩格斯文集》第2卷，人民出版社2009年版，第682—683页。

③ 同上，第608页。

明”的国家，统治者必然“日益丧失自己的统治权。”①

当然了，这个学习西方海洋文化的过程不是主动的，而是被动进行的。鸦片战争的炮火第一次将沉睡的中国文化震醒，也第一次使中国先进知识分子感觉到中国文化的落后性。因此，他们开始“开眼看世界”，开始“师夷长技”，学习西方的先进海洋文化。中国社会的文化前途怎样？在马克思、恩格斯看来，中国随着引进西方的先进机器设备和生产方式，旧的文明即“以农业和手工业相结合为基础的文明”将被摧毁和消失，新的工业文明将建立起来。恩格斯说：“在陆地和海上打了败仗的中国人必定欧洲化，开放他们的港口以进行全面通商，建筑铁路和工厂，从而把那种可以养活亿万之众的旧制度完全摧毁。”②经过中国人民的不懈学习和奋斗，终于废除了封建制度，建立了中华人民共和国。

二、反对海洋殖民文化，倡导新民主主义文化

清朝末期学者龚自珍说：“欲要亡其国，必先灭其史，欲灭其族，必先灭其文化。”③古往今来的一切历史都告诉了我们：一个国家、一个民族的兴衰，往往与这个国家或民族的历史与文化因素密切相关。以毛泽东为代表的中国共产党人在革命进程中，积极反对西方文化侵略，倡导新民主主义文化，为中华人民共和国的海洋文化安全进行了有意义的探索。

（一）反对文化侵略，倡导新民主主义文化

自从鸦片战争以来，帝国主义列强不仅从军事上和经济上侵略中国，而且实施文化侵略。毛泽东指出：“对于麻醉中国人民的精神的一个方面，也不放松，这就是它们的文化侵略政策。传教、办医院、办学校、办报纸和吸引留学生等，就是这个侵略政策的实施。其目的，在于造就服从于它们的知识干部和愚弄广大的

① 中共中央马克思恩格斯列宁斯大林著作编译局编译：《马克思恩格斯选集》第1卷，人民出版社2012年版，第779页。

② 中共中央马克思恩格斯列宁斯大林著作编译局编译：《马克思恩格斯论中国》，人民出版社1993年版，第123页。

③ ［清］龚自珍：《古史钩沉论二》。

中国人民。”[①]鸦片战争结束后，大批传教士追随着帝国主义的海军跨越海洋来到中国，他们建立教堂，创办教会学校，利用宗教幌子进行种种文化侵略活动，以此培育为西方列强服务的买办文人，通过文化改造和思想改造而达到征服中国的目的。

面对帝国主义文化侵略，需要激发和唤醒民族主义精神，来达成反对帝国主义文化侵略的作用。在《新民主主义论》中，毛泽东提出在新民主主义革命时期应当建立新民主主义文化。首先，新民主主义文化必须具有反帝反封建的中华民族特质。毛泽东指出：“这种新民主主义的文化是民族的。它是反对帝国主义压迫，主张中华民族的尊严和独立的。它是我们这个民族的，带有我们民族的特性。”[②]新民主主义文化反映着新民主主义革命时期半殖民地、半封建社会的历史现实，表达了反对帝国主义文化奴化的现实需要与根本诉求。而作为“我们这个民族的，带有我们民族的特性”的文化，也必然要根植于中华民族的文化土壤之中，从内容上具备中华民族的特点和特色，反对一切帝国主义反动文化，从形式上具有中华民族自己的独特形式。

其次，新民主主义文化必须满足反帝反封建的科学性要求。毛泽东指出：“这种新民主主义的文化是科学的。它是反对一切封建思想和迷信思想，主张实事求是，主张客观真理，主张理论和实践一致的。”[③]新民主主义文化是以马克思主义理论为指导的文化，它不仅要反对外国的帝国主义，也要彻底反对国内的封建主义。马克思主义是科学的世界观和方法论，为无产阶级和全人类的解放指明了科学的道路，为文化发展提供了科学的思想基础。新民主主义文化理论必须继承马克思主义理论的科学性，以马克思主义的科学的世界观和方法论为基础，坚持科学性的要求，在内容上要“反对一切封建思想和迷信思想”，反对盲目的愚忠思想，反对世袭制，激发广大人民群众的文化觉悟，坚持实事求是的文化思想路线。在对待外来文化和传统文化的态度上，要采取批判与继承相结合的方法。

第三，新文化必须坚持为工农劳苦大众服务的大众立场。毛泽东指出：“这

---

① 毛泽东：《毛泽东选集》第2卷，人民出版社1991年版，第629—630页。

② 同上，第706页。

③ 同上，第707页。

种新民主主义的文化是大众的,因而即是民主的。它应为全民族中百分之九十以上的工农劳苦民众服务,并逐渐成为他们的文化。”①新民主主义文化的立场和出发点是人民大众,突出的是为工农劳苦民众服务的方向,它的目标是从思想上和文化上解放广大人民大众,这就表明了新民主主义文化鲜明的大众立场,在这里文化的大众性与民主性是一致的。人民群众既是文化的真正生产者,又是文化的消费者,我们党用新民主主义文化教育和武装人民大众,使它成为他们的有力思想武器,并为他们所掌握和拥有,这是新民主主义文化的建设与发展方向。

(二) 坚持古为今用、洋为中用的文化方针

在如何对待中国古代传统文化(包括海洋文化)和外来海洋文化问题上,毛泽东从文化历史的角度出发,提出了“古为今用、洋为中用”的基本方针。在如何对待中国传统文化的问题上,毛泽东提出要坚持向古代人学习是为了现代人的“古为今用”方针。因为“中国的长期封建社会中,创造了灿烂的古代文化。清理古代文化的发展过程,剔除其封建性的糟粕,吸收其民主性的精华,是发展民族新文化、提高民族自信心的必要条件”。②中国古代传统文化具有两面性,既有精华部分,也有浓厚的封建专制糟粕,需要我们去其糟粕,取其精华。在这个过程中,要用马克思主义辩证法加以指导。毛泽东强调:“学习我们的历史遗产,用马克思主义的方法给以批判的总结,是我们学习的另一任务。我们这个民族有数千年的历史,有它的特点,有它的许多珍贵品。对于这些,我们还是小学生。”③由于我国古代的文化历史跨度大,内容多,在积极继承和发扬上我们只能是小学生水准。因此,“我们必须尊重自己的历史,决不能割断历史”。④这就要求我们对待传统文化,既不能毫无辨别地全盘吸收,也不能机械地生搬硬套,要结合实践与时代要求,有选择地加以继承与发展,既要继承古代优秀的文明成果,又要大胆地抛弃当中的糟粕。

在如何对待外来文化的问题上,毛泽东提出要坚持“向外国人学习是为了今

---

①④ 毛泽东:《毛泽东选集》第2卷,人民出版社1991年版,第708页。

② 同上,第707页。

③ 同上,第533页。

天的中国人"的"洋为中用"方针。毛泽东强调："我们的方针是，一切民族、一切国家的长处都要学，政治、经济、科学、技术、艺术的一切真正好的东西都要学。""世界上所有国家的有益的东西，我们都要学"。[①]我们既要反对帝国主义跨海而来的反动文化，又要学习对我们有益的先进文化，而不是文化上闭关锁国，排斥一切外来文化。

毛泽东指出："继承中国过去的思想和接受外来思想，并不意味着无条件地照搬，而必须根据具体条件加以采用，使之适合中国的实际。我们的态度是批判地接受我们自己的历史遗产和外国的思想。我们既反对盲目接受任何思想也反对盲目抵制任何思想。我们中国人必须用我们自己的头脑进行思考，并决定什么东西能在我们自己的土壤里生长起来。"[②]毛泽东在学习和传播马克思主义过程中，就注意把马克思主义与中国具体实际和中国优秀传统文化相结合，形成了马克思主义中国化第一次历史飞跃的理论成果——毛泽东思想。在对待外来文化上，更加需要把外来文化中国化，把对我们有益的东西引入中国文化的土壤，结出中西文化融合的硕果。

最后，毛泽东对中国文化的发展远景作了展望。在中华人民共和国成立初，毛泽东非常乐观地指出："随着经济建设的高潮的到来，不可避免地将要出现一个文化建设的高潮。中国人被人认为不文明的时代已经过去了，我们将以一个具有高度文化的民族出现于世界。"[③]中华人民共和国不仅以新的经济面貌出现在世界面前，还会摆脱东亚病夫等愚昧落后的文化面貌，以高度文化的面貌呈现在世人面前。

三、海洋文化交流中打赢没有硝烟的战争

党的十一届三中全会胜利召开以后，我们党和国家集中力量纠正"极左"思潮的影响，把工作重心转移到经济建设上来，并确立了对外开放的基本国策。在对外海洋文化交流过程中，西方国家大力向中国推销资产阶级自由化思想，再加

---

① 毛泽东：《毛泽东文集》第7卷，人民出版社1999年版，第41页。
② 毛泽东：《毛泽东文集》第3卷，人民出版社1996年版，第192页。
③ 毛泽东：《毛泽东文集》第5卷，人民出版社1996年版，第345页。

上当时主要强调反"左"，而忽视了对"右倾"思潮的警惕，导致了资产阶级自由化思想在我国开始抬头。以邓小平为核心的中央领导集体，坚决反对资产阶级自由化，在苏东剧变动荡的关键时期，维护了社会主义的文化安全。

（一）反对资产阶级自由化

在我党的文献中，"资产阶级自由化"这个概念最早是由邓小平提出的。"资产阶级自由化是指在中国20世纪80年代末开始出现的一股鼓吹资产阶级自由的思潮"。①邓小平还指出了资产阶级自由化的阶级本质："自由化本身就是资产阶级的，没有什么无产阶级的、社会主义的自由化，自由化本身就是对我们现行政策、现行制度的对抗，或者叫反对，或者叫修改。实际情况是，搞自由化就是要把我们引导到资本主义道路上去，所以我们用反对资产阶级自由化这个提法。"②资产阶级自由化思想主张经济上取消公有制经济，实行生产资料私有制；政治上取消党的领导和人民民主专政制度，崇拜西方资本主义国家的"民主""自由"，赞扬西方的人道主义，实行两党制或多党制、两院制；思想文化上取消马列主义和毛泽东思想的指导地位，鼓吹西方式的言论自由。总之，资产阶级自由化思想集中起来就是一句话——主张全盘西化。邓小平概括总结指出："所谓资产阶级自由化，就是要中国全盘西化，走资本主义道路。"③

20世纪80年代末90年代初，苏联东欧剧变后，邓小平对苏东剧变原因和当时的帝国主义的特点作出了深刻剖析："西方国家正在打一场没有硝烟的第三次世界大战。所谓没有硝烟，就是要社会主义国家和平演变。"④"和平演变"是指冷战时期，以美国为首的西方国家针对苏联等社会主义国家采用文化渗透、宣传等非武力手段进行颠覆的活动，用西方文化影响和改造社会主义青年人的思想，使社会主义国家逐步演变成和西方一样的"自由世界"。对此，毛泽东保持了警惕，他指出："和平转变谁呢？就是转变我们这些国家，搞颠覆活动，内部转到合乎他的那个思想。"⑤针对改革开放以来，"资产阶级自由化"愈演愈烈的趋势，

① 邓小平：《邓小平文选》第3卷，人民出版社1993年版，第123页。
② 同上，第182页。
③ 同上，第207页。
④ 同上，第344页。
⑤ 中共中央文献研究室：《毛泽东传（1949—1976）》下，中央文献出版社2003年版，第1027页。

1987年1月28日，中共中央发出《关于当前反对资产阶级自由化若干问题的通知》，《通知》指出了反对资产阶级自由化的重要意义："反对资产阶级自由化的斗争，关系到党的十一届三中全会以来路线、方针和政策能否正确地坚持下去，关系到我们的事业将由什么样的一代人来继承，关系到党和国家的命运以及社会主义事业的前途。"①反对资产阶级自由化要坚持多长时间呢？邓小平强调："反对自由化，不仅这次要讲，还要讲十年二十年。"②正是由于我国在苏东剧变前，就旗帜鲜明地反对资产阶级自由化，才使我国成功抵制了西方的和平演变。

（二）四项基本原则是维护海洋文化安全的根本指针

受资产阶级自由化影响的一些国内人士，他们夸大我们党在过去——尤其是"文化大革命"中的错误，企图以此来否定党的领导，否定社会主义道路。也有极少数党员干部的社会主义思想和共产主义信仰发生了动摇。对这些现象，邓小平指出必须坚持四项基本原则，维护国家意识形态安全和文化安全。他指出："我们总的原则是四个坚持：坚持社会主义道路，坚持人民民主专政，坚持共产党的领导，坚持马列主义、毛泽东思想。"③四项基本原则，是中国共产党的立国之本。在社会主义精神文明建设的整个过程中，在学习西方海洋文化过程中，必须高举四项基本原则的旗帜，坚决反对资产阶级自由化。对于坚持四项基本原则的重要性，邓小平进一步强调指出："这是实现四个现代化的根本前提。"④

在对外开放中，在借鉴学习西方海洋文化过程中，坚持四项基本原则是我们抵制西方消极东西，保证了社会主义事业的健康发展。"中国执行开放政策是正确的……即使有一些消极的东西也不会影响我们社会主义制度的根本。教育人民坚持四项基本原则，这就为我们事业的健康发展从根本上提供了保证"。⑤邓小平认为四项基本原则是成套设备，构成了一个完整的体系，缺一不可。"如果动摇了这四项基本原则中任何一项，那就动摇了整个社会主义事业和整个现代

---

① 中共中央文献研究室：《十二大以来重要文献选编》下，人民出版社1988年版，第1252页。
② 邓小平：《邓小平文选》第3卷，人民出版社1993年版，第182页。
③ 同上，第134页。
④ 邓小平：《邓小平文选》第2卷，人民出版社1994年版，第164页。
⑤ 邓小平：《邓小平文选》第3卷，人民出版社1993年版，第202页。

化建设事业”。[①]1987 年 10 月，党的第十三次全国代表大会把“四项基本原则”作为重要内容写进了党在社会主义初级阶段的基本路线中，即“领导和团结全国各族人民，以经济建设为中心，坚持四项基本原则，坚持改革开放，自力更生，艰苦创业，为把我国建设成为富强、民主、文明的社会主义现代化国家而奋斗（一个中心、两个基本点）”。[②]从此以后，四项基本原则不仅成为我国长期坚持的一项政治原则，也成为我们在东西方海洋文化交流过程中长期坚持的文化前提。

四、倡导海洋文化多样化，维护文化安全

冷战结束后，以美国为首的西方阵营获得胜利，因而，美国主张世界是单极的，在文化上主张一元文化，即美国模式的资本主义文化应该是漂洋过海“放之四海而皆准”的。对此，美国著名学者弗朗西斯・福山（Francis Fukuyama）在《历史的终结与最后的人》中指出：“我们所见的胜利与其说是自由主义实践，不如说是自由主义理念。”[③]福山在书中的核心观念认为——历史将终结于西方的自由民主制度。为了推广西方的自由民主制度，西方发达国家给自由民主制度等政治文化观念披上了“普世文明”的外衣。美国的亨廷顿指出：“20 世纪末，‘普世文明’的概念有助于为西方对其他社会的文化统治和那些社会模仿西方的实践和体制的需要作辩护。‘普世主义’是西方对付非西方社会的意识形态。”[④]正是在这一目的推动下，西方国家以“普世文明”为幌子，实行海洋文化霸权，对以中国为首的广大发展中国家实施文化渗透和侵略，严重威胁了中国的文化安全。

针对西方发达国家推行的一元文化和“普世文明”，以江泽民为代表的中国人民大力提倡文化多样化。2000 年 9 月，江泽民在联合国千年首脑会议

---

① 邓小平：《邓小平文选》第 2 卷，人民出版社 1994 年版，第 174 页。

② 江泽民：《江泽民文选》第 2 卷，人民出版社 2006 年版，第 252 页。

③ ［美］弗朗西斯・福山：《历史的终结与最后的人》，陈高华译，广西师范大学出版社 2014 年版，第 66 页。

④ ［美］塞缪尔・亨廷顿：《文明的冲突与世界秩序的重建》，周琪等译，新华出版社 1998 年版，第 55—56 页。

(United Nations Millennium Summit)上呼吁世界各国本着平等、民主的精神，推动世界各种文明相互交流、相互借鉴、共同进步。他指出:“世界是丰富多彩的。如同宇宙间不能只有一种色彩一样，世界上也不能只有一种文明、一种社会制度、一种发展模式、一种价值观念。各个国家、各个民族都为人类文明的发展作出了贡献。应充分尊重不同民族、不同宗教和不同文明的多样性。世界发展的活力恰恰在于这种多样性的共存。”①文明自人类诞生起，就已经产生和发展，世界各大洲不同的地域环境、人文环境、历史演化自然会形成不同的文明，各种文明无对错、无先进落后之分，只是一种客观存在而已。

世界文明发展的历史进程清楚地告诉世人，多样性(多元化)是贯穿世界文明始终的一个基本特质。从古到今的人类文明，从来就没有出现过一个放之四海而皆准的统一的文明类型。相反，世界文明都在每时每刻顽强地表现出自己的多样性——在多样性中存在，在多样性中发展，在多样性中前进。2006 年 4 月，胡锦涛在美国耶鲁大学的演讲中指出:“文明多样性是人类社会的客观现实，是当今世界的基本特征，也是人类进步的重要动力。历史经验表明，在人类文明交流的过程中，不仅需要克服自然的屏障和隔阂，而且需要超越思想的障碍和束缚，更需要克服形形色色的偏见和误解。意识形态、社会制度、发展模式的差异不应成为人类文明交流的障碍，更不能成为相互对抗的理由。我们应该积极维护世界多样性，推动不同文明的对话和交融，相互借鉴而不是相互排斥，使人类更加和睦幸福，让世界更加丰富多彩。”②

随着第三次世界科学技术的迅速发展、交通和信息通信方式的巨大改进、经济全球化的日益推进，整个世界已经越来越紧密地联系在一起。“地球村”的概念，就把人类相互关系的现状和未来概括得淋漓尽致。这种全球化的趋势，既打破着传统的经济贸易上的壁垒，也从一定程度上冲破了精神、文化上的壁垒。为应对经济全球化带来的文化挑战，我们党和政府日益强调文化安全在国家安全中的重要性。江泽民在 1999 年 2 月的全国对外宣传工作会议上指出:“向世界阐明我们党和国家内政外交的方针政策和对国际重大问题的原则立场，介绍我

① 江泽民:《江泽民文选》第 3 卷，人民出版社 2006 年版，第 110 页。

② 中共中央文献研究室:《十六大以来重要文献选编》下，中央文献出版社 2008 年版，第 431 页。

国历史和现实的情况，这对于我们加强同各国经济、技术和文化等方面的交流与合作，增进同各国人民的友谊，争取更多的国际支持和帮助，维护我国的政治经济文化安全，具有十分重要的意义。”①这是我们党首次提及文化安全这个概念。胡锦涛同志在2004年8月22日的邓小平同志诞辰100周年纪念大会上的讲话中又一次使用了“文化安全”概念，他指出：“要始终把国家主权和安全放在第一位，坚决维护国家政治安全、经济安全、文化安全和国防安全。”②

自从第一次工业革命以来，西方资本主义国家慢慢主导了世界，形成了西方列强长期称霸世界的格局，在这个过程中，列强就开始坚持和推广“西方文化优越论”。苏联东欧解体巨变，再一次为“西方文化优越论”提供了一些事实上的支撑。西方发达国家企图把广大发展中国家与发达国家的差距归结为优秀文明与落后文明的差异，以此证明“西方文化优越论”和西方文化放之四海而皆准的合理性和必要性。随着网络的普及，西方发达国家通过网络宣扬“西方文化优越论”，给我国的文化安全带来新的挑战。对此，2004年9月，党的第十六届四中全会通过的《中共中央关于加强党的执政能力建设的决定》首次在党的决议中使用了“文化安全”这一概念——“坚决防范和打击各种敌对势力的渗透、颠覆和分裂活动，有效防范和应对来自国际经济领域的各种风险，确保国家的政治安全、经济安全、文化安全和信息安全”。③2011年10月，党的第十七届六中全会《中共中央关于深化文化体制改革、推动社会主义文化大发展大繁荣若干重大问题的决定》再次强调：“当今世界正处在大发展、大变革、大调整时期，文化在综合国力竞争中的地位和作用更加凸显，维护国家文化安全任务更加艰巨，增强国家文化软实力、中华文化国际影响力要求更加紧迫。”④从此以后，维护国家文化安全，抵制西方海洋文化渗透、侵略，成为我们党和国家的一项长期重要任务。

① 全国对外宣传工作会议（1999年2月25—27日），http://dangshi.people.com.cn/GB/151935/176588/176597/10556595.html，1999-02-28。

② 中共中央文献研究室：《十六大以来重要文献选编》中，中央文献出版社2006年版，第160页。

③ 同上，第290页。

④ 中国共产党中央委员会：《中国共产党第十七届中央委员会第六次全体会议公报》，人民出版社2011年版，第5页。

第五节　海洋生态文明思想的不断提升

生态就是指一切生物的生存状态，以及它们之间和它们与环境之间环环相扣的关系。生态环境是人类赖以生存和发展的基础，所以，保护生态环境就成为人类永续发展的应有之义。海洋生态包括海洋生物之间及海洋生物与其海洋环境之间的相互关系。由于地球上71%的面积是海水，海洋生态圈是最大的生态圈，在海洋世纪，保护海洋生态安全是人类面临的一个紧迫问题。

一、马克思主义生态哲学中蕴含的海洋生态思想

（一）资本主义生产方式跨海而来造成生态的破坏

马克思在《资本论》等著作中，对资本主义条件下人与自然物质变换过程中的不协调性进行了全面的揭露：首先是对自然资源的滥用和破坏。马克思指出："资本主义农业的任何进步，都不仅是掠夺劳动者的技巧的进步，而且是掠夺土地的技巧的进步，在一定时期内提高土地肥力的任何进步，同时也是破坏土地肥力持久源泉的进步。"①资本主义大工业的发展使越来越多的人口汇集到城市，这样就破坏了人和土地之间的物质循环关系，使源于土地的以衣食形式消费掉的物质，在变成粪便和生活垃圾以后不能作为有机肥料返回到土地，从而破坏了土地持久肥力的永恒的自然条件。由于林木的生产时间从而投在其上的资本周转时间漫长，这个周期需要10年到40年，甚至更长，"因而使造林不适合私人经营，因而也不适合资本主义经营……文明和产业的整个发展，对森林的破坏从来就起很大的作用，对比之下，它所起的相反的作用，即对森林的护养和生产所起的作用则微乎其微"。②

---

① 中共中央马克思恩格斯列宁斯大林著作编译局编译：《马克思恩格斯文集》第5卷，人民出版社2009年版，第579—580页。

② 中共中央马克思恩格斯列宁斯大林著作编译局编译：《马克思恩格斯文集》第6卷，人民出版社2009年版，第272页。

其次是，资本主义生产方式跨海而来造成生态的破坏。人类社会进入资本主义大工业时期，资本家为了追求更多的剩余价值，对自然资源进行掠夺式开发，而且只顾眼前的个人利益，不惜损害人类的长远利益。马克思、恩格斯对此进行了深刻的揭露和批判。恩格斯曾指出："在各个资本家都是为了直接的利润而从事生产和交换的地方，他们首先考虑的只能是最近的最直接的结果……西班牙的种植场主曾在古巴焚烧山坡上的森林，以为木灰作为肥料足够那些最能盈利的咖啡树利用一个世代之久，至于后来热带的倾盆大雨竟冲毁毫无掩护的沃土而只留下赤裸裸的岩石，这同他们又有什么相干呢？"①资本家为了获取利润，把资本主义生产方式跨海推广到全世界，结果破坏了世界其他地方的生态环境，给当地留下了生态灾害，而资本家却不负任何责任。

（二）破坏生态环境导致自然界对人类的报复

在人类改造自然的过程中，恩格斯告诫我们："但是我们不要过分陶醉于我们人类对自然界的胜利。对于每一次这样的胜利，自然界都对我们进行报复。每一次胜利，起初确实取得了我们预期的结果，但是往后和再往后却发生了完全不同的、出乎预料的影响，常常把最初的结果又消除了。"②人类对自然界的破坏，从表面看来是胜利了，但会引起自然界的强大的反作用，从而导致严重后果。恩格斯曾列举如下历史事实："美索不达米亚、希腊、小亚细亚以及其他各地的居民，为了得到耕地，把森林都砍完了，但是他们做梦也想不到，这些地方今天竟因此成为荒芜不毛之地，因为他们使这些地方失去了森林，也失去了积聚和贮存水分的中心。阿尔卑斯山的意大利人，在山南坡砍光了在北坡被十分细心地保护的松林，他们没有预料到，这样一来，他们把他们区域里的高山牧畜业的基础给摧毁了；他们更没有预料到，他们这样做，竟使山泉在一年中的大部分时间内枯竭了，而在雨季又使更加凶猛的洪水倾泻到平原上。"③由于人们不顾一切地索取和破坏生态环境，结果遭到大自然的无情报复，这些报复以各种极端自然灾害

---

① 中共中央马克思恩格斯列宁斯大林著作编译局编译：《马克思恩格斯文集》第9卷，人民出版社2009年版，第562—563页。

② 同上，第559—560页。

③ 同上，第560页。

的形式出现。如果人们不吸取教训，恣意妄为，放任自己的行为，在这个世界上，人与自然需要和谐，人与动物需要友谊，只有学会尊重大自然，敬畏自然界的大小生命，人类才会有光明的前途。

（三）只有共产主义才能实现两个和解

马克思、恩格斯预示，在未来的新社会——共产主义社会，人类将最终能够实现人与自然的和谐发展。“共产主义是对私有财产即人的自我异化的积极的扬弃，因而是通过人并且为了人而对人的本质的真正占有；因此，它是人向自身、也就是向社会的即合乎人性的人的复归，这种复归是完全的复归，是自觉实现并在以往发展的全部财富的范围内实现的复归”。①“这种共产主义，作为完成了的自然主义，等于人道主义，而作为完成了的人道主义，等于自然主义，它是人与自然界之间、人和人之间的矛盾的真正解决，是存在与本质、对象化和自我确证、自由和必然、个体和类之间的斗争的真正解决。”②在共产主义社会中，人类同自然界的物质变换过程才不会断裂，会出现这样的和谐场景：“社会化的人，联合起来的生产者，将合理地调节他们和自然之间的物质变换，把它置于他们的共同控制之下，而不让它作为一种盲目的力量来统治自己；靠消耗最小的力量，在最无愧于和最适合于他们的人本性的条件下来进行这种物质变换。”③正是在社会主义新社会中，“一旦社会占有了生产资料，商品生产就将被消除，而产品对生产者的统治也将随之消除。社会生产内部的无政府状态将为有计划的自觉的组织所代替。个体生存斗争停止了。于是，人在一定意义上才最终地脱离了动物界，从动物的生存条件进入真正人的生存条件。人们周围的、至今统治着人们的生活条件，现在受人们的支配和控制，人们第一次成为自然界的自觉的和真正的主人，因为他们已经成为自身的社会结合的主人了……这是人类从必然王国进入自由王国的飞跃”④。人类社会只有进入共产主义社会，才真正实现

---

①② 中共中央马克思恩格斯列宁斯大林著作编译局编译：《马克思恩格斯文集》第 1 卷，人民出版社 2009 年版，第 185 页。

③ 中共中央马克思恩格斯列宁斯大林著作编译局编译：《马克思恩格斯文集》第 7 卷，人民出版社 2009 年版，第 928—929 页。

④ 中共中央马克思恩格斯列宁斯大林著作编译局编译：《马克思恩格斯文集》第 9 卷，人民出版社 2009 年版，第 300 页。

了“人类本身的和解”。[①]只有在未来，共产主义社会彻底取代了资本主义社会，才能实现“人自由而全面的发展”，达到人与自然、人与人、人与社会之间的和谐发展，这同样包括人与海洋的和谐发展。

二、绿化海岸线与节约资源、保护环境思想

种植面积较大而且将来能形成森林和森林环境的，则称为植树造林。植树造林好处是功在当代，利在千秋。先人留下浓荫树，后辈儿孙好乘凉。毛泽东认为树可以保持水土、湿润空气、防风沙、遮阳、用材，种树对社会主义建设意义重大。早在兴国调查时毛泽东就已认识到林业对水土保持的重要性，延安时期他也注意到黄土高原的植被破坏致使泥沙流失过度、土地贫瘠、人民生活难以提高，于是在中华人民共和国成立后立即提出“植树造林，绿化祖国”。在农业合作化过程中，他强调农村经济规划应包括绿化荒山和村庄，“南北各地的绿化对农业、工业，各方面都有利”。[②]造林运动建成的绿色长城防风固沙、防止水土流失、保护农田，既改善了人们的生产生活环境，又促进了生产发展。由于我国有很长的海岸线，所以植树造林还包括在海岸线植树造林，建立海岸防风带，以抵抗强台风的侵袭，保护海岸生态环境。

勤俭节约既是中华民族的传统美德，又是社会主义经济建设的基本原则之一，同时还是保护生态环境的重要原则。中华人民共和国成立初期毛泽东多次强调勤俭节约。他把党员的浪费看作严重的犯罪行为，认为“浪费的损失大于贪污……浪费的范围极广，项目极多，又是一个普遍的严重现象，故须着重地进行斗争，并须定出惩治办法”。[③]社会主义改造完成后，毛泽东要求在全国发动增产节约运动，“必须反对铺张浪费，提倡艰苦朴素作风，厉行节约。在生产和基本建设方面，必须节约原材料”。[④]适应这一要求，中共中央发出指示，要在各行各业

---

① 中共中央马克思恩格斯列宁斯大林著作编译局编译：《马克思恩格斯选集》第 1 卷，人民出版社 2012 年版，第 24 页。

② 毛泽东：《毛泽东文集》第 6 卷，人民出版社 1999 年版，第 475 页。

③ 同上，第 207—209 页。

④ 毛泽东：《毛泽东文集》第 7 卷，人民出版社 1999 年版，第 160 页。

中广泛开展增产节约运动，克服各种浪费现象。厉行节约反对浪费的方针实施仅仅几个月就产生了效果。勤俭节约对于今天实行有利于生态环境的生态生产和消费方式、建设资源节约型社会和保护海洋生态环境无疑是有深刻启示的。

三、依法保护海洋生态环境

在社会主义现代化建设新时期，邓小平主张两手抓，即"搞四个现代化一定要有两手，只有一手是不行的。所谓两手，即一手抓建设，一手抓法制"。[①]两手都要硬。这里的法制主要是指由于"文化大革命"的破坏，当务之急是尽快制定和完善各项法律和制度。在 1978 年 12 月，邓小平在中共中央工作会议上所做的《解放思想，实事求是，团结一致向前看》讲话中明确提出："应该集中力量制定刑法、民法、诉讼法和其他各种必要的法律，例如工厂法、人民公社法、森林法、草原法、环境保护法、劳动法、外国人投资法等，经过一定的民主程序讨论通过，并且加强检察机关和司法机关，做到有法可依，有法必依，执法必严，违法必究。"[②]在这些立法工作中，森林法、草原法、环境保护法就是和生态环境有关的法律，环境保护法中的环境是指整个国家的生态环境，自然也包括海洋生态环境。在他的推动下，我国在改革开放头 15 年内就建立了较为系统的生态环境保护法制体系，为生态环境保护，包括海洋生态环境的保护提供了法律制度的保障。

为了保障环境保护法的实施，就必须建立专门的环保执法机构。1982 年 3 月，我国组建城乡建设环境保护部，内设环境保护局。1984 年，成立国务院环境保护委员会，原城建环保部下属的环境保护局改为国家环境保护局，作为其办事机构。1988 年，国务院决定独立设置国家环境保护局，作为国务院的直属机构。环保机构在以后继续得到加强，1998 年机构改革设置了正部级的国家环境保护总局，2003 年国家环境保护部成立。

以江泽民为核心的第三代中央领导集体丰富和发展了邓小平关于生态环境建设法制度的思想。江泽民强调要"将环境保护纳入法制化、制度化的轨道"。

---

① 邓小平：《邓小平文选》第 3 卷，人民出版社 1999 年版，第 154 页。

② 中共中央文献研究室：《三中全会以来重要文献选编》上，人民出版社 1982 年版，第 26 页。

在党的十五大报告中，他更加明确地指出："严格执行土地、水、森林、矿产、海洋等资源管理和保护的法律。"①不仅如此，江泽民在论述如何加大环境执法力度时指出，环保主管部门必须对环境保护实施统一的监督管理。同时，各级领导必须加强环境保护工作，要努力建设一支强有力的环保执法队伍，"严格执法，坚决打击破坏环境的犯罪行为"。②环保执法队伍的执法范围包括生态环境的各个方面，也包括海洋生态环境。

为了顺应全世界保护环境的历史潮流，江泽民领导中国共产党人不断对解决生态问题的法律制度进行完善，不断加强环境立法，陆续颁布和完善了一系列有关生态环境保护的法律法规，如《水污染防治法》《海洋环境保护法》等，避免了各级政府不顾生态保护而片面强调经济增长的错误，形成了全方位的生态制度建设。尤其是《中华人民共和国海洋环境保护法》是为了保护和改善海洋环境、保护海洋资源、防治污染损害、维护生态平衡、保障人体健康、促进经济和社会的可持续发展而制定的法律。《海洋环境保护法》的颁布和实施，为我国保护海洋环境，提供了法律上支持和保障，做到了有法可依。

四、保护海洋环境的力度不断加大

进入 21 世纪以来，中国共产党人对海洋生态环境的重要性认识不断深入，保护海洋环境的力度不断加大。

胡锦涛于 2004 年在中央人口资源环境工作座谈会上的讲话中指出："开发海洋是推动我国经济社会发展的一项战略任务。要加强海洋调查评价和规划，全面推进海域使用管理，加强海洋环境保护，促进海洋开发和经济发展。"③在这次讲话中，他专门把"海洋环境保护"单独列出来，作为国家人口资源环境工作的一项重要内容，只有把海洋环境保护好了，才能更好地促进海洋开发和经济发展。

---

① 江泽民：《江泽民文选》第 2 卷，人民出版社 2006 年版，第 234 页。

② 中共中央文献研究室：《新时期环境保护重要文献选编》，中共中央文献出版社 2001 年版，第 289 页。

③ 胡锦涛：《在中央人口资源环境工作座谈会上的讲话》，人民出版社 2004 年版，第 9 页。

2008年，胡锦涛在中国科学院第十四次院士大会和中国工程院第九次院士大会上的讲话中指出："要更加关注能源、水资源、环境保护、全球气候变化问题，更加关注信息技术、新材料技术、生物技术、空天技术、海洋技术等领域的发展，更加关注基础科学、前沿技术研究特别是交叉学科的研究，更加关注工农业生产急需解决的重大科学技术问题，更加关注关系民生的食品、卫生、公共健康等重大问题。"①在这次讲话中，以胡锦涛为核心的党中央已经认识到海洋环境保护的重要性，因为水资源包括淡水资源和海水资源，要解决海洋环境保护问题，就要大力发展新型科学技术，用高新技术解决环保问题。

胡锦涛在中国科学院第十五次院士大会、中国工程院第十次院士大会上的讲话中指出："大力发展国家安全和公共安全科学技术。要加快发展空间安全、海洋安全、生物安全、信息网络安全技术，提高对传统和非传统国家安全和公共安全的监测、预警、应对、管理能力，加强安全生产技术研究和推广，构建先进国家安全和公共安全体系，有效防范对人民生活和生态环境的生物威胁，维护信息和网络空间安全，维护国家利益，捍卫国家主权，保障社会稳定。"②在这次讲话中，他明确提出了海洋安全，而海洋生态安全是海洋安全的重要内容。另外，生物不仅包括陆地上的生物，还包括海洋中的生物，生物安全就是还要花大力气保护海洋生物。

五、建设美好海洋家园

党的十八大以来，以习近平同志为核心的党中央领导集体，高度重视生态文明工作，生态文明的主张成为国家意志的体现。在我国经济进入新常态的形势下，我们特别强调补短板，其中就有补生态环境建设的短板。

（一）绿水青山就是金山银山的新环保理念

2013年9月7日，习近平在纳扎尔巴耶夫大学演讲后回答该校师生提问时

① 中共中央文献研究室：《十七大以来重要文献选编》(上)，中央文献出版社2009年版，第504页。

② 胡锦涛：《在中国科学院第十五次院士大会、中国工程院第十次院士大会上的讲话》，人民出版社2010年版，第11页。

表示:"中国环境问题具有明显的集中性、结构性、复杂性,只能走一条新的道路:既要金山银山,又要青山绿水。宁肯要绿水青山,不要金山银山,因为绿水青山就是金山银山。我们要为子孙后代留下绿水青山的美好家园。"[①]"绿水青山就是金山银山"科学论断的核心思想就是生态红利。即人们保护好绿水青山,不仅为人们提供了良好的生态环境,还可以发展生态旅游,给当地人们带来额外的经济收益。这里的绿水既有陆地上的淡水河流,又包括大洋里面的海水。所以,我国沿海地区保护好生态环境,大力发展海洋旅游,同样能够带来巨大的经济效益。

(二)树立海陆生命共同体的整体生态思想

习近平指出:"我们要认识到,山水林田湖是一个生命共同体,人的命脉在田,田的命脉在水,水的命脉在山,山的命脉在土,土的命脉在树。用途管制和生态修复必须遵循自然规律,如果种树的只管种树、治水的只管治水、护田的单纯护田,很容易顾此失彼,最终造成生态的系统性破坏。由一个部门负责领土范围内所有国土空间用途管制职责,对山水林田湖进行统一保护、统一修复是十分必要的。"[②]"生命共同体"是指地球上,各种生命一种互相依存的结合,也是生态整体和生命个体辩证关系的浓缩。在环境保护和经济发展方面,表现得尤为突出。我们要抛弃以短视而功利的方式,以牺牲生态和环境为代价,去换得短期的经济发展。要努力追求打造良好的生态环境,将其作为可持续发展的最大保障。从空间上讲,陆地上的生命共同体和海洋生命共同体都属于地球生命共同体,两者之间相互联系,相互影响,谁也离不开谁。

(三)生态环境是最普惠的民生福祉的生态理念

习近平在出席博鳌亚洲论坛2013年年会有关活动后,到琼海、三亚等地深入渔港、特色农业产业园、国际邮轮港考察调研。习近平十分关心海南生态文明建设,每到一地都要同当地干部共商生态环境保护大计。

---

① 习近平:《宁可要绿水青山,不要金山银山》,载于《人民日报》,2013年9月7日第1版。

② 习近平:《习近平谈治国理政》,外文出版社2014年版,第85—86页。

习近平指出："保护生态环境就是保护生产力，改善生态环境就是发展生产力。良好生态环境是最公平的公共产品，是最普惠的民生福祉。青山绿水、碧海蓝天是建设国际旅游岛的最大本钱，必须倍加珍爱、精心呵护。"他希望海南处理好发展和保护的关系，着力在"增绿""护蓝"上下功夫，为全国生态文明建设当个表率，为子孙后代留下可持续发展的"绿色银行"。[①]公共产品是指能够满足社会成员共同需求的产品和服务，最突出的特点是效用的不可分割性、受益的非排他性和消费的非竞争性。良好生态环境是提高人民生活水平、改善人民生活质量、提升人民安全感和幸福感的基础和保障，是重要的民生福祉。老百姓的生态需求是最基本的民生需求。没有良好的生态环境，我们生活中所需的食物、水、燃料、木材和纤维等将无以获取；没有生态安全，就不会有水的安全、大气安全、粮食安全、木材安全、能源安全，甚至会危及人民群众的生命财产安全。海南岛是我国第二大海岛，属于热带气候，要以国际旅游岛建设为契机，保护好海岛及周边海洋环境，深入挖掘海洋海岛、热带雨林、民族民俗、历史文化等旅游资源，构建具有海南特色的多元旅游产品体系，强化海南旅游核心吸引力。

（四）海洋生态环境问题就是生态政治问题

2018 年 5 月，习近平在全国生态环境保护大会上强调："生态环境是关系党的使命宗旨的重大政治问题，也是关系民生的重大社会问题。广大人民群众热切期盼加快提高生态环境质量。我们要积极回应人民群众所想、所盼、所急，大力推进生态文明建设，提供更多优质生态产品，不断满足人民群众日益增长的优美生态环境需要。"[②]在这次讲话中，以习近平同志为核心的新一代党中央，把生态环境保护问题上升国家政治的高度，凸显了我们党"自觉把经济社会发展同生态文明建设统筹起来，充分发挥党的领导和我国社会主义制度能够集中力量办大事的政治优势，充分利用改革开放 40 年来积累的坚实物质基础，加大力度推

---

① 中共中央宣传部：《习近平总书记系列讲话精神学习读本》，学习出版社、人民出版社 2013 年版，第 218 页。

② 《习近平出席全国生态环境保护大会并发表重要讲话》，http://www.gov.cn/xinwen/2018-05/19/content_5292116.htm，2018-05-19。

进生态文明建设、解决生态环境问题，坚决打好污染防治攻坚战，推动我国生态文明建设迈上新台阶”①。生态政治学以生态环境为主要的研究对象，是研究人类生态与社会政治系统的关系的学科，是生态学与政治学之间的交叉学科，并在其中讨论政治与经济实力的影响力。目前，我国生态环境质量持续好转，但成效并不稳固，生态环境恶化的趋势得到遏制。

从国内政治来讲，党以全心全意为人民服务为宗旨。将生态环境和生态文明建设上升到重大政治问题和重大社会问题的高度，强化其政治色彩和民生色彩，是中国共产党执政为民的使命宗旨决定的。以人民为中心，既是执政党的使命宗旨，也是执政党对人民群众的庄严承诺。当生态矛盾越来越尖锐，人民群众对于生态权益和生态安全的要求越来越强烈的时候，生态文明建设体现了执政党的重大政治责任和政治使命。就国际政治来说，生态环境问题会导致国与国之间的冲突和国际关系紧张，成为引起国际冲突的重要原因。生态安全已经成为国家安全中的一项新的重要内容。由于中国东南沿海地区经济发达，人口密度大，所以，沿海地区的海洋生态环保问题要当作重中之重来抓。

综上所述，马克思、恩格斯、列宁对海洋安全和海洋军事安全观进行了非常有价值的探索和总结，站在无产阶级的立场上总结出了关于海洋安全观的一些基本原理。自从中华人民共和国成立以来，我党历代中央领导集体对海洋的认识是和马克思主义基本原理一脉相承和与时俱进的，对海洋安全的认识一步一步地深化和发展。马克思主义海洋安全思想及其中国化的理论是包含着摆脱资产阶级的海洋侵略和剥削的思想，争取在世界范围内实现共同的海洋安全。

① 《习近平出席全国生态环境保护大会并发表重要讲话》，http://www.gov.cn/xinwen/2018-05/19/content_5292116.htm，2018-05-19。

第三章　塑造共同责任的海洋政治安全观

中国在建设海洋强国进程中，所坚持的是和平建设、和平发展道路，打破了西方历史上列强“国强必霸”的海洋历史逻辑。中国愿意同世界各国人民共同开发海洋、共享和平海洋安全环境、海洋经济上互利共赢。中国饱受西方列强海洋侵略的历史经验和亲身经历，决定了中国不会扮演海洋殖民者、海洋霸主的角色。就如习近平所强调的：“中华民族的血液中没有侵略他人、称霸世界的基因，中国人民不接受‘国强必霸’的逻辑，愿意同世界各国人民和睦相处、和谐发展，共谋和平、共护和平、共享和平。”①中国建设海洋强国，不仅是一个宏伟目标，更意味着中国要承担更多的国际海洋安全责任和安全义务。中国成为海洋强国，不会成为世界海洋安全的威胁者和破坏者，而是世界海洋安全的积极参与者和维护者。中国愿意同世界各国一道担负起维护世界海洋安全的政治责任，为世界和平发展营造一个安全的海洋政治环境。

第一节　海洋政治安全是海洋安全观的集中体现

海洋政治安全就是国家或民族在海洋政治方面免于内外各种因素侵害和威

---

① 习近平：《在中国国际友好大会暨中国人民对外友好协会成立 60 周年纪念活动上的讲话》，http://news.xinhuanet.com/politics/2014-05/15/c_1110712406.htm，2014-05-15。

胁的客观状态。具体来讲，第一，就是保持国家海洋主权和蓝色国土完整而不受到各种侵害和威胁；第二，享有《联合国海洋法公约》及其他国际海洋法规定的各种权利和权益且不受到损害；第三，开展海洋外交，为本国海洋事业发展争取和平的海洋环境。由于政治属于上层建筑并居主导地位，所以，海洋政治安全是海洋安全观的集中体现。

一、优良海洋政治政策促进海洋经济的发展

中华民族是世界上最早开发利用海洋的民族，中国的造船技术和航海技术在历史上一度远远领先世界其他国家。在中国古代海洋历史上，曾经出现了这样的规律：凡是封建王朝实行开明、开放的海洋政策，海洋事业就发达，国力也比较繁荣昌盛；反之，则海洋事业凋敝，国力开始走下坡路。这里我们仅以郑和七下西洋和马戛尔尼访华事件正反两方面举例说明。

（一）郑和七下西洋是古代开明海洋政策的巅峰

在中国古代，唐宋时期，实行开放的海洋政策，海洋贸易发达，整个国家经济大发展。到了明朝前期，在明成祖开明海洋政策的指导下，更是出现了郑和下西洋的伟大历史壮举。1405 年 7 月 11 日（明永乐三年）明成祖命郑和率领庞大的拥有 240 多条海船、27 400 名船员组成的船队远航，访问了 30 多个在西太平洋和印度洋的国家和地区，加深了中国同东南亚、东非的相互了解。每次都由苏州刘家港出发，一直到 1433 年（明宣德八年），他一共远航了有 7 次之多。[①]最后一次，宣德八年四月回程到古里时，在船上因病去世。郑和曾到达过“爪哇、苏门答腊、苏禄、彭亨、真蜡、古里、暹罗、阿丹、天方、左法尔、忽鲁谟斯、木骨都束等 30 多个国家，最远曾达非洲东岸，红海、麦加”，[②]并有可能到过澳大利亚。这些记载都代表了中国的航海探险的高峰，比西方海洋探险家达伽马、哥伦布等人早 80 多年。当时明朝在航海技术、船队规模、航程之远、持续时间、涉及领域等均

① 《太宗文皇帝实录卷》卷四十三、卷一百一十六、卷一百三十四；《太宗文皇帝实录卷二百三十三》。
② 《明史》卷三百四《郑和传》。

领先于同一时期的西方。

（二）马戛尔尼访华事件是闭关锁国海洋政策的集中体现

为了扭转与清政府海洋贸易的长期逆差，1792 年 9 月 26 日，英国政府任命乔治・马戛尔尼（George Macartney）为正使，乔治・斯当东（Sir George Leonard Staunton）为副使，以为乾隆帝庆贺 80 大寿为名出使中国。这是近代史上西方国家首次向中国派出正式使节。使团共 80 余人，包括天文数学家、艺术家、医生等，另外还有 95 名卫兵，由兵船护送，费用归东印度公司负担。所携"贡品"，约值 15 000 余英镑，内有天文、地理仪器、图书、毯毡、军用品、车辆、船式，总计 600 箱，俱为用心选购，以展示英国文明。①其中的"船式"是指当时英国规模最大并装备有 110 门大口径火炮的"君主号"炮舰模型；军用品包括"榴弹炮、迫击炮、卡宾枪、步枪、连发手枪（均是前膛枪炮）"等洋枪洋炮。

马戛尔尼使团拜见乾隆帝之前，双方却在礼节问题上发生了争吵，乾隆帝要马戛尔尼按清朝群臣礼节跪拜，而他只肯按照英国礼仪行一膝一跪之礼，坚持不肯行三跪九叩之礼，最后双方达成妥协。马戛尔尼行单膝下跪礼，不必叩头。1793 年 9 月 14 日，乾隆帝正式接见使团，马戛尔尼代表英国政府向其提出了 7 个请求，要求签订正式条约："开放宁波、舟山、天津、广州之中一地或数地为贸易口岸；允许英国商人比照俄国之例在北京设一仓库以收贮发卖货物，在北京设立常设使馆；允许英国在舟山附近一岛屿修建设施，作存货及商人居住；允许选择广州城附近一处地方作英商居留地，并允许澳门英商自由出入广东；允许英国商船出入广州与澳门水道并减免货物课税；允许广东及其他贸易港公表税率，不得随意乱收杂费；允许英国圣公会教士到中国传教。"②但乾隆却认为："天朝物产丰富，无所不有，原不籍外夷货物以通有无。特因天朝所产茶叶、瓷器、丝巾为西洋各国及尔国必需之物，是以加恩体恤，在澳门开设洋行，俾得日用有资，并沾余润。"③因此，清王朝拒绝了马戛尔尼使团的这些谈判要求。

马戛尔尼访华事件的失败使当时的中国丧失了一次与近代工业革命成果接

---

① 郭廷以：《近代中国史纲》，香港中文大学出版社 1979 年版，第 39 页。

② 褚若千：《英王乔治三世致乾隆皇帝的信函》，载于《历史档案》，2017 年第 3 期，第 2 页。

③ ［清］梁廷楠：《粤海关志》卷 23。

触学习、认识世界、改变闭关锁国状态的重要战略机遇，一定程度上使中国落后于世界经济发展潮流，导致了后来落后挨打局面的出现。

（三）对外开放政策使中国成为经济大国

党的十一届三中全会以后，中国实行了对外开放的海洋基本国策，对外开放首先是经济上的开放。从1978年至今，中国由一个尚有2亿人生活在贫困线下的国家，变成了一个经济繁荣，有着活跃市场的世界第二大经济体，并减少了当时世界近1/5的贫困人口。中国也在迈向工业化的道路上飞速前进，成为新的世界工厂。中国成功实现了计划经济向市场经济的转型，民营经济产值在吸纳就业人口数量上已经超越了国有经济，成为中国经济增长的重要拉动力量。海洋外资经济同样成为中国经济增长的重要方式，中国为全世界吸引外资金额最多的国家。

二、海洋政治确立了中国海洋安全的目标

海洋政治，指国家或民族对海洋进行管理和治理的行为。它属于上层建筑范畴，是海洋经济和海洋军事的集中体现。海洋政治包含以下安全内容和目标：

（一）海洋领土安全。海洋领土又称蓝色国土（Blue State Territory），是一个海岛国家或沿海国家的内水、领海和管辖海域的形象统称。管辖海域包括领海以外的毗连区、专属经济区、大陆架、历史性海域或传统海疆等。《联合国海洋法公约》规定领海宽度不超过12海里，专属经济区宽度从领海基线起不超过200海里，大陆架是大陆向海洋的自然延伸，通常被认为是陆地的一部分，其宽度一般为200海里，最多不超过350海里。

所以，海洋国土安全包含以下四层含义：第一，确保蓝色国土免遭外国的侵占或侵犯的威胁；第二，对海洋国土上所属的岛礁和领海海域行使主权；第三，确保蓝色国土完整，防止国家分裂；第四，依照有关国际海洋法，享有专属经济区、大陆架的管辖权和经济开发权益。

（二）国际海域安全。除了海洋国土安全外，国际海域安全也是经济全球化背景下的一个重要安全议题。主要有：第一，确保在国际海域的自由航行权利，

并合理合法进入他国海域；第二，确保海洋航线安全，尤其是本国频繁来往的航线安全；第三，确保对海洋战略通道的影响和控制，如马六甲海峡等关系中国生存和发展的海洋战略通道大命脉。

（三）海洋国际地位与形象安全。在海洋世纪，一个国家的海洋国际地位与形象也会影响着本国海洋安全。无论怎么评估，中国是海洋多极化格局中的独立一极，中国的海洋国际地位在日益上升。至于中国的海洋形象，则褒贬不一。有关海洋争端国家及美国大肆宣扬“中国威胁论”，使劲抹黑中国，造成中国海洋形象在这些国家不佳；而在亚非拉无海洋争端国家，中国海洋形象比较正面。

三、海洋政治影响海洋文化的发展

毛泽东指出：“一定形态的政治和经济首先决定那一定形态的文化的；然后，那一定形态的文化又才给予影响和作用于一定形态的政治和经济。”①政府实行什么样的海洋政策，就会对海洋文化的发展产生深刻的影响。

（一）闭关锁国政策导致中西陆海文化交流的中断

清政府海洋政治上实行闭关锁国的政策，文化上必然会阻碍或打断海洋文化的发展。老子曰：“江海之所以能为百谷王者，以其善下之，故能为百谷王。”②中国古代文化具有海洋兼容并包的特性。唐朝时期，印度佛教的传入，以玄奘为代表的中国僧人历尽千辛万苦的“西天取经”过程，还有鉴真东渡、胡服骑射等都是对老子那句话的生动的现实诠释。16—17 世纪西方文化开始向世界各地传播，掀开了“西学东渐”的浪潮。“以利玛窦（Matteo Ricci）为代表的西方传教士大量来到中国，将西方的科技文化信息，如天文、历法、地理、数学知识等介绍到中国，开拓了当时中国士人的眼界，激励了中国一些先进的文人学士，开始研究西方的先进科学”。③另一方面，东学西渐，耶稣会传教士将中国的历史、文化、地

① 毛泽东：《毛泽东选集》第 2 卷，人民出版社 1991 年版，第 663 页。

② ［春秋］老子：《道德经·六十六章》。

③ 顾长声：《传教士与近代中国》，上海人民出版社 2013 年版，第 1—3 页；沈迦：《寻找·苏慧廉：传教士与近代中国》，新星出版社 2013 年版，第 2—5 页。

理、儒教、道教、园林、艺术、器物、书籍、植物种子传入西方，向西方提供了认识中国的窗口，为中国文化走向世界提供了千载难逢的机遇。假如东西方文化按照文化交流融合的规律，没有清王朝文化闭关锁国政策的人为打断，中国文化便有可能走出低谷，顺利解决“李约瑟难题”，从而再度走向辉煌。

马克思指出：“毫无疑问，17 世纪末竞相与中国通商的欧洲各国彼此间的剧烈纷争，有力地助长了满族人实行排外的政策。可是更主要的原因是，这个新的王朝，害怕外国人会支持一大部分中国人在中国被鞑靼人征服以后，大约最初半个世纪里所怀抱的不满情绪。出于此种考虑，它那时禁止外国人同中国人有任何来往，要来往只有通过离北京和产茶区很远的一个城市广州。外国人要做生意，只限同领有政府特许执照从事外贸的行商进行交易。这是为了阻止它的其余臣民同它所仇视的外国人发生任何联系。”①这里的任何联系除了贸易上联系外，更重要的是文化上的联系，因为西方的文化尤其是文艺复兴以来的文化不利于封建王朝的统治。17—18 世纪西方天主教传教士就中国传统礼仪是否与天主教义相容，从而和清王朝在学术和政治上发生了冲突。②清王朝就以此为理由，取缔天主教，驱逐了绝大多数传教士，并残酷迫害信教信徒。

清政府推行的闭关锁国政策延伸到文化领域，就打断了东方陆地文化与西方海洋文化的交流，使东西文化交流走向衰落，导致了中国由古代陆地文化向近代海洋文化自然转型的破产，使中国文化丧失了在世界文化发展史上继续保持领先或平起平坐地位的契机。

（二）对外开放国策促进了中国文化的繁荣发展

对外开放基本国策的实行，不仅促进了经济发展，还引进吸收了其他国家的文化成果，促进了社会主义文化的繁荣发展。

1. 促进了企业管理文化的发展。1992 年，邓小平在南方谈话中更明确地说：“社会主义要赢得与资本主义相比较的优势，就必须大胆吸收和借鉴人类社

① 中共中央马克思恩格斯列宁斯大林著作编译局编译：《马克思恩格斯文集》第 2 卷，人民出版社 2009 年版，第 613 页。

② Paul Rule, Ph. D. “The Chinese Rites Controversy: A Long Lasting Controversy in Sino-Western Cultural History.” *Pacific Rim Report* No.32, February 2004.

会创造的一切文明成果，吸收和借鉴当今世界各国包括资本主义发达国家的一切反映现代社会化生产规律的先进经营方式、管理方法。”[①]文明和文化很多时候是同义词，发达国家的先进经营方式、管理方法就是企业文化，通过吸收和借鉴西方先进企业文化，打破了计划经济中“企业吃国家大锅饭，职工吃企业大锅饭”的局面，提高了企业生产效率，促进了企业文化发展。

2. 促进了市场文化的产生和发展。市场经济是西方文化的产物，能够提高资源配置和使用效率，促进生产力的发展。这里的市场不仅包括国内市场，还包括海外市场。中华人民共和国成立以来，由于国内外形势和主客观因素的影响，市场经济被当作“走资本主义道路”而严厉禁绝。1979 年 11 月，邓小平指出：“说市场经济只存在于资本主义社会，只有资本主义的市场经济，这肯定是不正确的。社会主义为什么不可以搞市场经济，这个不能说是资本主义。我们是计划经济为主，也结合市场经济，但这是社会主义的市场经济。”[②]通过对外开放，我们与海外市场接轨，吸收资本主义市场经济的经验和成果，我们不仅建立了社会主义市场经济体制，并且形成和发展了市场文化，这个市场文化包括国内市场和海外市场的文化。这又进一步促进了市场经济的完善。

3. 确立了“三个面向”文化战略方针。对外开放在文化教育事业上要求摆脱过去“关门办教育”的状况，做到“三个面向”。1983 年 10 月 1 日，邓小平为北京景山学校题词：“教育要面向现代化、面向世界、面向未来。”[③]邓小平对教育领域的“三个面向”的提法，虽然首先是针对教育的，但实际上也体现了在对外开放新时期中国共产党人关于文化发展的战略方针。党的十七届六中全会在《中共中央关于深化文化体制改革推动社会主义文化大发展大繁荣若干重大问题的决定》中明确提出了“发展面向现代化、面向世界、面向未来的，民族的科学的大众的社会主义文化”[④]的方向，这就继承和发展了邓小平的“三个面向”论断。面向现代化，就是文化要与时俱进，把握时代基本特征和发展规律，回答和解决现代化进程中的重大问题。面向世界，就是文化建设强化世界眼光，把握世界文化发

① 邓小平：《邓小平文选》第 3 卷，人民出版社 1993 年版，第 373 页。
② 邓小平：《邓小平文选》第 2 卷，人民出版社 1994 年版，第 236 页。
③ 邓小平：《邓小平文选》第 3 卷，人民出版社 1993 年版，第 35 页。
④ 中共中央文献研究室：《十七大以来重要文献选编》上，中央文献出版社 2009 年版，第 803 页。

展趋势,借鉴世界文化有益成分,面对和应对世界文化挑战。面向未来,就是发挥文化的高瞻远瞩性,正确引领当代中国的文化走向,在开创未来的实践中不断丰富和发展中国特色海洋文化。

第二节　中国海洋政治安全面临的错综复杂形势

在海洋世纪,中国由于海洋邻国众多,海洋争端较多,海洋政治安全面临着错综复杂的形势。

一、海洋世纪带来的安全冲击

1992 年联合国环境与发展大会通过的《21 世纪议程》指出:"海洋环境——包括大洋和各种海洋以及邻接的沿海区域——是一个整体,是全球生命支持系统的一个基本组成部分,也是一种有助于实现可持续发展的宝贵财富。"[①]1994 年 11 月生效的《联合国海洋法公约》,把世界海洋的开发与管理引入一个新的时代,为海洋世纪的到来拉开了序幕。1994 年 12 月,联合国第 63 届大会通过决议,宣布"1998 年为'国际海洋年',并把每年的 6 月 8 日定为'世界海洋日'(World Oceans Day)"。[②]2001 年 5 月,联合国缔约国文件更是明确指出:"21 世纪是海洋世纪"。世界各国都把维护本国海洋权益、发展海洋经济、保护海洋环境列为本国的重大发展战略。1996 年,我国也制定了《中国海洋 21 世纪议程》,阐明了海洋可持续发展的战略对策和主要行动领域,涉及"海洋各领域的可持续开发利用、海洋综合管理、海洋环境保护、海洋防灾减灾、国际海洋事务以及公众参与等内容,分析了现状和问题、提出了趋势展望等,成为我国海洋可持续开发利用的政策指南"。[③]

① 《联合国二十一世纪议程》,http://www.un.org/chinese/events/wssd/chap17.htm,2002 年 4 月 18 日。

② 《潘基文在首个世界海洋日强调保护海洋人人有责》,https://news.un.org/zh/story/2009/06/114152,2009 年 6 月 8 日。

③ 国家海洋局:《中国海洋 21 世纪议程》,海洋出版社 1996 年版,第 1 页。

(一) 对海洋空间的争夺冲击

2011 年 10 月 31 日，联合国人口基金会(United Nations Population Fund, UNFPA)正式指定这一天世界人口近似达到 70 亿人。①21 世纪是海洋世纪，已经从海洋科学家的预言变成了人类的共鸣。1996 年 11 月，在北京召开的第 24 届世界海洋和平大会上，李瑞环代表我国政府在讲话中指出："21 世纪将是海洋事业大发展的世纪，人类社会的进步将越来越寄希望于海洋，未来文明的出路在于海洋。"②20 世纪末以来，国际社会就吹响了向海洋进军的号角。海洋世纪的提出，标志着人类进入了全面开发利用海洋的新时代。如何解决困扰着人类的人口问题、资源短缺问题、环境恶化这三大难题，人类已把走向海洋作为解决所面临三大难题的最佳途径。国际社会已经达成共识，海洋是未来人类生存和发展的"第二故乡"，海洋是人类未来发展的新方向和"新大陆"。

第二次世界大战结束之后，海洋的重要战略地位逐步提高。海洋呈现在人们眼前的不仅仅是海洋贸易的高速公路，而且越来越明显地显示出海洋在资源、环境、空间和战略方面得天独厚的优势。世界各国普遍认识到，海洋将成为人类未来生存与发展的新空间，成为沿海各国经济和社会可持续发展的重要保障，成为影响国家战略安全的重要因素。"21 世纪是海洋世纪"的结论已经引起了世界政治家、战略家、军事家、经济学家和科学家的广泛共鸣。也正是由于海洋在政治、经济和战略等方面的特殊地位，引发了世界范围内对海洋空间的激烈争夺。1973 年开幕的联合国海洋法会议，用了整整 10 年的时间才基本达成了一致，通过了《联合国海洋法公约》(以下简称《公约》)。1990 年第 45 届联合国大会作出决议，敦促世界各国把开发、保护海洋列为国家发展战略。1992 年世界环发大会通过的《21 世纪议程》把海洋列为重要领域，指出海洋是全球生命支持系统的基本组成部分，是保证人类可持续发展的重要财富和资源，从而突出了海

---

① World Population Prospects, "the 2008 Revision Frequently Asked Questions, Population Division of the Department of Economic and Social Affairs of the United Nations Secretariat updated 10 November 2010." Retrieved 26 January 2011.

② 李瑞环:《在会见第 24 届世界海洋和平大会代表时的讲话》, http://www.xinhuanet.com, 1996 年 11 月 18 日。

洋对于人类社会生存和可持续发展的巨大作用。1993 年第 48 届联大作出决议，敦促各国把海洋综合管理列为国家的发展战略。特别是 1994 年 11 月 16 日《公约》正式生效后，人类对海洋的开发与管理更加规范化、秩序化，世界的海洋管理秩序从盲目的、野蛮的、以武力相威胁式的占领，向和平的、相互合作妥协的、文明和秩序式的维护各自的海洋权益转移。《公约》关于领海和专属经济区的规定，直接造成了全球范围内的"蓝色圈地运动"。据估计，"各国按照《联合国海洋法公约》规定合法扩大的海域，占去了原属公海的 1.3 亿平方千米的面积，使地球上约 35.8%的海面变成了沿海国的管辖海域"。[①]可以说，《公约》使人类在历史上第一次通过和平方式对海洋进行了"瓜分"。也正是由于《公约》的生效和《21 世纪议程》的实施，使得世界海洋安全形势发生了剧烈的变化，并呈现出激烈瓜分"蓝色国土"的基本态势。

（二）海洋综合安全战略在全球各国中的战略地位日趋突出

世界各国对海洋发展战略给予了空前的重视，世界主要沿海大国纷纷把维护国家海洋权益、发展海洋经济、保护海洋环境列为本国的国家安全战略当中。如美国早在 1969 年提出了《我们的国家与海洋：国家行动计划》（*Our Nation and the Sea：A Plan forNational Action*）的报告，强调"海洋是保持美国实力和战略安全的不可分割的整体"[②]；加拿大于 1997 年出台了《海洋法》，并制定了"以拓展加拿大未来海洋疆域，建设安全、健康、富饶和完整的加拿大海洋等为目标的 21 世纪海洋战略开发规划"。[③]澳大利亚在 1998 年出台了《澳大利亚海洋政策》，为规划和管理海洋开发提供了法律政策上的依据。日本作为岛国，海洋战略的中心目标就是在 21 世纪成为海洋强国，并在 2007 年颁布和实施了《海洋基本法》。欧盟国家也相继制定了有关开发海洋的战略计划。

---

① 《中国代表团副团长易先良参赞在第 19 届（联合国公约）缔约国会议发言》，外交部网站，http://www.chllla-un.org/chn/xw/t570928.htm，2009 年 6 月 25 日。

② US Commission on Marine Science. *Engineering and Resources：Our Nation and the Sea：A Plan for National Action*. Washington D.C.：US Government Printing Office，1969.

③ Rob Huerbert and Shabnam Datta(eds). *Canada and the Law of the Sea：Into the 1990's*. Halifax：International Insight，1994.

（三）海洋经济利益的争夺与冲击

随着沿海国家争夺海洋权益斗争的日趋激烈，特别是现代化高新技术在海洋开发过程中的运用，大范围、大规模的海洋资源开发和利用变成了现实，向海洋要食物、要资源、要财富的蓝色进军浪潮，促进了新兴海洋产业的形成和发展，使海洋开发逐步贯穿于以海洋资源为对象的社会生产、交换、分配和消费的全过程。海洋经济已经成为一个独立的经济体系，并以明显高于传统陆地经济的比例快速增长，相当一部分国家的海洋产业成为国家支柱产业。世界海洋产业总产值由 1980 年的不足 2 500 亿美元迅速上升到 2002 年的 13 000 亿美元，已经占到世界 GDP 的4%。①世界上有 10 个人均年收入 22 000 美元以上的发达国家，其中 8 个是沿海国家。全球人口的趋海性进一步增强，约 65%的人口集中在海岸带地区。②

在国际潮流的推动下，各沿海国家重新审查并制定了全新的海洋法规，纷纷出台领海、毗连区、专属经济区和大陆架管理制度，美、俄、法、日、韩、加等国制定的关于海洋权益、管理规划、资源开发、环境保护、科学研究等方面的海洋法律都在 10 部以上，并大力强化海洋综合管理机构，提高海上执法能力。如美国、加拿大、日本、韩国、越南等国组建了海岸警卫队，加拿大、韩国、印度尼西亚等国成立了海洋与渔业部。由于，一些国家的海域与邻近国家存在归属重叠的问题，由此引发了一些海洋领土争夺的矛盾和冲突，并且难以调和。

（四）军事控制海洋趋势增强的冲击

正是基于海洋的特殊战略地位，“冷战”结束后虽然各主要国家大量裁减陆军，但是进行海军军备竞赛的烈度却呈上升趋势。进入 20 世纪 90 年代以来，国际间的海洋争端此起彼伏，热点突出，为争夺岛屿和划分海洋引起的国际冲突接连不断。如英国和阿根廷间的马尔维纳斯群岛之战、也门和厄立特里亚之间的

---

① 王殿昌：《海洋经济增长与海洋可持续发展统筹问题》，载于《海洋开发与管理》，2008 年第 5 期，第 3 页。

② 王诗成：《唱响创新蓝色发展主旋律　争当蓝色经济发展排头兵——荣成市“蓝色经济”专题报告会》，2016 年 1 月 5 日。

大哈尼什岛之战、希腊和土耳其之间的伊米亚岛之战，日韩间的竹(独)岛之争、中日间的钓鱼岛之争、中国和东南亚各国的南沙群岛之争，世界各国围绕渔业的纠纷对峙更是此起彼伏。2003 年 11 月 25 日，日本为了向联合国申请延伸本国的大陆架范围，日本政府会同 10 家与海洋开发事业有关的大财团，组建了“日本大陆架调查公司”，从 2004 年起正式开始对日本近海大陆架进行全面勘测，勘测范围竟然包括中国部分大陆架和专属经济区。[①]在这片大陆架中，埋藏着够日本使用 100 多年的天然气，还有丰富的石油资源和大量的被认为可以替代石油的可燃冰。据有关资料介绍，仅钓鱼岛周边海域的石油储量就高达 1 095 亿桶，相当于世界第二大产油国伊拉克的原油储藏量。这项耗资 1 000 亿日元，并由首相亲自负责的国家战略项目，再次暴露了日本先下手为强，大力拓展海域国土，梦想变成海洋资源大国和海洋强国的野心。这就和中国产生了钓鱼岛和东海划界争端。

纵观世界海洋史和国际海洋新动态，我们可以得出以下几点启示：第一，海洋安全战略事关国运兴衰。正如中国民主革命的先行者孙中山先生所指出的：“世界大势变迁，国力之盛衰强弱，常在海而不在陆，其海上权力优胜者，其国力常占优胜。”[②]英、美、俄、日 4 个靠海起家的世界强国的发家史和我国封建王朝“闭关锁国”和“迁界禁海”导致的民族屈辱史，以强烈的反差、雄辩的事实证明了一个国家的地位高低与其海洋战略观、海上实力密切相关。海权(海洋力量)强大，国家就强大，国际地位就高；否则，就难以摆脱受人欺凌和任人宰割的命运。第二，海洋与国家经济社会的可持续发展密不可分。《联合国海洋法公约》规定的各项管理制度和规则，实际就是对占地球表面 71%的海洋空间和丰富的海洋宝藏的一次重新分配，谁在这场资源和空间的分配中掌握了主动权，谁在海洋世纪的经济发展中就掌握了更大的主动权。第三，海洋安全管理是国家职能的重要环节。海洋安全管理与国家主权权益、经济发展和社会进步息息相关，不可分割，必须重新审视海洋安全综合管理的重要性。

综上所述，《联合国海洋法公约》的颁布和生效，掀开了世界各国开发海洋、

---

① 陈应珍：《日本大陆架调查动向》，载于《海洋信息》，2008 年第 4 期，第 21 页。

② 中国社科院近代史研究所：《孙中山全集》第 3 卷，中华书局 1984 年版，第 45 页。

管理海洋的国际政治经济新浪潮，同时也加剧了各国之间有关海洋权益的争夺。在海洋世纪，各国之间海洋资源的圈占、海洋领土的延伸拓展，海洋运输航线的安全，海上军事执法力量的完善等一系列问题都将在海上展开，对海洋的重视程度将直接决定一个国家在新一轮世纪竞争中的地位和优势。

此外，由于中国与海洋邻国之间的领海、专属经济区和大陆架主张相互重叠所产生的海洋划界争端，对塑造共同责任的海洋政治安全观也有很大的影响。

二、激烈交锋的海洋政治安全观

世界上没有完全相同的两片树叶，更没有完全相同的两个人。因此，人与人的思想观念也千差万别。在海洋世纪，随着中国开始走向海洋，开始建设海洋强国的时候，中国的海洋政治安全观就和世界其他国家的海洋政治安全观发生了碰撞。

（一）美国的海洋霸权安全观的冲击

美国的海洋霸权安全观也可以称为海洋绝对安全观。自从美国独立以来，美国国家安全战略的目标就是获得绝对安全，尤其是在海权论指导下的海洋安全。“两个多世纪以来，最终获取绝对安全环境一直被视为美国显示外交政策的中心目标”。[①]美国官员对美国安全需求作了一个意识形态和非领土化（de-territorialized）的界定，其焦点集中在因海外意识形态或经济封闭（ideological or economic closure abroad）危及国内自由主义从而对美国核心价值构成“威胁”上面。如果考虑到对美国安全需求所作的这种十分广泛的界定，那么美国决策者们总是非常愿意将甚至不可能发生的危险视为一种紧迫“或严峻而迫切”（grave and gathering）的威胁也就不那么令人感到奇怪了。[②]这段话的核心意思就是美国的海洋霸权安全观是全球性的，美国不仅注重本国附近海洋的安全，更

① James Chace and Caleb Carr，“America Invulnerable：The Quest for Absolute Security from 1812 to Star Wars”. *New York*：*Summit Books*，1988，p.12.

② ［美］克里斯托弗·莱恩：《和平的幻想：1940 年以来的美国大战略》，孙建中译，上海人民出版社 2009 年版，第 223 页。

加注重世界其他地方的海洋安全。即美国的海洋霸权在世界海洋中的任何地方都不能遭受威胁和挑战。

美国的海洋绝对安全观的集中体现就是多米诺骨牌理论。多米诺骨牌理论最早由艾森豪威尔提出，他指出："假如印度支那（中南半岛）落入北越共产党的控制，其他东南亚国家泰国、缅甸、印尼就将受到威胁，最后马来西亚及菲律宾亦会受到影响。"[①]由于中南半岛是控制南海和马六甲海峡的重要边缘地带，具有重要的海洋战略意义，在美国看来这样的地带最好掌控在美国及其盟友手中。为了避免出现海洋危险状况，美国就必须阻止北越共产党政府控制整个越南，这就成为美国强烈介入越战的借口和原因。虽然美国在越战中失败了，海洋绝对安全观直到今天依然是美国的不懈追求。

海洋绝对安全观要求美国持续不断的评估海洋威胁，提前采取种种措施消除威胁，在新世纪继续保持美国的海洋霸权。美国的艾什顿·卡特和威廉姆·佩里在《预防性防御：一项美国新安全战略》中把美国面临的威胁分为"甲、乙、丙"三类威胁，"甲类威胁"指像冷战时期苏联那样的威胁；"乙类威胁"指波斯湾和朝鲜半岛两处重大地区性潜在危机；"丙类威胁"指像科索沃、波黑、索马里、海地、卢旺达等潜在危机。他们还强调指出："中国所处的地区没有类似欧安会、北约或和平伙伴关系这样的组织，因而缺少一个化解东亚邻国间积怨的现成安全机制。尽管俄中两国情况迥然不同，对中国奉行预防性防御战略的成功机会绝不亚于俄罗斯。预防性防御战略倘若失败，21 世纪东亚就有可能出现甲类性质的威胁。"[②]美国经过分析认为，中国的经济实力庞大，发展前景较好，又大力发展海军，因此可能成为像苏联那样的"甲类威胁"。要消除中国的"甲类威胁"，罗伯特·卡普兰认为："那种我们将不再参加'愤世嫉俗'的权力政治游戏的看法是不切实际的，就像那种认为仅仅依靠威尔逊式的理想就能实现我们的外交政策的想法是不切实际的一样。我们必须继续唆使世界上不同的地区与中国进行争斗，就像理查德·尼克松当年挑起其他国家与苏联的争斗一样。"[③]也就是说，卡

① Dwight D. Eisenhower, *Public Paper 1954*. Washington D. C.: U. S. Government Printing Office, 1960, pp.382—384.

② [美]艾什顿·卡特、威廉姆·佩里:《预防性防御：一项美国新安全战略》，胡利平、阳韵琴译，上海人民出版社 2000 年版，第 106 页。

③ Robert D.Kaplan, "How We Would Fight China", Atlantic Monthly, June 2005.

普兰认为美国应该像遏制苏联一样遏制中国。所以，在 21 世纪，美国又重新采用类似“冷战”的海洋安全战略来包围、遏制中国。

1. 美国的“重返亚太战略”

美国“重返亚太战略”，又称美国“亚太再平衡战略”，是 2009 年 1 月奥巴马政府上台执政以来，面对海洋世纪的时代要求而继续寻求美国海洋安全霸权的产物。

广义的亚太地区包括太平洋东西两岸共计 21 个国家和地区。从世界各国经济 GDP 排名来看，美国第一，中国第二，日本第三，亚太地区经济总量占世界经济总量的一半以上，贸易总量约占世界贸易总量的 46%，地区内贸易比重高达 67%。俄罗斯、加拿大、澳大利亚和中国蕴藏着丰富的自然资源。目前，亚太地区开始逐渐取代大西洋两岸地区，成为世界经济新的增长引擎。

2. 针对中国的“海空一体战”理论

空海一体战（Air Sea Battle）是美军 2010 年公开提出的一种作战理论。该理论提出的背景就是第二次世界大战结束以来，美国人对战争中军人伤亡的忍受是非常有限的，例如，朝鲜战争、越南战争中爆发的大规模的反战活动，而军人的伤亡主要来自地面战争。美军受到 20 世纪 80 年代针对苏联的“空地一体战”的启发，2010 年由华盛顿的战略与预算评估中心（CSBA）首先提出了针对中国的“空海一体战”。[①]这个军事用语最早来自一个已解密的、2009 年美国海空军备忘录，其中提到了西太平洋和波斯湾的“不对称威胁”（也就是中国和伊朗的威胁）。美国国防部组织了一个由美国海军军官组成的“中国协调小组”，以便在和中国的潜在冲突中实行“空海一体战”。2010 年，奥巴马政府宣称：维护南海航行自由是美国的国家利益。这一点评被视作对中国政府声称“南海地区属于中国核心利益”的回击。[②]最终，空海一体战在 2010 年 2 月成为美国官方大战略的一部分。美国国防部在 2010 年《四年防务评估报告》（*Quadrennial Defense Review 2010*）中指出：美军需要开发对抗“反介入/区域拒止”（Anti-Access/Area Denial，A2/AD）的手段，并探索未来的作战概念以削弱对手 A2/AD 能力，确保在“反介

---

① Andrew F.Krepinevich, Why AirSea Battle? Center for Strategic and Budgetary Assessments (CSBA), 2010.

② Stephen Glain, The Pentagon's new China war plan, http://www.salon.com/2011/08/13/sino_us_stephen_glain/, August 13, 2011.

入”作战环境中威慑并击败对手，美国军队必须有能力慑止、防御、击败潜在敌对国家的进犯，保护盟国和合作伙伴利益，以及美国安全和在关键地区的影响力。①

“空海一体战”就是以美国海军和空军为主体，以航母为战斗平台，充分利用美国的信息技术和网络优势，发挥美国“高、精、尖”先进武器装备的超视域特点，追求“零伤亡”为目标的海军、空军联合作战理论。“空海一体战”战役分为两个阶段。第一阶段，始于战争状态爆发，包括4项作战方案：抵挡首波进攻，降低美军及其盟军和基地的受损程度；对解放军的战斗网络发起“致盲”战役；对解放军的远程情报、监视、侦察及打击系统实施压制性进攻；夺取和保持制空、制海、制太空和制网络空间的优势。这些作战方案及其重要组成要素，均有不同的实施时间。尽管某些要素的实施是同步的，但多数要素的实施依赖于其他前提要素的完成。多种作战方案可能同时急需相同的作战力量或能力，这要求我们就如何调遣这些部队及能力作出艰难抉择。第二阶段的各项行动旨在支持美国打赢长期的常规战争。这些行动包括：遂行持久战，包括保持和利用在各个战场的主动权；实施“远程封锁”作战；保持作战后勤能力；扩大工业生产（尤其是精确制导武器）。②上述两阶段不一定要有明确的区分。一些后续行动可作为先期行动的延续。同样，上述两阶段也不一定要有清晰的时间间隔，某些第二阶段的行动也可与第一阶段的行动同步展开。

3. 间接强加成本战略

卡莱尔·A.塞耶在“新美国安全中心”的海上战略系列研究报告中，提出了间接强加成本战略（Indirect Cost Imposition Strategies），如今，“间接强加成本战略”正在被美国政府部门采用，逐步成为美国制定对华海洋遏制政策的重要依据。

“间接强加成本战略”的战略目标是：以当前南海争端为抓手，以多边和单边方式加深介入南海问题，综合运用军事、外交、法律、舆论等多种手段对中国施压，增大中国南海维权成本，改变中国对南海维权行动的成本与收益评估，迫使中国屈服，以此提升美国在南海的影响力，推动形成美国主导的、基于规则的地区安全架构。其基本思路是：在国家战略层面制定长远的南海对华战略规划，加

① U.S.Department of Defense. *Quadrennial Defense Review Report*. February 2010. pp.31—33.

② Tol, Jan Van and Mark Gunzinger, Andrew Krepinevich, and Jim Thomas. “AirSea Battle: A Point-of-Departure Operational Concept”. *Center for Strategic and Budgetary Assessments*, April, 2010.

强与盟国相互协调，加强多种手段的相互配合，以达成最佳施压效果。强调要平衡好军事、外交、法律等各方面因素，形成南海总体战略框架。[①]在建议对中国示强的同时，反对将南海问题“过度军事化”，避免与中国发生正面冲突，保持遏制与接触之间的平衡，努力将中国纳入美国主导的地区规则和秩序之中。

“间接强加成本战略”提出了一系列具体的对策建议。在军事上，加大美国海军在南海活动强度，显示美动用军事力量应对中国单方面改变南海现状的决心，反制中国海军或海上执法部门的“海上胁迫”行动，以此增大中国海上维权行动的军事风险；在外交上，以菲律宾、越南为重点，深化与东南亚国家的安全合作，加大拉拢日本、澳大利亚介入南海的力度，构建南海反华联盟，以此增大中国经营周边的难度；在法律上，提高美国运用海洋法构建地区海上安全秩序的影响力，支持菲律宾提出的南海国际仲裁案，并为其提供相关帮助，以此否定中国南海主权主张的法律基础；在舆论上，要求有关行政部门对中国在南海军事、外交、法律、信息等方面的动态保持准确、持续、密切跟踪，并建立权威信息发布机构，适时公布中国在南海所谓“破坏稳定”的行为，以此抹黑中国国际形象。[②]

（二）日本的海洋扩张安全观对中国的威胁

日本是一个狭隘的岛国，匮乏的资源等天然条件使日本高度重视海洋扩张，以此获得所需的资源，保证日本的安全和发展。

1. 日本进行海洋扩张的先天地理因素

日本是一个典型的自然资源严重缺乏的岛国，面积约 37.8 万平方千米，比中国云南省的面积略小。国土面积 75%属山地丘陵地带[③]，因此森林覆盖率高，但却不适合农耕，耕地面积仅占日本国土的11.1%。[④]另外，日本的森林覆盖率高达 65%以上，是世界上森林覆盖率最高的国家之一，但出于保护生态环

---

① 张烨：《警惕美学者提出的对华“强加成本战略”》，载于《国防参考》，2015 年 11 月 13 日。

② Carlyle A.Thayer, “Indirect Cost Imposition Strategies in the South China Sea: U.S.Leadership and ASEAN Centrality”, *Center for a New American Security*, April, 2015.

③ 悩み多い国土“日本”，社团法人建設コンサルタンツ協会，http://www.jcca.or.jp/invitation/sihon/page2.html, 2012-02-05。

④ Japan Information—Page 1, http://www.worldinfozone.com/country.php?country = Japan, 2006-12-28.

境的需要，日本工业使用的木材绝大部分使用进口资源，是世界上进口木材最多的国家。①日本现代工业所需要的自然资源90%以上需要进口，所以，日本是世界上第一资源能源进口大国。另外，日本99.7%的原材料和商品均依赖海运进出口②，因此，为了获得工业发展所需的资源，日本在历史上不断进行海洋扩张。

2. 新世纪日本海洋扩张的新措施

(1) 修改和平宪法，为自卫队正名

① 防卫厅升格为防卫省

日本“防卫省”的前身是1950年因朝鲜战争爆发而成立的警察预备队本部，以及之后的保安厅、防卫厅。防卫厅是日本首相管辖范围之下设置的内阁府之外局(专门负责防卫事务的行政机关)。由于防卫厅相当于中国的一个厅级单位，权力不大。因此，以安倍晋三为首的右翼势力要复活军国主义，第一步就要想方设法提升它的级别，使它成为像国防部一样的政府机构。2006年11月30日，日本众议院在执政自民党、公明党以及最大在野党民主党的联合支持下，一致通过首相安倍晋三内阁的提案将防卫厅升格为“防卫省”，成为中央一级单位。2006年12月15日，日本参议院又通过同一项议案，授权安倍晋三内阁择期即可进行正式升格仪式。③随后，防卫厅在2007年1月9日正式升格为“防卫省”，成为日本的中央一级单位。这样，“防卫省”从原先所属的内阁中独立出来，地位和功能与世界其他国家的国防部几乎无差别；其次，“防卫省”的权力也变大了，从此可以独立提出法案、要求召开内阁会议、直接向负责预算的财务大臣提出拨款要求；最后，在行动上，“防卫省”在发布“海上警备行动”等命令时，可以直接要求内阁召开会议予以批准。④这样，防卫省的设立就使日本有了实质上的国防

① Japan's Timber Trade and Forestry，熱帯林行動ネットワーク JATAN，http://www.jatan.org/eng/japan-e.html，2013-12-10.

② Assistance to Asian Coastal Nations for Ensuring Maritime Safety. Ministry of Foreign Affairs of Japan. http://www.mofa.go.jp/policy/oda/white/2006/ODA2006/html/honpen/hp102060000.htm，2013-12-10.

③ 「参議院インターネット審議中継—ビデオライブラリ」，(金)本会議、教育基本法案(第164回国会閣法第89号)45:22～49:23，2006年12月15日。

④ 保安厅法(昭和二十七年法律第二百六十五号)の全部を改正する[1952年]，防衛省設置法(昭和二十九年六月九日法律第百六十四号)[1954年]，最終改正：平成二六年六月一三日法律第六七号[2014年]，http://law.e-gov.go.jp/htmldata/S29/S29HO164.html，2014年6月20日。

部,为复活军国主义迈出了第一步。

② 修改和平宪法,解禁集体自卫权

《日本国宪法》(又被称为《和平宪法》)这部宪法是在第二次世界大战后盟军占领(Allied Occupation)时期以联军统帅麦克阿瑟为主导编写并颁布的。这部宪法中最为著名的地方是其第九条"永远放弃把利用国家权力发动战争、武力威胁或行使武力作为解决国际争端的手段,为达此目的,日本不保持陆、海、空军及其他战争力量,不承认国家的交战权"。①该宪法以西方的自由民主的模式取代大日本帝国制度。后来,根据《和平宪法》第九条,日本成立自卫队,功能只限专守防卫,不能对外出兵作战。这部宪法自实行以来,没有什么大改动。日本《和平宪法》是世界上第一部放弃交战权的宪法。

长期以来,日本朝野对于是否修宪一直争论不休,最大的争议,是第九条的"日本不能有交战权"。对于这一点,日本右翼势力把根据《和平宪法》第 9 条视为眼中钉,总是想方设法要修改宪法。日本首相安倍晋三认为,从制宪到现在,日本社会已起了想象不到的变化,宪法中有关外交与安保基本架构等,都跟不上变化,如今战争阴影已远离日本,因此鼓吹修宪,让日本成为"正常国家"。怎样才算"正常国家"呢? 就是抛弃现行宪法中日本不得拥有陆海空三军等武装力量的重要规定,要求将日本自卫队升格为日本自卫军或国防军,并规定自卫军可以参与联合国授权的维持和平和反恐行动。②由于修改宪法需要日本进行全民公投,所以现在安倍晋三利用执政机会,大肆宣传修宪带来的好处——使日本成为正常化的主权国家。进入 21 世纪后,日本自卫队对于海外维和任务的参与愈来愈积极,除了参与了 2002 年阿富汗战争后的维和任务外,自 2004 年 1 月 19 日开始,派遣"自卫队伊拉克复兴支援群"驻扎于伊拉克萨玛沃,协助美伊战争后的重新兴建与安全维护。③向海外派兵,则是日本解禁集体自卫权的尝试。原先的

---

① 『世界大百科事典』(せかいだいひゃっかじてん)「日本国憲法」の項目より,東京:平凡社,1988年刊行。

② [日]自由民主党:日本国憲法改正草案 Q&A(増補版),https://www.jimin.jp/policy/pamphlet/pdf/kenpou_qa.pdf, 2014-10-18。

③ Prime Minister Koizumi Encourages Japan Ground Self-Defense Force (JGSDF) to be Dispatched to Iraq, http://japan.kantei.go.jp/koizumiphoto/2004/02/01asahikawa_e.html, February 1, 2004.

《和平宪法》规定，只有当日本受到攻击时，才可以行使自卫权。而解禁集体自卫权后，与日本关系密切的国家遭受他国武力攻击时，无论自身是否受到攻击，日本都有用武力进行主动干预和阻止的权力。[①]2015 年 7 月 16 日下午，日本执政党——自由民主党不顾民众强烈反对，利用本党议员在众议院占多数的优势，强行表决通过了与解禁集体自卫权相配套、大幅转变战后日本防卫政策的系列安保法案，使和平宪法名存实亡。

③ 建设一支强大的海空力量

日本海上自卫队(Japan Maritime Self-Defense Force，JMSDF)是日本自卫队的海上组成部分，成立于 1954 年 7 月 1 日。[②]日本海洋自卫队拥有的舰艇和规模如下：常规动力潜艇 16 艘(约 45 000 吨)，48 艘护卫舰(约 222 000 吨)，水雷舰艇 29 艘(约 27 000 吨)，巡逻舰艇 6 艘(约 1 万吨)，运输舰艇 11 艘(约 28 000 吨)，补给辅助舰艇 31 艘(约 126 000 吨)。[③]装备的直升机、巡逻机、电子战飞机、战斗机等总共约 250 机。在人员构成上，有军官 45 517 名，事务官等 3 181 名，预备役军官 1 100 名。海上自卫队每年平均人数为 41 937 名。日本海上自卫队的主要战力由自卫舰队司令部指挥的潜艇部队、护卫舰队、航空兵团、扫雷舰队等组成的。

此外，日本还以中日东海争端为借口，认为中国的辽宁号航母威胁了日本海洋安全，与此对应，日本要大力发展轻型航空母舰。“出云号”直升机护卫舰(Izumo-class helicopter destroyer，编号 DDH-183)，名称取自日本神话，有各种神仙的出云国，亦是继承了旧日本海军装甲巡洋舰的“出云号”的名称，是一个直升机护卫舰，满载排水量 27 000 吨，拥有与其他国家海军直升机航空母舰乃至于轻型航空母舰接近的舰体构造、吨位与任务设定。有报道指日本防卫省在设计之初已考虑让“出云号”搭载直升机以外的固定翼飞机 F-35B，并在设计图中已为固定翼飞机预留梯形结构的甲板设计。[④]由于 F-35B 是美国研制的能够垂

① Benjamin B.Ferencz，War Crimes Law And The Vietnam War，*The American University Law Review*，Volume 17，Number 3，June 1968.

② [日]菊池雅之：『よくわかる！ 艦艇の基礎知識』，イカロス出版，2008 年，頁 154。

③ 『自衛隊装備名鑑 1954～2006』，コーエー出版局，2007 年；『シリーズ世界の名艦　海上自衛隊』，イカロス出版，2009～2014 年。

④ 日本政府、舰载机として新たに“F-35B”导入を検讨，富士新闻网 http://www.fnn-news.com/，2013 年 7 月 14 日。

直起降的战斗机，日本已经订购该款战机，所以，无需弹射器等装备，F-35B 可以在“出云号”上起降。这样，“出云号”就摇身一变成了具有攻击能力的轻型航母。

（三）印度的印度洋内湖安全观带来的威胁

龙是中华民族的象征，中国人把自己称作龙的传人。而印度人喜欢将自己的国家比作大象，虽然行动缓慢，但是稳健沉着，就像伊索寓言中的“龟兔赛跑”一样，会取得最终的胜利。作为世界上两个人口最多的国家，中印两国的博弈从陆地边界争端一直延伸到海洋，人们把中印两国的竞争博弈称作“龙与象的博弈”。

1. 变印度洋为印度内湖战略

在历史上，虽然出现过游牧民族入侵印度的情况，最后因为印度国土广大，随着时间的推移，游牧民族最终被同化。但从海洋上的入侵则不同，新航路开辟后，葡萄牙、荷兰、英国和法国等西方殖民者先后入侵印度，并为争夺印度最终归属而发生激烈的冲突。1757 年，莫卧儿帝国和英国的殖民公司——东印度公司之间爆发了普拉西战役（Battle of Plassey），印度因为战败而逐步沦为英国的殖民地，直到第二次世界大战结束印度独立，英国几乎统治印度长达两个世纪。潘尼迦认为：“印度的安全系于印度洋……谁控制了印度洋，印度的自由就听命于谁。印度的前途如何，是同它会逐渐发展成为何等程度的海权国有密切联系的。”①这是他对印度洋和印度之间安全关系的最精确的概括。他还从地缘的角度，进一步强调了印度的安危完全依赖于印度洋。“印度的半岛地形，绵延而开阔的海岸，土地肥沃、蕴藏丰富的滨海地区，这一切使印度完全依赖于印度洋”。②总之一句话，印度洋是印度的“命运之洋”！

印度洋是世界第三大洋，也是世界上唯一以国家名字命名的大洋。印度自从独立以来，就设想着把印度洋变为“印度内湖”。为了实现这一目标，印度逐步形成和实施了“南下控制印度洋”“东进太平洋”“西出大西洋”的海洋安全观和海洋战略。

---

① ［印］潘尼迦：《印度和印度洋：略论海权对印度历史的影响》，德隆、望蜀译，世界知识出版社 1965 年版，第 89 页。

② 同上，第 80 页。

潘尼迦认为印度要实现国家安全，必须扩大海军防御范围，在印度洋上为印度筑起安全的钢圈。他提出：“如果在适当的地方布置下海空军基地，造成一个围绕印度的钢圈，又在圈内建立一支力量强大足以保卫内海的海军，那么，对于印度的安全与昌盛大有关系的海洋就可以受到保护，变成一个安全区。孟加拉湾内的岛屿有了适当的设备和保护，内海里又有一支相当强大的海军，对于印度极为重要的印度洋的那一部分，就能重新获得安全。”①为了打造印度洋上的安全钢圈，印度政府提出并逐步完善了变印度洋为“印度内湖”的南下计划。

为逐步实现对印度洋的有效控制，把印度洋变为“印度内湖”，印度海军的“南下计划”将印度洋划分为三个控制区段：

一是完全控制区，也叫内层安全带。该区域从印度领海基线到距海岸 300 海里以内建立完全控制区。在该区域内，印度海军必须具备保卫印度本土、沿海岛屿、200 海里专属经济区以及近海各种经济、军事设施安全的绝对海上控制能力。为了取得对内层海洋安全带的完全制海权，执行“海上歼灭”的任务，即敌人一旦进入该区域，印度海上力量要力争把他们消灭在海上。为此，印度已经初步建立起一支包括近海海军部队、岸基航空兵和海岸警卫队的近海武装力量。

二是中等控制区。该区域为距海岸 300～600 海里的海洋区域。印度海军主要任务为保卫印度海上通道及商船队的营运安全，对广大的海域实施中等强度的管控。在这一海域，印度海军应具有制海、监视和反潜能力。主要使用“蓝水”海军力量，包括航空母舰战斗群、潜艇、海上远程侦察与反潜飞机以及其他各种远洋专业船只。平时对该海区进行中等控制和监视，打击海盗，充当海上国际警察和担负早期预警任务。战时，印度海军必须有能力控制这一海域的主要战略通道，包括霍尔木兹海峡、保克海峡以及马六甲海峡西口。甚至在有亟须的时候将控制苏伊士运河东口以及曼德海峡。

三是软控制区。这是对距印度海岸 700 海里以外的远洋实施“软控制”，是印度设想的海军未来控制海域，包括南太平洋西部、印度洋南部以及好望角附近。在该区域，印度海军要有自我防护能力、预警巡视能力和一定的兵力投送能

① ［印］潘尼迦：《印度和印度洋：略论海权对印度历史的影响》，德隆、望蜀译，世界知识出版社 1965 年版，第 9—10 页。

力，以便保护印度商船或可能的海上利益。[①]

2. 东进太平洋战略

为了实现印度的大国梦想，尼赫鲁还进一步展望未来，他指出："在将来，太平洋将要代替大西洋而成为全世界的神经中枢。印度虽然并非一个直接的太平洋国家，却不可避免地将要在那里发挥重要的影响。在印度洋地区，在东南亚一直到中亚细亚，印度也将要发展成为经济和政治活动的中心。"[②]在经济全球化和政治多极化条件下，印度认识到要成为一个大国，只专注于印度洋是远远不够的，需要把目光投向太平洋。20 世纪 90 年代初，印度的拉奥政府提出了"东进"（Look East，也译作：东向）政策，经过几十年的继承发展，印度政府形成了以此为基础的东进太平洋战略。

（1）建设安达曼—尼科巴群岛前哨基地

东进计划的第一步就是建设安达曼—尼科巴群岛军事基地。潘尼迦指出："一地的海权最终系于能够控制入海的咽喉海区。这里，对我们最重要的咽喉海区就是曼德海峡和马六甲海峡……印度之取得安达曼群岛、尼科巴群岛，使它在孟加拉湾取得了战略基地。如能充分加以利用，配合以空军，是可以把孟加拉湾变成一个安全区的。"[③]安达曼—尼科巴群岛（Andaman and Nicobar Islands）是印度的中央直辖区，处于孟加拉湾中，缅甸以南，距离印度大陆 800 千米。世界最繁忙的黄金海运战略通道——马六甲海峡就位于该群岛以东不远处。该群岛恰如卡住海峡的两道天然闸门[④]，控制着太平洋和印度洋之间的国际海运的战略要冲，具有重要的地缘战略地位与意义。潘尼迦还敦促印度结束对安达曼—尼科巴群岛的忽视："不能再忽视安达曼群岛了，不能再将其视为最多只不过适合流放罪犯和政治犯的一组群岛了。对安达曼群岛进行开发，将其作为适宜印度海军的海空基地，对其进行开垦并有效殖民化，都是印度海军政策的关键要素。"[⑤]

---

① 张炜、冯梁：《国家海上安全》，海潮出版社 2008 年版，第 303 页。

② ［印］贾瓦哈拉尔·尼赫鲁：《印度的发现》，齐文译，世界知识出版社 1956 年版，第 712 页。

③ ［印］潘尼迦：《印度和印度洋：略论海权对印度历史的影响》，德隆、望蜀译，世界知识出版社 1965 年版，第 93 页。

④ 在地理上，安达曼群岛在北面，尼科巴群岛在南面，进出马六甲海峡的船只从两个群岛的中间海域通过，所以两个群岛像闸门。

⑤ Kavalam Madhava Panikkar, *The Strategic Problems of the Indian Ocean*, Allahabad: Kitabistan Press, 1944, p.18.

印度独立后，由于一直忙于同巴基斯坦的陆地战争，无暇顾及该群岛。直到20世纪末，随着印度东进战略的实施，印度对该群岛的军事战略地位愈加重视。1998年印度在该群岛建立了印军历史上第一个海军地区司令部——远东司令部。[①]印度还耗资20亿美元，在群岛上增加部署6艘战舰、10架海上侦察机，并开工修建巴兹军事基地和大尼科巴（Great Nicobar）岛上的坎贝尔（Campbell）机场。2012年7月，巴兹军事基地正式启用。以此为基地，印度海军既能监控国际重要海上咽喉——马六甲海峡，又可以以此为跳板，东进马六甲海峡和太平洋。尽管在印度官方文件中没有明确说明，安达曼—尼科巴群岛军事基地的一个主要目的就是监视和对抗中国海军在该海域的活动。进一步来说，安达曼—尼科巴群岛既能成为印度将海军力量投射到东印度洋的关键落脚点，又可成为马六甲黄金水道的保卫者和印度东进太平洋战略的重要海上前哨基地和补充。

(2) 把越南当作“东进太平洋”的重要支柱

在“东进”太平洋的过程中，越南是印度最理想的战略支柱。印度和越南都跟中国有长期没有解决的领土争端，在冷战时期，两国都是与苏联关系亲密的伙伴。因此，在冷战结束后的几十年里，印度和越南在政治、经济军事各个方面不断接触和进行合作。

印度和越南总理在2007年7月发布的战略伙伴关系声明中称：“认识到印度和越南在促进区域安全中扮演的重要角色，双边领导人对稳定发展两国国防和安全纽带表示赞成。同时承诺加强在国防物资、合资项目、培训合作和情报交换方面的合作。同时加强在海运能力建设、保障海上航线安全方面的合作。”[②]印度国防部长安东尼（A. K. Antony）2010年访问越南，宣布印度“将从总体上支持越南改善和升级军事能力，尤其是海军能力，帮助越南建立海军作战平台维修保养能力。同时在海军舰艇驾驶培训、空军飞行员培训和军事医疗等方面进行合作”。[③]此后，印度开始向越南提供援助，以加强其海军和空军力量。例如，

① 李华帆：《新世纪的印度海军》，载于《舰载武器》，2003年第3期，第79页。

② 《越南与印度正式建立战略伙伴关系的联合声明》，www.nanotech-now.com/news.cgiPstory_id=23706，2007年7月7日。

③ Press Information Bureau，Government of India，India-Vietnam Plans to Expand Defense Cooperation，Covering all three Fields，http://pib.nic.in/newsite/erelease.aspx.relid=66302，October 13，2010.

帮助越南空军修理并升级了超过100架米格—21战斗机，并向越南空军提供改进型的航空电子设备和雷达系统。印度空军飞行员一直在培训他们的越南同行，印度海军也一直在向河内提供俄制舰船和导弹快艇的关键零部件。此外，印度海军的舰艇应越南的邀请，频频访问越南，在南中国海域与越南海军进行军事演习、打击海盗演练等。因此，印度外交部部长萨尔曼·卡苏指出“与越南的安全合作政策是印度东进政策的支柱之一”。[①]

3. 西出大西洋计划

印度洋的西面就是世界石油中心——波斯湾和另一个海洋战略通道——苏伊士运河，海洋战略地位极其重要。而印度的西面就是阿拉伯海，在控制阿拉伯海的基础上，印度海军力量还可以进一步延伸，往西北方向可以进入波斯湾，控制霍尔木兹海峡，在往西经红海可以前出苏伊士运河进入大西洋。由于波斯湾和苏伊士运河是以美国为首的西方国家海军重点关注和驻扎地区，西出计划有挑战美国海洋霸权的危险。因此，印度在西出大西洋计划上安排不多，更多的是停留政府的未来海洋战略规划上。

总之，我国周边的海洋大国从维护本国的海洋利益出发，在制定的海洋政治安全观中，把中国当作竞争对手或潜在的对手，给我国的海洋政治安全环境带来了不小的挑战。

第三节　构建共同责任的海洋政治安全体系

在海洋世纪，各国的海洋安危与共、唇齿相依，维护国际海洋安全事关各国切身利益，也是每个国家应尽的责任。世界有关海洋国家应该抛弃冷战思维和零和博弈思维，积极承担国际海洋安全责任和义务，努力为世界海洋的和平、开发、发展和安全作出应有贡献。构建共同责任的海洋政治安全体系既是中国对世界海洋安全局势的顶层设计，也充分展示了中国坚定维护世界海洋安全的决

① Vietnam among pillars of India's “Look East” policy. english.vietnamnet.vn. *Vietnam News Agency*. 18 November 2013.

心和诚意。

一、构建海峡两岸政治安全共同体

中国台湾地区由于物产丰富，自古以来又被称作“宝岛”。自进入世界近现代史以来，台湾地区在中国的海洋战略中地位和价值愈来愈明显。中国要想在海洋世纪大有作为，海峡两岸和平统一就是中国海洋政治安全的第一要务。

（一）台湾是永不沉没的航空母舰

台湾是中国最大的岛屿，在地缘政治战略上，具有极其重要的海洋安全战略价值。早在清朝的时候，大将施琅就在给康熙的《恭陈台湾弃留疏》中分析了台湾在地缘政治上的重要枢纽地位和战略意义，他强调：“台湾地方，北连吴会，南接粤峤，延袤数千里，山川峻峭，港道迂回，乃江、浙、闽、粤四省之左（同佐）护。”①这就简明扼要地指出了台湾的战略枢纽地位——“为东南数省之落篱”。②台湾地处东海与南海之间，把中国海域分成一南一北两大部分，仿佛东南沿海众多岛屿的神经中枢，同时也保护着身后的江、浙、闽、粤等经济发达省份，是我国防御外敌入侵的重要海防屏障。施琅在奏疏中断言“弃之必酿成大祸，留之诚永固边圉”，并竭尽全力劝诫康熙：“即为不毛荒壤，亦断断乎其不可弃！”③康熙看完之后，遂决定设台湾府。

从地图上看，中国像一只面向东方啼鸣的雄鸡，而台湾地区正是这雄鸡的二足之一，是雄鸡拔脚向太平洋迈出的第一步，并且，也是能够向太平洋迈出的唯一一步。同时，台湾恰好是第一岛链这条锁链的锁眼。④锁眼就是第一岛链的中央位置，岛链本来是冷战的产物，却没有随着冷战的结束而消失。要打破第一岛链，最好的方法和途径就是海峡两岸和平统一。冯梁和段廷志指出：“这些岛屿

① [清]施琅：《恭陈台湾弃留疏》，载于《靖海纪事》（下卷），福建人民出版社 1983 年版，第 120 页。
② 同上，第 122 页。
③ 同上，第 123 页。
④ 张茵：《“第一岛链”上的“锁眼”》，载于《当代军事文摘》，2007 年第 7 期，第 25 页。

阻断了中国海向大洋的延伸……中国的半封闭性给国家海上安全带来的不利影响也显而易见……大陆沿海交通容易被切割封锁，而自身海防兵力难以集中。”[①]冯梁和段廷志描绘了中国被岛链包围的军事地缘安全困境。江雨也指出：“岛链的存在是中国海军在远洋舰队发展过程中必须面对的地理劣势，实力再强大的舰队如果无法克服岛链的封锁也难有作为，没有真正面对大洋和解决出海口的海军，再强大也难以被称为远洋海军。中国海军在面对岛链限制这个问题时不能盲目发展远洋作战的大型舰队，否则很容易重蹈德国第一次世界大战时公海舰队被封锁在近海而无法作为的覆辙，凝聚大量资金和国力所打造的舰队也就无法在争夺海上权益时发挥应有的作用。”[②]对于祖国大陆来讲，中国台湾地区就是一艘永不沉没的航空母舰，阻挡着海军舰队进出太平洋。众所周知，在海战中，潜艇下潜的越深，越不容易被发现。而且台湾东部太平洋海域水深达1 000米以上，我国东部沿海海域的水深都在200～300米，现代潜艇的最大潜深一般在500米左右，这样导致中国的潜艇在东部沿海海域活动，还容易被发现；如果两岸统一，中国潜艇到了台湾东部太平洋海域，可以很容易进入深海，很难被发现。

（二）构建海峡两岸命运共同体

2015年5月4日，习近平在会见中国国民党主席朱立伦时指出：“两岸同胞同根同源、同文同种，历来是命运与共的。在经济全球化深入发展、两岸联系日益密切的今天，两岸是割舍不断的命运共同体。面对新形势，国共两党和两岸双方要坚定信心、增进互信，维护两岸关系和平发展进程，携手建设两岸命运共同体。”[③]建设两岸命运共同体，需要海峡两岸做到以下几点：

1. 推进两岸经济共同体建设

改革开放40年来，海峡两岸经济合作取得了重大成就，祖国大陆愿意继续

---

① 冯梁、段廷志：《中国海洋地缘安全特征与新世纪海上安全战略》，载于《中国军事科学》，2007年第1期，第22—29页。

② 江雨：《岛链与中国海军向远洋发展》，载于《舰载武器》，2008年第12期，第30—31页。

③ 陈斌华：《习近平就建设两岸命运共同体提出5点主张》，新华网 http://www.xinhuanet.com/，2015年05月04日。

“努力扩大两岸民众的受益面和获得感，尤其要为两岸基层民众、中小企业、农渔民合作发展、青年创业就业提供更多机会，让两岸同胞参与越多受益越多”。①大陆首先愿意同台湾同胞共享发展机遇，愿意优先对台湾开放，并且对台湾同胞开放的力度要更大一些。我们将继续维护在大陆投资的台资企业的合法权益，为他们的发展创造更好条件。在台湾参与国际区域经济合作问题上，两岸可以加强研究、务实探讨，在不违背一个中国原则的情况下作出妥善安排。台湾方面表达了加入亚洲基础设施投资银行的意愿，我们在坚持“九二共识”的前提下，愿意积极吸纳台湾加入“亚投行”。

2. 积极推动两岸文化交流

两岸交流，除了经济交流外，更重要的是人与人的交流，最重要的是心灵沟通和文化沟通。“两岸同胞要以心相交、尊重差异、增进理解，不断增强民族认同、文化认同、国家认同。中华文化是两岸同胞共同的精神财富，也是两岸同胞血脉相连的精神纽带”。②两岸同胞要加强文化交流，发挥各自优势，共同传承中华文化优秀传统，建设共同精神家园，实现心灵契合。两岸双方要继续创造条件，扩大同胞直接交往。我们将适时实施进一步便利两岸同胞来往的措施。青年是民族的未来，也是两岸的未来。我们要更多关注两岸青年成长，为他们提供更多机会和舞台，让他们多交流多交心，成为共同打拼的好朋友、好伙伴。

（三）海峡两岸统一是中国实现海洋政治安全的资格认证书

中国香港和澳门地区顺利回归祖国以后，海峡两岸统一就成为完成祖国统一大业的最重要的议题。张文木认为：“海峡两岸统一是世界发给中国参与世界事务的第一张资格认证书。东部沿海一带是我们的工业重心，统一后的台湾地区是保护我们东南沿海的经济‘软腹’的屏障；而南沙群岛则是我们寻求中太平洋国际资源的最起码的滩头堡。”③海峡两岸统一将给中国带来巨大的海洋安全优势。

---

①② 陈斌华：《习近平提出建设两岸命运共同体 5 点主张》，http://www.xinhuanet.com，2015-05-04。

③ 张文木：《论中国海权》（第二版），海洋出版社 2010 年版，第 102 页。

1. 打破第一岛链的围堵封锁。海峡两岸统一后，台湾就成了保卫东南沿海地区的永不沉没的航空母舰。东部沿海地区是中国改革开放的前沿，是中国经济发展的黄金海岸。改革开放前，为了防止沿海地区的工业遭到战争的破坏，我国进行了二、三线建设，把一些工业转移到内陆地区。海峡两岸统一，就等于打断了第一岛链的围堵封锁，解开了第一岛链上最重要的一环。

2. 打开了进出太平洋的门户。过去中国台湾岛就像一扇大门，挡住了中国海军自由进出太平洋。海峡两岸统一后，中国海军就可以在台湾地区东部岛屿建立基地，使舰队非常方便地进出太平洋。

3. 两岸共建共享政治安全共同体。海峡两岸统一以后，两岸人民可以共享太平、稳定和安全的海洋政治环境。台湾地区民众最关心的安全问题就得到了彻底解决，不必担心因为“台独”势力上台引发的紧张局势和武力统一的可能性，台湾内部的“统独”撕裂之争也得到妥善处理，有助于台湾经济社会的安定和发展。

二、近睦远交的海洋安全外交观

2013 年 11 月 8 日，习近平总书记在周边外交工作座谈会上指出，中国周边外交的基本方针，就是：“坚持与邻为善、以邻为伴，坚持睦邻、安邻、富邻，突出亲、诚、惠、容的理念。”①中国周边不仅包括陆地国家，还有海洋邻国。

“亲”，就是要“坚持睦邻友好，守望相助；讲平等、重感情；常见面，多走动；多做得人心、暖人心的事，使周边国家对我们更友善、更亲近、更认同、更支持，增强亲和力、感召力、影响力”。②中国古代俗话说：“远亲不如近邻。”这句话用在周边海洋国家外交上一点儿也没错。中国与周边海洋国家地理位置非常接近，在历史上又共同遭受列强的侵略和剥削。例如，菲律宾先后是西班牙和美国的殖民地；印度尼西亚是荷兰的殖民地；新加坡是英国的殖民地等。在 21 世纪，摆脱殖民统治的各国，应该加强联系，相互支持帮助，做友好共处的好邻居，共同维护南海海域安全。

---

①② 习近平：《习近平谈治国理政》，外文出版社 2014 年版，第 297 页。

“诚”，就是要“诚心诚意对待周边国家，争取更多朋友和伙伴。就是要坚持国家不分大小、强弱、贫富一律平等，在和平共处五项原则基础上全面发展同周边国家关系，继续用自己的真诚付出，赢得周边国家的尊重、信任和支持”。[①]诚信是中华民族的传统美德，也是备受国际社会共同推崇的基本道德规范。“凡交，近则必相靡以信，远则必忠之以言”。[②]凡是国家间的交往，距离近的必须以诚信维持友好关系，距离远的必须以坚守自己的真心诺言。中国始终坚持以诚信的品德和态度与不同的国家、民族和人民交往，必能达到和睦、融洽、友好的安全外交状态。

“惠”，就是要“本着互惠互利的原则同周边国家开展合作，编织更加紧密的共同利益网络，把双方利益融合提升到更高水平，让我国发展更好地惠及周边，同时也使我国从周边国家共同发展中获得裨益和助力”。[③]中国海洋经济和周边国家经济已经形成了“一荣俱荣、一损俱损”的经济共同体效应。中国海洋经济的迅速发展，不是去分割海洋邻国的经济“蛋糕”，而是把“蛋糕”共同做大，以本国海洋经济的发展带动海洋邻国的共同发展，让周边海洋邻国搭上中国海洋经济发展的顺风船，同舟共济，互利互惠。

“容”，就是要“倡导包容的思想，亚太之大容得下大家共同发展，要以更加开放的胸襟和更加积极的态度促进地区合作，更加主动、更加积极地回应周边国家期待，共享机遇，共迎挑战，共创繁荣”。[④]包容就是宽容大度，是一种崇高的外交境界和观念，中国拥有像海洋一样宽广的胸襟、仁爱的心，还有一份像海洋一样的坦坦荡荡、海纳百川的气概！包容就是中国与海洋邻国和谐共处，求同存异，共享海洋世纪的发展机遇，共同创造未来海洋世纪的共同繁荣。

“亲、诚、惠、容”4个字简明扼要，但蕴含的外交新理念无疑构成了一个有机的整体，更是成为海洋世纪的彼此渗透、相互照应、相得益彰的外交大方略，尽管强调的是周边外交，但对我国海洋外交同样具有重要的指导和政治战略意义。

---

①③ 习近平：《习近平谈治国理政》，外文出版社2014年版，第297页。

② 《庄子·人间世》。

④ 习近平：《习近平谈治国理政》，外文出版社2014年版，第298页。

三、倡导亚洲海洋共同安全观

亚洲安全观是习近平在2014年亚洲相互协作与信任措施会议第四次峰会提出的，积极倡导“共同安全、综合安全、合作安全、可持续安全”的亚洲安全观，开创了新的安全理念，搭建地区海洋安全合作新架构，努力走出一条共建、共享、共赢的亚洲海洋安全之路。

共同，就是要“尊重和保障每一个国家安全。亚洲多样性特点突出，各国大小、贫富、强弱很不相同，历史文化传统和社会制度千差万别，安全利益和诉求也多种多样。大家共同生活在亚洲这个大家园里，利益交融、安危与共，日益成为一荣俱荣、一损俱损的命运共同体”。①在亚洲，各国面积大小、经济贫富、国力强弱各不相同，海洋安全利益和诉求也五花八门，除了中国与周边国家存在海洋划界争议外，东南亚各国之间以及日本和韩国之间也存在同样的海洋争端。但是各国都有平等参与地区海洋安全事务的权利，也都负有维护亚洲地区海洋安全的共同责任。

安全应该是普遍的、平等的、包容的。任何国家尤其是区域外海洋强国都不应该谋求垄断亚洲地区海洋安全事务或争夺海洋霸权，侵害他国的合法海洋权益。“不能一个国家安全而其他国家不安全，一部分国家安全而另一部分国家不安全，更不能牺牲别国安全以谋求自身的‘绝对安全’”。②亚洲各国应该恪守以“和平共处五项原则”为核心内容的国际关系基本规则，尊重各国自主选择的社会制度和发展道路，尊重并照顾各方合理的海洋安全关切和海洋利益，把亚洲海洋争端的复杂性和各国海洋安全诉求的迥异性转化为推动和促进地区安全合作的动力。任何“强化针对第三方的军事同盟不利于维护亚洲地区共同安全”。③

综合，就是要“统筹维护传统安全和非传统安全的大局”。④亚洲安全问题的“综合性”主要体现在两个方面：一是安全领域的综合性，既包括陆地安全，也包括海洋安全等。二是维护安全手段的综合性。当前，亚洲海洋安全问题层出不

①② 习近平：《习近平谈治国理政》，外文出版社2014年版，第354页。

③④ 同上，第355页。

穷，安全的内涵和外延都在不断拓展。本地区既有引发冲突的热点敏感问题，又有民族宗教矛盾；既有海洋主权争端、海洋渔业冲突、核安全等传统安全问题，又有恐怖主义、跨国犯罪、海洋资源能源、海洋自然灾害等非传统安全问题。因此，应该通盘考虑亚洲安全问题的历史经纬和现实状况，多管齐下，综合施策，协调推进地区安全治理，既要着力解决当下最突出的地区海洋安全问题，又要统筹谋划如何应对各类潜在的安全威胁，把海洋政治、军事、外交等手段结合起来综合运用，以达到有效应对海洋领域的传统安全威胁和非传统安全威胁、维护综合安全的目的。

合作，就是要"通过对话、协商，促进各国和地区安全。在复杂多元的安全挑战面前，任何国家都难以独善其身，唯有通过合作，才能实现共同安全。要通过坦诚对话和平等交流，增进战略互信，减少相互猜疑，求同化异，和睦相处。要摒弃冷战思维和同盟对抗，通过多边合作维护共同安全"。①要从各国共同安全利益出发，从低灵敏海洋领域或问题着手，积极培养开展国际合作应对安全挑战的认识，不断扩大安全合作领域、创新合作方式，以合作谋和平、以合作促安全、以合作助发展。要坚持以谈判磋商等和平手段解决各国间的海洋争端，反对动不动就使用武力或以武力相威胁(例如，美国经常出动航母舰队在中国海域耀武扬威)，反对为自私自利挑起安全事端、激化矛盾，反对以邻为壑、害人利己。亚洲的安全归根结底要靠亚洲人民自己来维护，亚洲地区的海洋安全应当也完全能够通过亚洲国家间的合作来实现。在多极化、全球化不断发展的今天，只有亚洲各国携手合作，亚洲的海洋和平发展事业才会充满希望。

可持续，就是要"树立发展和安全并重的理念，以实现持久安全。发展是安全的基础，安全是发展的条件"。对亚洲大多数国家来说，发展就是最大的安全，也是解决地区安全问题的"总钥匙"。正如习近平所指出的那样："贫瘠的土地上长不成和平的大树，连天的烽火中结不出发展的硕果。"②维护国家和地区海洋安全离不开经济、社会的综合协调发展，亚洲海洋安全合作可以为地区经济合作创造前提和保障，而地区经济合作的成果又会反过来促进和巩固亚洲海洋安全

---

① 习近平：《习近平谈治国理政》，外文出版社 2014 年版，第 355 页。

② 同上，第 356 页。

合作的开展，相辅相成地推动建设合作与发展的新亚洲。因此，要建造经得起国际千变万化考验的亚洲安全大厦，就应该聚焦发展主题，积极增进人民福祉，缩小两极分化，不断夯实安全的海洋经济根基。要推动共同发展和区域一体化进程，努力形成区域经济合作和安全合作良性互动、相辅相成的局面，以可持续发展促进可持续安全，用可持续安全保障可持续发展。

总之，亚洲安全观的核心思想就是“共同安全”，在海洋世纪，国际海洋安全的本质就是共同安全，所以，倡导共同海洋安全就成为我国海洋外交的宗旨。

四、构建海洋政治共同安全机制

为了实现海洋政治安全，这就需要积极构建海洋政治多边共同安全机制来加以保证。

（一）推动制定“南海行为准则”

《南海各方行为宣言》是中国与东盟各国外长及外长代表于 2002 年 11 月 4 日在金边签署的政治文件。中国时任国务院总理朱镕基和东盟各国领导人出席了签字仪式。这一宣言是中国与东盟签署的第一份有关南海问题的政治文件，对维护中国主权权益，保持南海地区和平与稳定，增进中国与东盟互信、安全有重要的海洋政治意义。

《南海各方行为宣言》关于南海海洋争端作了以下安全规定：

“四、有关各方承诺根据公认的国际法原则，包括 1982 年《联合国海洋法公约》，由直接有关的主权国家通过友好磋商和谈判，以和平方式解决它们的领土和管辖权争议，而不诉诸武力或以武力相威胁。”

“五、各方承诺保持自我克制，不采取使争议复杂化、扩大化和影响和平与稳定的行动，包括不在现无人居住的岛、礁、滩、沙或其他自然构造上采取居住的行动，并以建设性的方式处理它们的分歧。”①

---

① 《南海各方行为宣言》，http://www.fmprc.gov.cn/web/wjb_673085/zzjg_673183/yzs_673193/dqzz_673197/nanhai_673325/t848051.shtml，2002-11-4。

2014年11月13日，第十七次中国—东盟领导人会议13日发表主席声明，重申将致力于继续全面有效落实《南海各方行为宣言》，争取在协商一致基础上早日达成“南海行为准则”。2016年8月，南海有关各方决定加快“准则”磋商。2017年5月，中国与东盟国家落实《南海各方行为宣言》第14次高官会在贵阳举行，会议审议通过了“南海行为准则”框架。由于《南海各方行为宣言》仅仅是一个宣言，对参与宣言的南海国家没有多大的实际行动约束力。而“南海行为准则”则具有了国际法约束力，参与制订并签署准则的国家必须严格遵守，按照准则办事，否则会受到其他签署国家一致谴责、制裁乃至惩罚。当然，由于南海争端国家的利益出发点不同，这就决定了“南海行为准则”的内容协商、谈判要经历一个复杂的、长期的过程。

总之，“南海行为准则”的磋商和建立是南海局势改善和安全秩序构建的重要一步，中国愿意在维护中方海洋利益前提下，与有关国家能够尽快达成一个有法律约束力、全面有效的“行为准则”，南海相关国家共同承担起维护海洋安全的责任。

（二）积极参加香格里拉安全对话

香格里拉对话或香格里拉对话会（The Shangri-La Dialogue）是由英国国际战略研究所以及新加坡国防部亚洲安全峰会办公室携手组织的年度论坛。2002年首办，其后每年6月上旬前后在新加坡市中心的新加坡香格里拉大酒店召开，故得名“香格里拉对话”。参与论坛的包括亚太地区28个国家的国防代表、军将、政客等。论坛旨在加深亚太国家之间在安全防务领域的互信。2013年5月31日，第12届香格里拉对话会在新加坡开幕，论坛议题涉及南中国海问题。在对话中，有关国家通过对话，交流了有关国家的海洋安全主张，协调立场，寻求安全合作，探讨和解决海洋共同安全问题的有效途径。香格里拉对话是亚太地区唯一能将各国防务部门高官聚集在一起讨论防务问题和区域安全合作问题的机制。为中国和有关国家增进了解、缓和南海紧张气氛，促进各方增信释疑起到了一定推动作用。

（三）亚信会议

亚洲相互协作与信任措施会议（Conference on Interaction and Confidence

Building Measures in Asia，简称“亚信会议”），是一个有关安全问题的多边论坛，其宗旨是在亚洲国家之间讨论加强合作、增加信任的措施。1992 年 10 月，哈萨克斯坦总统纳扎尔巴耶夫在第 47 届联合国大会上提出，为了加强关于地区安全方面的多边合作，在亚洲大陆上建立起有效的、综合性的安全保障机制，共同打击地区恐怖主义，建议召开这样一个定期会议，得到许多亚洲和大洋洲国家的响应。

1999 年 9 月 14 日，在阿拉木图召开亚信会议首次外长级会议。会议通过《亚信会议成员国相互关系原则宣言》：要“维护公认的国际关系基本准则，即相互尊重主权和领土完整，互不干涉内政，和平解决争端，不使用武力和以武力相威胁，发展经济、社会和文化合作”等。

2002 年 6 月 4 日，在阿拉木图召开第一次“亚信会议”国家领导人会议，各成员国元首、政府首脑参加，并有印度尼西亚、日本、韩国、乌克兰、美国、越南、马来西亚、澳大利亚和黎巴嫩等观察员国代表，联合国、欧洲安全与合作组织、阿拉伯国家联盟等国际组织的代表参加。会议通过了《阿拉木图文件》和《关于消除恐怖主义和促进文明对话的宣言》。2014 年 5 月，上海主办了第四届亚信峰会。在这次亚信会议上，有关国家通过对话和交流，努力搁置海洋划界等争端，消除误解，预防海洋冲突，建立了一定程度的海洋安全互信。

五、以海洋法公约为基础共同维护各方海洋权益

《联合国海洋法公约》（United Nations Convention on the Law of the Sea，UNCLOS）指联合国曾召开的三次海洋法会议，以及 1982 年第三次会议通过的海洋法公约（LOS）。由于英语中的“Convention”同指“会议”与“公约”，所以此一词汇可以同指该公约本文，以及总称三次会议的内容。不过在中文语境中，“海洋法公约”一般是指 1982 年的决议条文。此公约对内水、领海、毗连区、大陆架、专属经济区（亦称“排他性经济海域”，简称 EEZ）、公海等重要概念作了界定。对当前全球各处的领海主权争端、海上天然资源管理、污染处理等具有重要的指导和裁决作用。海洋法公约与相关会议的行政管理为其秘书处，设置于联合国海洋事务与海洋法总署（United Nations Division for Ocean Affairs and the Law of the Sea)。

海洋法公约对于中国的重要性，主要体现在中华人民共和国与韩国关于苏岩礁(Suyan Islet)的争议；中国与日本关于钓鱼台的争议，以及东南亚国家联盟多个国家与中华人民共和国及东盟内部对多个小岛主权归属的争议。该公约是争议各方提出声索论据的重要法理基础。因此，中国的许多学者对海洋法公约进行了详细的研究，提出了一些独到的见解，为解决海洋岛屿争端，维护中国海洋安全提供了国际法上的法理支撑。

(一) 大陆架自然延伸优先派

赵理海是我国著名国际法学家，他较早关注《联合国海洋法公约》，并进行深入研究，推动了我国海洋法研究事业的发展。1989 年，为了推动中国海洋法研究事业的发展，在他的倡议和有关部门的支持下，海洋法学会改为中国海洋法学会。1996 年 8 月他当选为国际海洋法法庭法官。他在中日东海划界问题上坚持大陆架自然延伸优先原则。

中琉界沟西侧及以西由于水深较浅关系，海面呈青绿色。经过东海大陆架的边缘进入东侧琉球界后，由于琉球海沟的岩石圈扩展而形成的弧后盆地，大部分深度逾 1 000 米，最大深度 2 716 米，因此海面看来呈黑色，因此明清两代又称黑水沟、黑水洋、分水洋。明朝的郭汝霖在《使琉球录》中记载："六月二十九日，封王礼毕，守候风汛回国……十月初九日登舟……至二十六日，许严等来报曰：渐有清水，中国山将可望乎？二十七日，果见宁波山。"①因此，自明朝开始，我国人民就把中琉界沟当作东海的分界线。根据 1982 年《联合国海洋法公约》，如果方向相对的沿海国家各自主张 200 海里专属经济区，出现的重叠区域，需要相关的国家通过谈判解决。由于东海最宽处仅为 360 海里，因此中日双方的专属经济区互相重叠。日本主张中日的专属经济区应按照等距离(中间线)原则，以中日海岸中间线进行划分。赵理海主张应该按照《联合国海洋法公约》第 77 条的大陆架自然延伸原则，因为东海大陆架是中国大陆水下的自然延伸，因此中琉界沟(冲绳海槽)才是中日专属经济区的分界线。他指出："从地质上讲，东海大陆

---

① ［明］郭汝霖：《使琉球录》。他于 1562 年(明朝嘉靖四十一年)和 1576 年(明朝万历四年)出使琉球。

架和冲绳海槽是显然不同的两个单元。东海大陆架属于稳定性的大陆地壳，而冲绳海槽则属于大陆地壳向海洋地壳过渡的构造带，是个大陆边缘盆地，是东海大陆架的外部界限。同时，冲绳海槽也是我国在东海的大陆架和日本琉球群岛的岛架（岛屿所属的大陆架）各自向海中自然延伸的终点，海槽的中心线是中日两国间的天然分界线。”①

赵理海还指出：“《海洋法公约》第76条有关大陆架的规定，并不是把200海里等距离标准同陆地领土的‘自然延伸原则’等量齐观而是主次分明；首先肯定了自然延伸原则，只是在特殊情况下才考虑使用所谓的‘距离标准’。该条（1）—（6）款等项规定，都是同陆地领土自然延伸的地理和地质实际情况息息相关的。所谓‘自然延伸标准已为距离标准所取代的’是根本站不住脚的。”②

（二）《联合国海洋法公约》不具备南海主权溯及力

国际法的溯及力，也称国际法律溯及既往的效力，是指国际法律对其生效以前的事件和行为是否适用。如果适用就具有溯及力，反之，该法就不具有溯及力。就现代国际法而言，由于国际法往往牵涉各个国家的利益，并且溯及时间长短非常难以确定。因此，国际法一般只能适用于生效后发生的国际事件和行为，不适用于生效前的事件和行为，即采取国际法不溯及既往的原则。自1982年12月《联合国海洋法公约》（下文简称《公约》）公布及1994年11月生效以来，菲律宾和越南等南海争端国家，歪曲理解《公约》，认为中国与两国都是《公约》签约国，《公约》生效后应该具备溯及力。

为了使强占中国南海岛礁合法化，菲律宾于2013年1月22日对中国与其南海争端提起《公约》下的强制仲裁程序，仲裁法庭在6月25日正式完成组建，并确定2014年3月30日为菲律宾提交书面陈述的日期。仲裁庭将在征求当事双方意见后，适时决定后续仲裁程序，包括其他书面陈述和开庭审理的必要性以及时间表。对此，中国政府多次重申“不接受菲律宾提起的仲裁”的立场，同时也阐明中国不参与仲裁程序，也不接受任何仲裁结果。

---

① 赵理海：《海洋法问题研究》，北京大学出版社1996年版，第85页。
② 同上，第69—70页。

众所周知,《公约》制定和生效在后,而中国对南海主权的宣示和确定在前。1724年的《清直省分图》之《天下总舆图》、1755年《皇清各直省分图》之《天下总舆图》、1767年《大清万年一统天下全图》、1810年《大清万年一统地量全图》、1817年《大清一统天下全图》和1895年印行的《古今地舆全图》等许多地图均将南沙群岛列入中国版图。一些清朝的外交官员如驻英使节郭嵩焘亦指出西沙群岛属于中国。①总之,中国南海主权是历代人民在长期的历史发展进程中,通过最早发现、最早命名、最早占据和经营开发,符合国际法中的主权归属原则,并由历代中国政府行使连续不断的行政管辖的基础上逐步形成的。对此,李光耀指出:"中国基于历史依据提出领土主张。这就有必要考虑到其舰队早在哥伦布登陆美洲和达伽马抵达印度之前所做的。600多年前,明朝皇帝派出一支大型商船队,探索与世界其他地方的贸易。这些远征大大展示了明朝的强大和富足。更重要的是,它们给到访过的那些国家留下了持久的影响。如果基于历史的领土主张可以定义对水域和海洋的管辖权,那么中国人可以指出600年前他们曾在这些海域畅通无阻的事实,且不容质疑。"②抗日战争胜利后,当时的国民政府派海军接收日军撤离的南海诸岛,并在1947年出版《南海诸岛位置图》,从北到南标注了东沙群岛、西沙群岛、中沙群岛和南沙群岛。并从北部湾中越陆地边界向海至台湾地区东部,标绘了一组共计11条断续的线段。对此划分菲律宾和越南等国家,当时并没有提出任何异议。按照国际法的基本原则规定,《公约》对海洋岛屿主权的规定不能溯及既往。所以,《公约》在国际法上对南海主权不具有溯及力。

《公约》在国际法上对南海主权不具有溯及力的第二个问题,则是能否溯及"范文同照会"的效力问题。1958年9月4日,中华人民共和国发表关于领海的声明。③同年9月14日,越南民主共和国(当时的北越)政府主席范文同在给中华人民共和国总理周恩来的照会中表示:"越南民主共和国承认和赞同中华人民共和国政府一九五八年九月四日关于规定中国领海的声明,越南民主共和国政

① 杨作洲:《南海风云:海域及相关问题的探讨》,台北正中书局1993年版,第38页。

② Lee Kuan Yew, China Unfettered: Redefining the Rules of the Seas, http://www.forbes.com/sites/currentevents/2014/03/26/china-unfettered-redefining-the-rules-of-the-seas/. 26 March, 2014.

③ 《中华人民共和国政府关于领海的声明(1958年9月4日)》, http://news3.xinhuanet.com/ziliao/2003-01/24/content_705061.htm, 2003-01-25。

府尊重这一决定。”[①]这一照会被称为“范文同照会”（见图 3-1）。后来，1976 年 7 月 2 日—1981 年 7 月 4 日期间，范文同还担任了第一任越南社会主义共和国政府总理。因此，这一照会具备了国际法效力。

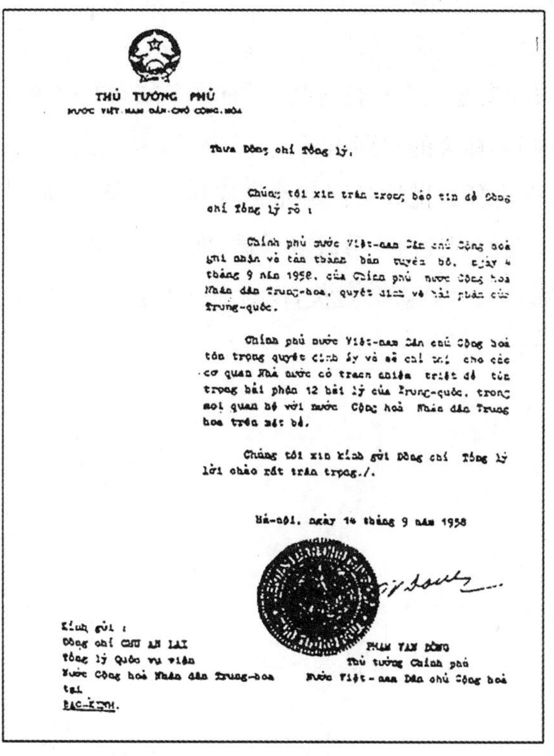

THỦ TƯỚNG PHỦ
NƯỚC VIỆT-NAM DÂN-CHỦ CỘNG-HÒA

Thưa Đồng chí Tổng lý,

Chúng tôi xin trân trọng báo tin để Đồng chí Tổng lý rõ :

Chính phủ nước Việt-nam Dân chủ Cộng hoà ghi nhận và tán thành bản tuyên bố, ngày 4 tháng 9 năm 1958, của Chính phủ nước Cộng hoà Nhân dân Trung-hoa, quyết định về hải phận của Trung-quốc.

Chính phủ nước Việt-nam Dân chủ Cộng hoà tôn trọng quyết định ấy và sẽ chỉ thị cho các cơ quan Nhà nước có trách nhiệm triệt để tôn trọng hải phận 12 hải lý của Trung-quốc, trong mọi quan hệ với nước Cộng hoà Nhân dân Trung hoa trên mặt bể.

Chúng tôi xin kính gửi Đồng chí Tổng lý lời chào rất trân trọng./.

Hà-nội, ngày 14 tháng 9 năm 1958

PHẠM VĂN ĐỒNG
Thủ tướng Chính phủ
Nước Việt-nam Dân chủ Cộng hoà

Kính gửi :
Đồng chí CHU ÂN LAI
Tổng lý Quốc vụ viện
Nước Cộng hoà Nhân dân Trung-hoa
tại
BẮC-KINH.

图 3-1 1958 年范文同给周恩来总理的照会文件[②]

后来，越南方面宣称这一照会应当从当时的历史环境来理解。当时，越南正处于越南战争时期，“范文同照会”是为了获得中国更多的援助，越南方面的逻辑是“为了实现国家独立和统一这一最高目标，可以做任何事情而无需承担相应后果”。[③]总之，无论越南方面如何狡辩，都无法否认“范文同照会”承认中国对西沙群岛和南沙群岛享有领土主权的单方声明的法律效力。履行“范文同照会”是越

①② 1958 Diplomatic Note from Pham Van Dong to Zhou En Lai, The diplomatic note was written on September 14 and was publicized on Nhan Dan newspaper(Vietnam) on September 22, 1958.

③ 吴远富：《越南总理范文同公函的法律效力不容否定》，载于《光明日报》，2014 年 6 月 14 日。

南应尽的国际法义务。而且,"范文同照会"发生在《公约》生效之前,《公约》在国际法上对"范文同照会"不具有溯及力。

总之,我们要深入研究《联合国海洋法公约》,并以其为法律武器,同南海有关争端国家进行有理、有利、有节的法律辩争,切实维护我国海洋权益,保障国家海洋安全。

综上所述,海洋安全是全球性挑战,没有哪个国家能够置身事外、独善其身,维护海洋安全是国际社会的共同责任。中国建设海洋强国,是为了更好地承担起中国的海洋安全责任。世界各国和地区应该携手努力,加强海洋政治安全方面的对话和交流,有效管控海洋分歧和矛盾,推动制定各方普遍接受的海洋安全国际规则,反对海洋安全猜疑和挑拨,反对海洋军备竞赛和海盗等恐怖主义,共同维护海洋和平与安全。

第四章　构建互利共赢的海洋经济安全观

自大航海时代以来，资本主义国家利用工业技术和海洋军事技术的优势，经济上大肆侵略、剥削和掠夺亚非拉广大落后国家，造成亚非拉广大国家贫困落后，发展差距越来越大，贫富两极分化。进入21世纪以来，面对中国经济进入中高速增长、经济结构深度调整、发展方式发生根本转变的新常态。中国海洋经济滞留原地征战萧墙，只会蠹蚀过去改革开放以来努力累积的财富和竞争力，照本宣科移植他国海洋经济发展经验也只会落得邯郸学步的下场。面对世界经济普遍下行，充满高度不确定性的未来，这就要求中国海洋经济形成普遍的共识，突破固有的“零和博弈”经济思维模式，以此促进海洋经济、国家经济乃至整个世界经济的共同可持续发展。中国大力发展海洋经济，并不是进行新世纪的海外经济殖民掠夺，而是一直秉承互惠互利的精神，奉行双赢、多赢、共赢的新经济理念，中国海洋经济的发展会促进其他各国共同发展，中国不会把本国海洋经济的繁荣发展建立在一批国家越来越富裕而另一批国家却长期贫穷落后的旧经济秩序和基础之上。

第一节　海洋经济是海洋安全的基础

海洋经济(marine economy)是指为开发海洋资源和依赖海洋空间而进行的生产活动，以及直接或间接为开发海洋资源及空间的相关服务性产业经济活动。海洋经济发展和强大是解决一切海洋安全问题的基础。

一、海洋经济是海权的推进器

海洋经济是海权的前提和基础。从世界历史来看,先出现的是海洋贸易等海洋经济形式,然后才有海军的出现并保护海洋贸易。美国的马汉指出:"海权首先从属于商业,商业则沿着最方便的航路前进;随之而来,军事控制又促进并保护着贸易。"①

在海洋经济和海权相结合的历史进程中,欧洲走出了一条独具特色的道路:"欧洲通向海权的道路与中国或其他国家不同之处,在于他们发现了将海洋的军事和商业方面紧密结合带来的巨大好处。特别是在威尼斯人、荷兰人和英国人治下,以及在稍逊一筹的葡萄牙人、西班牙人和法国人治下形成了海洋军事和商业的良性循环。(见图 4-1)"②从海洋贸易中,欧洲人获取了海洋资源和财富,并把一部分财富用于发展海军。有时候,欧洲各国的海洋贸易活动可以直接使用海军的港口、基地等;在海洋战争时期,海军可以征召商船和海员,以壮大自身的力量。在特殊时候,欧洲海军还间接利用来自海洋贸易的精巧的金融结构来发展。例如,像海洋贸易一样发行股票、债券,为海军筹集资金,海军通过对外侵略扩张获取利润,而后偿还本金利息等。

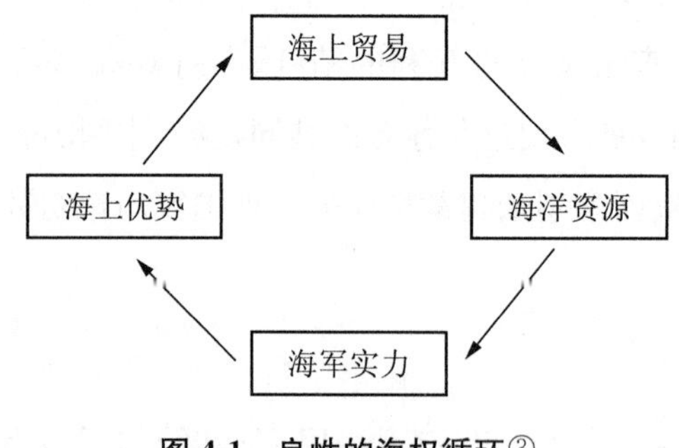

图 4-1 良性的海权循环③

---

① [美]艾·塞·马汉:《海军战略》,蔡鸿幹、田常吉译,商务印书馆 1994 年版,第 133 页。

② [英]杰弗里·蒂尔:《21 世纪海权指南》(第 2 版),师小芹译,上海人民出版社 2013 年版,第 42 页。

③ 同上,第 43 页。

对此，哈弗沙姆（Haversham）爵士说过这样一段话，非常精辟地概括了欧洲海军和海洋经济贸易之间的关系："你的舰队和你的贸易之间的关系如此亲近，如此相互影响，它们不能被分开；贸易是你的水手的母亲和保姆；水手是你的舰队的生命；舰队是你的贸易的安全和保护；这些结合在一起便是不列颠的财富、力量、安全和荣耀。"①这段话非常形象地概括了英国海军和海洋贸易之间相互依赖、相辅相成的紧密关系。

而中国明代的郑和七下西洋最终无法持续下去，就在于没有实现海洋经济和海军的良性循环。郑和的舰队虽然强大无比，但是无法从海洋贸易中获得足够的利益来支撑庞大的航海支出，郑和的船队中有装满了丝绸、瓷器、茶叶等宝贝的宝船，"宝船六十三只，大者长四十四丈四尺，阔一十八丈，中者长三十七丈阔一十五丈"②，海外贸易虽然为明朝政府带来的经济利益，至少合黄金二三十万两，白银千万两，是宋元市舶司收入的十几倍。③但是郑和下西洋所进行的主要是政治贸易，对民间的海洋贸易促进不大，所以，当郑和与明成祖去世后，以明政府主导的下西洋舰队和海洋贸易就无法继续进行。

另外一个非常明显例子就是甲午战争前的北洋水师，普林斯顿大学历史系教授艾尔曼（Benjamin A. Elman）在其著作《自有其理：中国科学，1550—1900》中指出："甲午战争前中国海军力量明显优于日本。清朝海军有 65 艘战舰，在世界上排名第 8，日本仅其半数，只有 32 艘，在世界上排名第 11。中国的海军不仅在数量上超过日本，在装甲、火炮、吨位等质量上也优于日本，因此当时西方绝大部分观察家都看好中国。艾尔曼认为，当时中国的失败，并非败于军事和技术力量的不足，而是败于内部的不合作、组织的不善和官员的腐败。"④除此之外，还有一个重要的原因就是：北洋水师等清朝海军舰队建立后，由于没有海洋贸易的大力支撑，海军后续建设得不到有力的资金支持，甚至连军饷都不能充分保证。甲午战争爆发前，李鸿章等人就看到军舰上新式武器装备——速射炮（每分

---

① Richmond, H.W., Seapower in the Modern World(London: Bell, 1934). p.38.

② ［明］马欢：《瀛涯胜览》，万明校注，明钞本，海洋出版社 2005 年版，第 5 页。

③ 田培栋：《郑和下西洋的性质与所获财富的估计》，载于郑鹤声等编：《郑和下西洋研究文选》，海洋出版社 2005 年版，第 270—272 页。

④ Benjamin Elman, On Their Own Terms: Science in China, 1550—1900, Cambridge, MA: Harvard University Press, 2005, pp.379—380.

钟5～6发)的威力比北洋水师的旧火炮(2～3分钟每发)要大,于是上书朝廷希望额外拨款更新舰载火炮和弹药。由于北洋水师和海洋贸易没有更好地结合在一起,舰队资金还是来源于清政府的陆地税收等,这是一个沉重的财政负担,因此,腐朽的清王朝不仅拒绝了这一申请,反而挪用海军经费为慈禧太后过寿,导致甲午战争惨败。所以,海洋经济是海军等海权的基础,为海权发展提供了人力、物力和财力,决定了海权的发展方向。

二、海洋经济是海洋政治议题的推动器

在过去,由于海洋科学技术条件的限制,世界各国虽然知道海洋蕴藏着丰富的资源,但无法大规模开采利用,因此,海洋资源开发问题没有成为海洋政治议题。后来,科技发展了,海洋资源就成为海洋政治安全的中心议题。例如在领海的划分上,在联合国海洋法会议上各国从自身海洋经济利益出发,对12海里和6海里加6海里提案投出了不同的表决票。

表4-1　各国在1958年和1960年两届联合国海洋法会议上关于12海里和6海里加6海里提案的投票情况①

投票倾向	国家(地区)
对12海里投反对票而对6海里加6海里投赞成票的国家,即强烈支持窄界限而坚决反对宽界限者	澳大利亚、奥地利、比利时、加拿大、希腊、爱尔兰、以色列、意大利、卢森堡、摩纳哥、荷兰、新西兰、挪威、葡萄牙、圣马力诺、南非、西班牙、瑞典、瑞士、土耳其、英国、美国、巴西、古巴、多米尼加共和国、海地、洪都拉斯、巴拉圭、巴基斯坦、越南、泰国、利比里亚
对12海里投反对票或弃权而对6海里加6海里又分别投赞成票或弃权的国家	芬兰、罗马教廷(梵蒂冈)、日本、萨尔瓦多、尼加拉瓜、老挝、韩国
对两项提案都投赞成票的国家,即对两种立场均不表示强硬意见者	阿根廷、玻利维亚、哥伦比亚、哥斯达黎加、危地马拉、乌拉圭、马来西亚、斯里兰卡、埃塞俄比亚、加纳、喀麦隆、约旦、突尼斯

① [澳]普雷斯科特:《海洋政治地理》,王铁崖、邵津译,商务印书馆1978年版,第60—61页。

（续　表）

投票倾向	国家(地区)
对12海里投赞成票或弃权而对6海里加6海里又分别投反对票或弃权的国家	阿富汗、印度、伊朗、柬埔寨、尼泊尔、波兰
对12海里投赞成票而对6海里加6海里投反对票的国家，即强烈支持宽界限而坚决反对窄界限者	冰岛、智利、厄瓜多尔、墨西哥、巴拿马、秘鲁、委内瑞拉、缅甸、印度尼西亚、埃及、伊拉克、黎巴嫩、利比亚、摩洛哥、沙特阿拉伯、苏丹、也门、阿尔巴尼亚、保加利亚、捷克斯洛伐克、匈牙利、罗马尼亚、苏联、南斯拉夫
对两项提案或投反对票或弃权的国家，即反对整个辩论者	菲律宾

说明：带下划线的国家为内陆国家。

从表4-1可以看出，以英美为代表的发达国家，由于具有海洋科技优势，可以更好地开发海底资源，能够获得较大海洋利益，所以大力支持领海划分的窄界限提案，而坚决反对宽界限提案，甚至有的发达国家在联合国海洋法会议上还提出了继续沿用过去3海里的领海提案，遭到绝大多数国家的抵制而作罢。而广大发展中国家以及一些内陆国家，由于技术落后，不具备开发近海资源的条件，因而希望通过支持宽界限提案，以此来保护发展中国家的海洋利益。

总之，正是海洋资源开采技术的不断进步发展，海洋资源开采由不可能变成现实，推动联合国召开海洋会议，探讨海洋资源的分配问题，导致海洋政治议题的中心从传统的海洋军事安全转向海洋经济问题。

第二节　中国海洋经济安全的现状

一、中国经济对海外资源的依赖不断上升

马克思指出："撇开社会生产的形态的发展程度不说，劳动生产率是同自然条件相联系的。这些自然条件都可以归结为人本身的自然（如人种等）和人的周

围的自然。外界自然条件在经济上可以分为两类:生活资料的自然富源,例如土壤的肥力,渔产丰富的水等;劳动资料的自然富源,如奔腾的瀑布、可以航行的河流、森林、金属、煤炭等。在文化初期,第一类自然富源具有决定性的意义;在较高的发展阶段,第二类自然富源具有决定性的意义。”①在世界历史上,绝大多数时间处于依赖第一类自然富源的时期,即农耕文化时期,在这一阶段,以土地为主要生产资料,人们生产出来的产品主要是自给自足,即满足人们的生活需要。资本主义产生以后,航运业(包括河流和海洋)以及机器大工业所需要的森林、金属、煤炭等第二类自然富源成为社会财富的主要来源,并把依靠第一类自然富源生产的财富远远抛在后面。所以,中国的经济在前一时期,由于农业生产发达,长期处于世界领先地位;而在后一时期,则远远落后于欧美资本主义国家。中华人民共和国成立以来,尤其是改革开放 40 年来,中国经济的迅猛发展是以消耗大量的自然资源为基础的。迄今为止,中国经济所需的资源来源由过去的依赖第一类自然富源转向依赖第二类自然富源,而且本国的第二类自然富源越来越难以满足发展需要,需要大量进口海外的第二类自然富源。

(一) 陆地资源的逐渐枯竭

过去我国的地理课本一说到中国就是“地大物博、人口众多”,“地大物博”这一词语,已经深深扎根在好几代人的头脑里。但是,随着中国经济的高速发展,消耗的陆地自然资源越来越多,原先许多资源丰富的城市逐渐变成了“资源枯竭型城市”。

“资源枯竭型城市”也称“资源衰退型城市”,是指本地区矿产资源、森林资源等自然资源开采、加工、开发进入衰退期或枯竭期阶段,其累计开采储量已达到可采储量的 70%以上的城市。2008 年、2009 年、2012 年,中国国务院分三批确定了 69 个资源枯竭型城市(包括县、区)。由于一些自然资源的不可再生性,及中国经济的迅速发展,越来越多的城市会出现在资源枯竭城市名单上。

---

① 中共中央马克思恩格斯列宁斯大林著作编译局编译:《马克思恩格斯文集》第 5 卷,人民出版社 2009 年版,第 586 页。

表 4-2　　　　　　　　中国资源枯竭城市名单①

<table>
<tr><th>所在省（区市）</th><th>首批 12 座</th><th>第二批 32 座</th><th>第三批 25 座</th><th>大小兴安岭林区参照享受政策城市 9 座</th></tr>
<tr><td rowspan="2">河　北</td><td rowspan="2"></td><td>下花园区</td><td rowspan="2">井陉矿区</td><td rowspan="2"></td></tr>
<tr><td>鹰手营子矿区</td></tr>
<tr><td>山　西</td><td></td><td>孝义市</td><td>霍州市</td><td></td></tr>
<tr><td rowspan="5">内蒙古</td><td rowspan="5"></td><td rowspan="5">阿尔山市</td><td>乌海市</td><td>牙克石市</td></tr>
<tr><td rowspan="4">石拐区</td><td>额尔古纳市</td></tr>
<tr><td>根河市</td></tr>
<tr><td>鄂伦春旗</td></tr>
<tr><td>扎兰屯市</td></tr>
<tr><td rowspan="5">辽　宁</td><td>阜新市</td><td>抚顺市</td><td rowspan="5"></td><td rowspan="5"></td></tr>
<tr><td rowspan="4">盘锦市</td><td>北票市</td></tr>
<tr><td>弓长岭区</td></tr>
<tr><td>杨家杖子</td></tr>
<tr><td>南票区</td></tr>
<tr><td rowspan="3">吉　林</td><td>辽源市</td><td>舒兰市</td><td>二道江区</td><td rowspan="3"></td></tr>
<tr><td rowspan="2">白山市</td><td>九台区</td><td rowspan="2">汪清县</td></tr>
<tr><td>敦化市</td></tr>
<tr><td rowspan="4">黑龙江</td><td>伊春市</td><td>七台河市</td><td>鹤岗市</td><td>逊克县</td></tr>
<tr><td rowspan="3">大兴安岭地区</td><td rowspan="3">五大连池市</td><td rowspan="3">双鸭山市</td><td>瑷辉区</td></tr>
<tr><td>嘉荫县</td></tr>
<tr><td>铁力市</td></tr>
<tr><td>江　苏</td><td></td><td></td><td>贾汪区</td><td></td></tr>
<tr><td rowspan="2">安　徽</td><td rowspan="2"></td><td>淮北市</td><td rowspan="2"></td><td rowspan="2"></td></tr>
<tr><td>铜陵市</td></tr>
</table>

① 根据中央政府门户网站：《第一、二、三批资源枯竭城市名单》，http://www.gov.cn，2008 年、2009 年、2012 年相关文件和公告整理。

（续 表）

所在省（区市）	首批12座	第二批32座	第三批25座	大小兴安岭林区参照享受政策城市9座
江　西	萍乡市	景德镇市	新余市	
			大余县	
山　东		枣庄市	新泰市	
			淄川区	
河　南	焦作市	灵宝市	濮阳市	
湖　北	大冶市	黄石市	松滋市	
		潜江市		
		钟祥市		
湖　南		资兴市	涟源市	
		冷水江市	常宁市	
		耒阳市		
广　东			韶关市	
广　西		合山市	平桂管理区	
海　南			昌江县	
重　庆		万盛区	南川区	
四　川		华蓥市	泸州市	
贵　州		万山特区		
云　南	个旧市	东川区	易门县	
陕　西		铜川市	潼关县	
甘　肃	白银市	玉门市	红古区	
宁　夏	石嘴山市			

陆地资源的逐步枯竭，要求我们把目光转向海洋和海外资源。一方面，海洋是巨大的资源宝库。海底矿产资源丰富。石油和天然气是最重要的海底资源，它们主要分布在大陆架和浅海区。在大陆边缘海区，还有金、金刚石、铁、煤等各

种矿产资源。深海中还有大量锰结核金属泥等矿物。一方面,海外国家还有很多陆地资源没有开采出来,或者陆地资源除了满足本国需要外,还有剩余可供出口,这些大宗资源只能通过海洋运输运到中国。

(二) 对海外资源的进口依存度越来越高

随着逐渐成为世界工厂,中国对海外能源和矿产资源的需求也日益增大,不少战略资源的对外依存度不断提高。自 1993 年起,中国由石油出口国变成净进口国,进口依存度逐年增大(见图 4-2),2013 年则达到了58.1%。[①]自 2002 年起,中国成为世界上最大的锰矿进口国,对外依存度达 65%;中国也是世界第一大铁矿石进口国,进口依存度 2004 就达到了 50%;中国的铬矿基本全部依赖进口,对外依存度高达92%。[②]而且,这种对海外资源的进口依存度增加的趋势在短时间内很难改变。

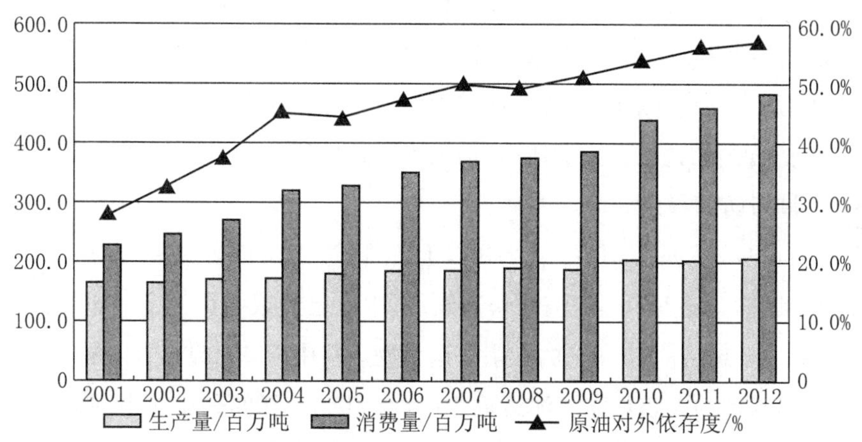

图 4-2　中国原油对外依存度逐年提高

中国进口的这些能源和资源体积大、数量多,属于大宗商品,唯一具有性价比的运输方式就是海洋运输业。这就导致海洋运输和海洋航线的安全对中国经济安全的意义愈来愈重要。

---

① 中国石油集团经济技术研究院:《2013 年国内外油气行业发展报告》,2014 年 1 月 21 日。

② 刘静波主编:《21 世纪初中国国家安全战略》,时事出版社 2006 年版,第 180 页。

二、海洋航线成为中国经济的生命线

海洋货物运输又称“海运”，是国际货物运输中最主要的运输方式。海运航线是指船舶在两个或多个港口之间，从事海上旅客和货物运输的线路。①

（一）海洋航线是中国经济的大动脉

海洋航线是海上的高速公路，是濒海国家或涉海国家海上交通运输的命脉，对海上作战和经济发展具有重要意义。战争时期，经海洋航线向战区输送军队、武器装备和各种补给物资，对于保障军队的持续作战能力，夺取作战胜利，具有决定作用。

海洋运输的优点是运输量大、价格便宜以及阻碍少，缺点是速度慢，不易隐蔽，战争时期易遭敌方袭击。因此，战争时期敌对双方围绕着海上交通线的保交与破交展开剧烈的斗争。通常表现为：相互袭击对方护航运输队和各种运输舰船；封锁海上交通咽喉要道；袭击或摧毁对方港口设施及运输船只；组织护航运输队并建立可靠的警戒、掩护体系；消灭或驱逐航线上的对方各种封锁兵力；组织基地、港口防御等。

目前，国际贸易总运量中的2/3以上，中国进出口货运总量的约90%都是利用海上运输。随着中国经济的快速发展，中国已经成为世界上最重要的海运大国之一。全球目前有19%的大宗海运货物运往中国，有20%的集装箱运输来自中国；而新增的大宗货物海洋运输之中，有60%～70%是运往中国的。②中国的港口货物吞吐量和集装箱吞吐量均已居世界第一位；世界集装箱吞吐量前10大港口中，中国占了7个（见表4-3），并且这一排名到2018年仍然没有发生变化。随着中国经济影响力的不断扩大，世界航运中心正在逐步从西方转移到东方，中国海运业已经进入世界海运竞争舞台的前列，这表明中国海洋经济已经和世界融为一体，海洋航线是中国经济的大动脉。

---

① 陆琪：《世界海运地理》，上海交通大学出版社2011年版，第1页。

② 《海事行业情报》，上海行业情报服务网，http://www.hyqb.sh.cn/publish/portal7/tab673，2013-12-08。

表 4-3　　　　2015 年世界十大集装箱港口吞吐量排名①

2015 年排名	2014 年排名	港　口	所属国家	集装箱吞吐量（万 TEU）	同比（%）
1	1	上海港	中　国	3 660～3 690	4.1～5.0
2	2	新加坡港	新加坡	3 480～3 510	2.7～3.6
3	3	深圳港	中　国	2 430～2 450	2.5～3.4
4	5	宁波-舟山港	中　国	2 160～2 180	12.1～13.2
5	4	香港港	中　国	2 130～2 150	－4.2～－3.3
6	6	釜山港	韩　国	1 925～1 940	3.2～4.0
7	7	青岛港	中　国	1 740～1 755	4.7～5.6
8	8	广州港	中　国	1 712～1 728	5.7～6.7
9	9	迪拜港	阿联酋	1 655～1670	8.9～9.9
10	10	天津港	中　国	1 490～1 505	6.2～7.3

（二）海洋航线上的安全挑战

我国的发展已经从“对外开放战略”进入“海洋世纪背景下的全球经济布局战略”阶段，海洋航线作为中国国家利益拓展的载体，它的安全问题日益受到重视。

1. 马六甲安全困境

马六甲海峡（Malacca Strait，也称麻六甲海峡）位于东南亚马来半岛与苏门答腊岛之间，连接南中国海与安达曼海，是世界上沟通太平洋与印度洋的重要水道。海峡全长约 1 080 千米，西北部最宽达 370 千米，东南部最窄处仅有 37 千米，航道最窄处仅仅有约 5.4 千米。由于马六甲海峡的地处世界最繁忙的海洋交通咽喉要道，素来被称作“东方的直布罗陀”和“海上的十字路口”。海峡每年有各类商船 5 万余艘通过，且以 8%的速度在增长，其年均海上货运量约占世界海运货物总量的 1/3～1/4，其年均油气的海运量相当于世界海运总量的 1/2 和 2/3。经该海峡进入南海的油轮是经苏伊士运河的 3 倍，是经巴拿马

① 《2015 年世界十大港口 TOP 10 排名》，中国港口网：http://www.port.org.cn/info/2015/195211.htm，2016-04-13。

运河的5倍。[①]中国是马六甲海峡航运绝对使用大国，中国进出口大宗货物的一半以上要经过该海峡。因此该海峡是中国经济的生命线！马六甲海峡现为新加坡、马来西亚、印度尼西亚三国共管，东南方向十分狭窄，易于封锁，只需要岸上火炮和水雷就可以完全封锁该海峡。因此，各种突发事件很容易导致该海峡出现短期海洋运输中断，进而导致短期的全球或局部航运供应中断。一旦出现任何意外或突发安全事件，将给中国的"经济安全"造成极大隐患，形成所谓马六甲海峡安全困境。

2. 海军远洋投送能力不足，尤其是没有后勤补给基地

从中国出发的远洋航线按其航行方向分为东行航线、南行航线、西行航线和北行航线。这些远洋航线近的有几千海里，远的上万海里。一旦发生海洋安全事件，中国海军的航母等远洋投送作战能力没有形成，再加上海洋航线上没有后勤补给基地，这就导致中国的远洋航线安全问题成为制约海洋经济的瓶颈。

3. 海盗严重威胁中国远洋航线安全

目前马六甲海峡、索马里海域海盗活动猖獗，中国船只和人员被劫持事件不断发生，海盗袭击已经对中国海洋运输业、远洋渔业造成一定影响，威胁着中国远洋航线安全。

三、大而不强的海洋经济

我国是国际上当之无愧的海洋经济大国，但综合来看，离海洋经济强国仍有一定差距。这就需要我国对海洋经济工作作出部署，大力拓展蓝色经济空间，努力建设海洋经济强国。

（一）中国海洋经济取得的成就

1. 海洋产业已经成为国民经济的重要支柱产业

据初步核算，2018年"全国海洋生产总值83 415亿元，比上年增长6.7%，海洋生产总值占国内生产总值的9.3%。其中，海洋第一产业增加值3 640亿元，

① 史春林、史凯册：《马六甲海峡安全问题与中国战略对策》，载于《新东方》，2014年第2期，第6—11页。

第二产业增加值 30 858 亿元，第三产业增加值 48 916 亿元，海洋第一、第二、第三产业增加值占海洋生产总值的比重分别为 4.4%、37% 和 58.6%。据测算，2018 年全国涉海就业人员 3 684 万人”。①众所周知，当一个产业的规模在国民经济中占有较大份额(10%左右)，可以看作是支柱产业。再加上海洋产业具有较强的“链式反应”效应——带动新产业发展和崛起，对整个国家经济结构和未来发展变化有深刻而广泛的影响，所以，成为支柱产业当之无愧。

2. 海洋新兴产业快速起步

海洋新兴战略性产业是指具有知识技术密集、经济效益高、资源消耗小和发展潜力大等特征，处于所有海洋产业链高端，代表未来海洋科技和产业发展新方向，具有全局性、深远性和指导性作用的海洋新兴产业。主要包括：“海洋工程装备制造业，海洋生物医药业，海水综合利用业，海洋新能源产业，现代海洋服务业等。”②

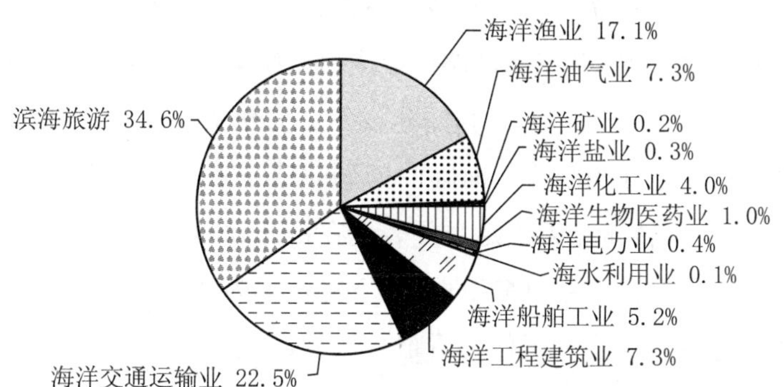

图 4-3　2013 年主要海洋产业增加值构成图③

由图 4-3 可以看出，我国的海洋新兴产业虽然在海洋产业增加值中所占比例很小。但是它们增长速度较快，超过了其他的非新兴产业。例如，海洋化工产业运行平稳，全年实现增加值 908 亿元，比上年增长 11.4%。海洋生物医药产业

① 中国自然资源部：《2018 年中国海洋经济统计公报》，http://www.coi.gov.cn/gongbao/nrjingji/nr2013/201403/t20140312_30592.html，2018-04-12。

② 宁凌、欧春尧：《中国海洋新兴产业研究热点：来自 1992—2016 年 CNKI 的经验证据》，载于《太平洋学报》，2017 年第 7 期，第 44—53 页。

③ 《国家海洋局：2013 年中国海洋经济统计公报》，http://www.coi.gov.cn/gongbao/nrjingji/nr2013/201403/t20140312_30592.html，2014-03-12。

持续较快发展，全年实现增加值224亿元，比上年增长20.7%。滨海旅游业属于现代海洋服务业的一种。滨海旅游继续保持良好发展态势，产业规模持续增大。全年实现增加值7 851亿元，比上年增长11.7%。

(二) 中国海洋经济中的不足

1. 海洋经济结构不合理

我国海洋产业结构不合理，传统海洋产业（海洋捕捞业、海盐业和海洋运输业）仍处于粗放型发展阶段，新兴产业（海洋生物医药业、海洋工程装备制造业、海水利用业）比重较低，尚未形成规模。目前，我国海洋产业发展区域主要集中于近海和浅海，包括海洋水产资源利用、浅海和极浅海油气资源利用、海水制盐、海洋旅游资源利用和海洋港口资源利用等，总体上处于粗放型发展阶段。

2. 海洋科技创新能力不足

进入21世纪以来，海洋科技对我国海洋经济发展的贡献逐年上升，科技含量大、技术附加值高的海洋新兴战略产业成长迅速。然而，相对于国际发达国家海洋科技的发展水平和我国海洋强国建设发展的现实需求，海洋科研工作仍存在许多不足和问题。其中，首先面临的问题是当前我国海洋科技成果转化能力不足。科技成果转化能力不足主要表现在目前我国已经取得的海洋科研成果，大部分还停留在研究室试验阶段，而不能转化为海洋科技产品或业务化运行系统，直接为海洋经济发展作出贡献。例如，由于我国缺乏海洋工程高技能人才，很多海洋设备在实验室里制造出来，却不能大规模量产，造成成果转化率偏低。

其次是海洋科技原始创新能力不足。主要表现在海洋科技创新体系不完善，建设滞后，海洋科技仍以追赶、模仿西方发达国家为主，自主创新特别是原始创新很少，对重大海洋关键科技领域的原创性创新更是少上加少。在深海工程、海洋可再生能源、海洋生态安全等关键领域的核心技术和产品自给率很低，在部分关键核心技术领域与最先进国家相差数十年。①

① 例如：1960年1月14日，瑞士物理学家雅克·皮卡德和美国海军人员沃尔什，乘深海潜水船“的里雅斯特号”下潜到马里亚纳海沟的底部，达到11千米多的深度。而我国的蛟龙号下潜深度达到7 062米。

3. 中国海洋运输业效益不高

中国海洋运输业自身能力不足问题十分突出，海运企业缺少大型和超大型油船，海港缺少大型油船码头泊位，导致中国石油进口运输使用本国轮船自运率只占10%，不得不大量租用外轮运输。不仅需要支付大量外汇，也失去了促进中国海运业发展和增加海洋产业就业岗位的大好时机。海运业是资金密集型行业，发展中国家因缺少资金，大多数进出口货物运输都不得不受控于发达国家的船队，中国现在也未能完全摆脱这一限制。伴随着中国工业化进程的发展和加快，这一问题会越来越突出。如果解决不好，会形成不良循环。

总之，做大做强是我国海洋经济未来的发展方向。

第三节　积极实施互利共赢海洋经济策略

习近平在中共中央政治局第八次集体学习时强调："要提高海洋资源开发能力，着力推动海洋经济向质量效益型转变。发达的海洋经济是建设海洋强国的重要支撑。要提高海洋开发能力，扩大海洋开发领域，让海洋经济成为新的增长点。要加强海洋产业规划和指导，优化海洋产业结构，提高海洋经济增长质量，培育壮大海洋战略性新兴产业，提高海洋产业对经济增长的贡献率，努力使海洋产业成为国民经济的支柱产业。"①海洋经济是海洋安全的基础和海洋强国的重要支撑，在海洋世纪，我们要吹响向海洋进军的号角，积极开发海洋。

一、建设互利互惠的蓝色粮仓

"蓝色粮仓"是指以保障国家粮食安全、优化食物生产格局为目的，以海洋空间为依托，以海洋生物资源开发利用为主要形式，以现代海洋高新技术广泛应用

① 《习近平在中共中央政治局第八次集体学习时强调　进一步关心海洋认识海洋经略海洋推动海洋强国建设不断取得新成就》，人民出版社2013年版，第3页。

为特征，以海洋水产业及关联产业为主要载体的海洋食物生产系统，以及支撑这个系统的海域空间、生物资源、科学技术、人力资源、资本等生产要素。①

我国拥有300多万平方千米的蓝色国土，海洋水体资源和生物资源蕴藏量巨大，具有广阔的蓝色粮仓开发潜力。从古至今，海洋一直是民众食物需求的一个重要来源，海洋水产品以动物性食物为主。随着海洋强国建设的进行、海洋生物工程技术的发展、我国广大民众饮食观念的改变，为开发以海洋国土为空间载体的蓝色粮仓提出了巨大的需求。建设蓝色粮仓，不仅有利于大大缓解我国不容乐观的粮食安全形势，也为优化国土空间开发格局，统筹规划协调城镇化、工业化和农业现代化总体布局，实现陆地资源、海洋资源、食物资源的科学有效利用，提供了一条切实可行的路径。

（一）建设水产健康养殖基地

积极发展陆地工厂化养殖、深远海抗风浪网箱养殖和池塘标准化养殖，突出抓好养殖设施设备和池塘标准化升级改造，积极推广海洋物种生态健康养殖模式和先进技术，重点发展三疣梭子蟹、对虾、刀鱼、鲅鱼、黄花鱼等地方优势品种，积极拓展海参、鲍鱼、石斑鱼等高端品种养殖，稳定发展藻类筏式和贝类底播养殖。

（二）建设远洋渔业生产基地

加快实施海洋渔业"走出去"战略，发展壮大远洋性渔业，巩固提升大洋性渔业，积极开发季节性远洋捕捞渔业，推动远洋蓝色粮仓建设。扩大远洋捕捞船队规模，提高远洋渔业装备和技术水平。积极推进远洋渔业开发合作，鼓励企业在东南亚、西非等主要集中作业海域的沿岸国家和地区建立海外综合性远洋渔业基地，储备和开发后备渔场，支持企业开展海外并购，开发海外养殖、捕捞、加工、经贸等领域，寻求更广泛的渔业空间。②

---

① 王兴琪、韩立民：《"蓝色粮仓"在我国食物生产体系中的作用及建设对策分析》，载于《中国海洋大学学报：社会科学版》，2014年第3期，第20—24页。

② 青岛市人民政府：《关于加快建设蓝色粮仓的实施意见》，青政发〔2014〕22号，2014-07-11。

(三) 改善渔业生态环境

建立健全渔业资源调查评估制度,研究制定全国渔业资源利用规划。依托海洋生态保护区和海洋牧场建设,适度进行贝类底播和大型藻类养殖,缓解海洋富营养化程度。加强海洋生态环境监测体系建设,严格控制陆源污染物向海洋水域排放。加强渔业水域生态环境损害损失影响评价,健全落实渔业污染补偿赔偿制度。依法加强渔业资源管护,严格控制近海捕捞强度。

(四) 建立互利互惠的蓝色粮仓

随着我国人民消费升级与跨境电商的快速发展,进口海鲜受到越来越多国内消费者的青睐。挪威的三文鱼、澳大利亚的龙虾、阿根廷红虾、丹麦北极甜虾、阿拉斯加帝王蟹等纷纷进入中国,非常畅销。据国际贸易组织统计数据,2016年我国海产品的进口价值总额超过 463 亿元。中国产业信息网数据显示,今年我国对进口海鲜的需求量达 760 万吨,预计在 2020 年将超过 1 000 万吨。[①]我国进口海鲜的需求量逐年上升,不仅满足了国内人民的美好生活需要,还带动了相关国家渔业经济发展,增加了国外渔民的收入。海洋渔业产品的进口和出口,使中国和相关国家达到了互利互惠。

二、海洋产业转型升级是实现互利共赢的基础

面对海洋经济大而不强的形式,需要我国积极促进海洋产业转型升级,建立科学合理的海洋产业结构,为实现海洋经济的互利共赢打下坚实的基础。

我国海洋渔业要积极实施“转型调整”产业战略,严格限制近海捕捞强度,积极开展远洋渔业,推广海产品工厂化育苗和养殖,发展海洋休闲渔业。海洋油气开采业实施“储近用远”开发战略,加强近海资源勘探,勘探而不开采;加快深海区和远海油气开发,提高近海储备能力与远洋开采能力。

海洋船舶制造业实施“集中布局”发展战略,避免产能过剩,淘汰低端船舶产

---

① 《未来几年中国进口海鲜需求超千万吨》,http://www.chyxx.com,2017-10-11。

能，发展高技术船舶制造能力。海洋工程装备制造业实施“跻身世界第一梯队”战略，提升装备总装、配套、技术服务能力，形成自主开发深海油气资源的装备体系，提升海洋可再生能源装备、海水利用装备国产化水平。①

海水利用业实施“综合开发”战略，发展海水淡化，推广海水循环利用模式（海水冲厕等），加强海水综合利用。海洋可再生能源业实施“重点扶持”战略，优化发展海洋风力发电，提高产业集中度，积极推进潮汐能、潮流能、波浪能等发电，扶持海岛多能发电产业化。

港口业实施“集约开发”战略，调整港口布局，优化岸线配置，控制建设节奏，发挥规模优势。海洋交通运输业实施“开边拓洋”战略，开辟北极航线，拓展东北出海口，构建西南陆海联运出海口，建设印度洋航运停泊及补给基地。临港产业实施“陆海联动”发展战略，优化产业布局，控制产业规模，强化技术创新和改造，提高企业准入门槛。海洋生物医药业实施“优先发展”战略，提高海洋生物技术研发水平，加强海洋药物动植物养殖和栽育，推进海洋药物产业化进程。

“十三五”时期是加快海洋经济发展方式转变的重要阶段，我们必须按照国家战略部署，充分利用好各种有利条件，攻坚克难，保持海洋经济长期平稳较快发展，推动我国海洋强国建设不断取得新成就。只有我国海洋产业转型升级换代了，才能更好地以中国海洋经济的快速发展带动其他国家和地区海洋经济的发展，才能更好地为世界海洋经济的互利共赢作出应有的贡献。

三、构建互利共赢的海洋贸易体制

自改革开放以来，中国在海洋经济贸易体制大体上已经走了三步。第一步，“加入”海洋国际贸易体系并“接轨”。即加入世界贸易组织（WTO），降低海关关税。第二步，在海洋贸易体制内部逐步获得话语权，对现有体制进行改革，促成其更合理。即参加世界贸易组织各种谈判，推动海洋经济贸易体制进一步改革完善。第三步，以中国为主导，对海洋经济贸易体制进行创新，即根据自己的实

① 《海洋工程装备制造业持续健康发展行动计划（2017—2020 年）》，工信部联装〔2017〕298 号，2017-11-27。

力倡导和提出新的海洋贸易体制，这主要表现在“区域全面经济伙伴关系”等方面。第一、第二步是发达国家主导的，贸易体制和规则已经制定好的，中国只能被动接受，讨价还价的余地较小；而第三步则能更好地体现和维护中国海洋经济利益，争取建立互利共赢的海洋贸易体制。

（一）积极构建“区域全面经济伙伴关系”海洋贸易体制

“区域全面经济伙伴关系”是由中国主导的，而跨太平洋伙伴关系协定是由美国主导的。跨太平洋伙伴关系协定（Trans-Pacific Partnership Agreement），是由亚太经济合作会议成员国中的新西兰、新加坡、智利和文莱四国发起，从 2002 年开始酝酿的一组多边关系的自由贸易协定，原名亚太自由贸易区，旨在促进亚太地区的贸易自由化。美国希望通过未包括中国的“跨太平洋伙伴关系”（TPP）谈判，大力介入亚太地区正在积极发展中的经济一体化和贸易自由化进程，分享亚太地区的“发展红利”。并通过扩展美国与亚太国家的贸易、投资和其他经济合作，帮助重振美国经济并维持美国在全球经贸、投资、金融和货币（美元）领域的主导地位，尤其是各领域中新规则体系的制定，同时制约中国在亚太地区和全球上升中的经济力量和影响。由美国大力推动谈判的 TPP 以在劳工权利、环境以及降低贸易壁垒等方面提出更高标准为借口，意图对整个亚太地区的贸易体制结构进行重新洗牌。目前 TPP 的谈判国已扩至 16 国，但不把中国纳入谈判范围，美国的目的就是利用 TTP 平台占领制高点，力图在对付中国时变被动为主动。

但是 2017 年，新当选的美国特朗普政府却突然宣布退出 TPP 谈判，原因就是 TPP 谈判不能最大化地保证美国的利益。因此，特朗普力主通过双边谈判建立对美国最有利的海洋贸易体制。在经贸谈判历史上，双边谈判用时短，需要协调的方面少，较之多边贸易谈判更有利于贸易国之间的公平贸易。特朗普的规划是当双边谈判使美国的利益最大化，为此，特朗普可以退出以前各界政府签订和加入的海洋贸易体制，并不惜发动以“加征海关关税”为特征的贸易战。

在 2012 年 11 月召开的东亚领导人系列会议上，东盟 10 国与中国、日本、韩国、印度、澳大利亚和新西兰正式启动“区域全面经济伙伴关系”（RCEP）谈判，这标志着东亚地区自贸区建设进一步扩大，东亚经济一体化稳步推进，RCEP 将是区域经济一体化发展的最新产物。按照谈判日程安排，RCEP 组建将于 2013 年年初启动谈判，2015 年年底完成谈判，之后进入实施阶段，而东盟经济共同体将于 2015 年建成，这为 RCEP 的组建提供了有利条件。但是，原定 2015 年年底达成的 RCEP 谈判的基本协议，中日韩和东盟等国 2015 年 11 月 17 日达成协议，将其推迟至 2016 年以后。由于，美国的突然退出，这就显示 RCEP 可能领先 TPP 一步的局面日趋明显，中国有可能获得亚洲太平洋地区经济贸易秩序构建的主导权。

目前中国尚未加入 TPP 协定谈判，但未来不排除中国在适宜的时候提出加入。从短期看，该协定或对中国的对外贸易形成某种程度的冲击；但从长期看，在经济全球化的大背景下，任何一个多边贸易体制都无法将非协定国家和地区排除于海洋贸易体系之外，否则其自身发展将大为受限。另外，如何整合 RCEP 和 TPP 两个贸易协定，这都需要中国以极大的智慧、巨大的耐心和较长的时间去细心构建。

（二）反对贸易保护主义，构建双赢的海洋贸易体制

贸易保护主义又被称为贸易纠纷或贸易摩擦，是指在世界海洋贸易的过程中不同的国家通过提高海关税收（关税）对其他国家或地区的经济政策施加压力的一种方法。美国新当选的总统——特朗普信奉单边海洋贸易保护主义，当选后对中美之间巨大的贸易逆差表达了强烈不满，认为中国人抢走了美国人的工作和福利，要把中国当成汇率操纵国，要对中国收取 45%的惩罚性关税。他不仅仅是说说而已，他还付诸行动。2018 年 3 月，特朗普宣布将对进口钢材和铝材加征重税，中美之间的贸易摩擦似乎一触即发。

习近平指出："我们要坚定不移发展全球自由贸易和投资，在开放中推动贸易和投资自由化、便利化，旗帜鲜明反对保护主义。搞保护主义如同把自己关进黑屋子，看似躲过了风吹雨打，但也隔绝了阳光和空气。打贸易战的结果只能是两败俱伤。"①中国和美国对彼此的海洋贸易依赖度很高，并且有很多共同的安

---

① 习近平：《习近平主席在出席世界经济论坛 2017 年年会和访问联合国日内瓦总部时的演讲》，人民出版社 2017 年版，第 8—9 页。

全利益，以至于无法展开纯粹的竞争。美国征收的高额关税不仅会推动美国物价上涨，而且会让美元持续升值，减少美国的出口竞争力，最终损害美国广大国民的收入和消费能力，导致经济紧缩影响投资和就业，更不会增加多少就业岗位。如果中国和美国两个全球最大经济体打起海洋贸易战，难免殃及池鱼，让全球经济增长放缓。所以，虽然贸易战的风险在加大，但是贸易战的结果双方乃至全球都需要承受。对于美国单方面挑起的海洋贸易战争，中国一方面做好反贸易战争的经济准备，另一方面仍愿意继续与美国进行有关海洋贸易协商和谈判，构建实现互利共赢的海洋贸易体制。

四、发展互利合作的南北极海洋事业

30 多年前的 1984 年 10 月 15 日，邓小平同志为中国首次南极考察队挥毫写下了“为人类和平利用南极做出贡献”的光辉题词。[①]30 多年来，在邓小平同志光辉题词的指引下，我国极地考察事业从无到有，由弱到强，书写了一页页值得自豪的篇章。在南极，我们连续组织了 20 次多学科、多领域的综合考察，建立了长城站和中山站，形成了“一船两站”的后勤支撑体系；在北极，经国务院批准，我们组织了两次北极考察，并建立了我国首个北极科学考察站“黄河站”。

30 年来，我国极地科学工作者经过长期实地科学考察，获得了大批极其宝贵的数据、资料和样品，取得了许多具有重大科学价值的成果。在地质研究方面，通过对泛非构造运动的研究，进一步深化了对东南极地壳演化的认识；在生态学研究方面，深入开展了以磷虾生态为重要指标的生态学与环境气候变化相结合的研究；在冰川学研究方面，“九五”计划期间，初步完成了中山站至冰穹 A 地区冰川学基本观测剖面的探测。在此基础上，开拓了埃默里冰架与海洋相互作用这一新的研究领域，使冰川学研究更广泛地与国际前沿研究相结合；在日地空间环境研究方面，开展了以中日合作为背景的中长期观测，发现并证明了午后极光等一批重要现象，并以中山站观测为基础，进一步拓展了北极观测站的建设，这将极大地推进南北极日地空间环境的联合观测；在南极近现代环境演化方

---

① 《为人类和平利用南极做出新贡献》，载于《人民日报》，2004 年 10 月 15 日第 11 版。

面，创造性地提出了利用地球化学标型元素组合研究南极千年尺度的重要生物种群演化的新方法；此外，在气候研究、地形图测制、地震观测、南大洋物理海洋考察等方面也取得了优异成绩。随着我国南极考察工作的逐步深入和综合国力的不断增强，有关专家还就在南极内陆建立能够代表国家综合国力、具有国际水准、有一定规模的第三个南极考察站提出了积极的建议。

在科学考察取得显著成绩的同时，我们踊跃参与国际极地事务，并发挥了积极作用。1983年，经全国人大批准，中国加入了《南极条约》，为确保南极自然环境不被污染，为人类和平利用南极作出了贡献。1985年10月，我国被接纳为南极条约协商国，获得了在国际极地事务中的决策地位，在此后的会议中，我们阐明了我国在国际极地事务中有关领土、资源和环境等焦点问题上的原则立场，维护了国家权益，产生了极大的国际影响。1986年，我国成为南极研究科学委员会正式成员国，为制订国际南极合作研究计划积极工作。

在全球气候变暖，北极冰雪融化加速的形势下，北极对于中国具有特殊的海洋安全价值。中国作为北极域外国家在北极不享有领土主权，但依据《联合国海洋法公约》等国际条约和一般国际法在北冰洋公海等海域享有科研、航行、飞越、捕鱼、铺设海底电缆和管道等权利，在国际海底区域享有资源勘探和开发等权利。此外，《斯匹次卑尔根群岛条约》缔约国有权自由进出北极特定区域，并依法在该特定区域内平等享有开展科研以及从事生产和商业活动的权利，包括狩猎、捕鱼、采矿等。①

1925年，中国加入《斯匹次卑尔根群岛条约》，正式开启参与北极事务的进程。1996年，我国加入了国际北极科学委员会，并积极致力于"北极与全球变化"的相关研究，扩大了我国在北极方面的国际合作空间，提升了我国参与北极事务的地位。2004年，中国在斯匹次卑尔根群岛的新奥尔松地区建成"中国北极黄河站"。随着全球气候变暖引起北极大陆上覆盖的冰川加速融化，如果温室效应无法从根本上得到遏制，21世纪内，北冰洋（又称北极海）在夏季肯定会全面解冻。这样便利的北极航道就成为连接大西洋和太平洋的"新纽带"和"海洋新高速公路"。我国习惯把北极航线称作"冰上丝绸之路"。一旦北极航线启用，

---

① 国务院新闻办公室：《中国的北极政策》白皮书，http://www.gov.cn，2018-01-26。

我国沿海港口到北美东岸的航程，比巴拿马运河传统航线缩短 2 000～3 500 海里；我国上海以北港口到欧洲西部、北海、波罗的海等港口，将比传统航线航程短 25%～55%，每年可节省 533 亿～1 274 亿美元的国际贸易海运成本。中国愿意与北极域内有关国家一道共同合作、开放和建设“冰上丝绸之路”。[①]

极地事业是人类探索自然奥秘，促进国际社会可持续发展，拓展未来发展空间的伟大事业。科学技术迅猛发展的 21 世纪，对极地科考提出了更高的要求。30 多年来，我国在极地考察工作中虽然取得了长足的进步，但与发达国家相比，我们还存在着不小的差距。我国愿意与世界有关国家通力合作，共同开发南北极，为维护我国的海洋运输安全和推动世界极地事业发展作出自己的贡献。

五、共同开发新能源科技解决海洋能源运输安全问题

要解决中国和其他国家的石油、天然气的海洋运输安全问题，除了增加从俄罗斯等陆地国家进口和进行石油战略储备外，更重要的是用新能源科技革命代替石油、天然气，彻底解决油气资源海洋运输安全问题。因为，石油、天然气的储量是一定的，虽然近几年石油、天然气的价格不断下降，但油气资源的枯竭就是一个时间早晚的问题。这就需要全世界未雨绸缪，共同加大新能源科技研发力度，为未来用新能源彻底代替石油、天然气等传统能源奠定科技基础。

（一）燃料电池科技革命

燃料电池的原理由德国化学家克里斯提安・弗里德里希・尚班于 1838 年提出，并刊登在至今仍然著名的《科学》杂志。[②]基于尚班的理论，英国物理学家威廉・葛洛夫于 1839 年 2 月把理论证明刊登于《科学的哲学杂志与期刊》（*Philosophical Magazine and Journal of Science*）[③]，其后又把燃料电池设计草图于 1842 年刊登发表。当时的设计类似现今的磷酸燃料电池。[④]由于燃料电池

① 中共中央文献研究室：《十八大以来治国理政新成就》上册，人民出版社 2017 年版，第 7 页。

② George Wand. Fuel Cells History, part 1. Johnson Matthey plc. p.14.

③ Grove, William Robert. “On Voltaic Series and the Combination of Gases by Platinum”, *Philosophical Magazine and Journal of Science* vol.XIV(1839), pp.127—130.

④ Grove, William Robert. “On a Gaseous Voltaic Battery”, *Philosophical Magazine and Journal of Science* vol.XXI(1842), pp.417—420.

造价昂贵，最初主要用于太空探索任务中，燃料电池被用于驱动登月探险车及供应宇航员饮用水，实践均证明了它的实际有效性。21 世纪以来，因为化石燃料短缺造成的能源危机与环保意识的抬头，令燃料电池的研究和发展日趋兴旺。

从燃料电池原理的提出到 21 世纪，世界能源科技界主要进行了 4 种主要燃料电池的研究开发，它们的比较如表 4-4 所示：

表 4-4　　四种燃料电池的比较①

		PEMFC 固体高分子	PAFC 磷酸	MCFC 熔融碳酸盐	SOFC 固体氧化物
电解质	电解质材料	交换膜	磷酸盐	碳酸锂，碳酸钠，碳酸	比如稳定氧化锆
	移动离子	H^+	H^+	CO_3^{2-}	O^{2-}
	使用模式	膜	在基质中浸渍	在基质中浸渍、或粘贴	薄膜、薄板
反应	催化剂	铂	铂	无	无
	阳极	$H_2 \rightarrow 2H^+ + 2e^-$	$H_2 \rightarrow 2H^+ + 2e^-$	$H_2 + CO_3^{2-} \rightarrow H_2O + CO_2 + 2e^-$	$H_2 + O^{2-} \rightarrow H_2O + 2e^-$
	阴极	$O_2 + 2H^+ + 2e^- \rightarrow H_2O$	$O_2 + 2H^+ + 2e^- \rightarrow H_2O$	$O_2 + CO_2 + 2e^- \rightarrow CO_3^{2-}$	$O_2 + 2e^- \rightarrow O^{2-}$
运行温度(℃)		80～100	190～200	600～700	700～1 000
燃料		氢	氢	氢、一氧化碳	氢、一氧化碳
发电效率(%)		30～40	40～45	50～65	50～70
设想发电能力		数 W—数十 kW	100—数百 kW	250 kW—数 MW	数 kW—数十 MW
设想用途		手机、家庭电源、汽车	发电	发电	家庭电源、发电
开发状况		家庭用实用化、汽车 2015 年预计实用化	废水处理厂、医院、应急电源		家庭用实用化、大型定制在开发中

磷酸燃料电池（PAFC = Phosphoric Acid Fuel Cell）是让氢气和氧气在硫

① Kakati, B.K., Deka, D., “Effect of resin matrix precursor on the properties of graphite composite bipolar plate for PEM fuel cell”, *Energy & Fuels* 2007, 21(3):1681—1687.田辺茂著:『‘燃料电池の基础マスター’』,电気书院,2009 年 1 月 31 日第 1 版第 1 刷発行。“Molten Carbonate Fuel Cell Technology”. *U.S.Department of Energy*, accessed August 9, 2011.

酸、磷酸溶液中发生化学反应，生成电流的电池。由于磷酸燃料电池发电的成本较高，是燃气轮机发电的一倍，所以，要广泛普及并应用是不太可能的。

在研究开发的各种燃料电池中，近10年来进展最大的，就是固体高分子膜燃料电池（PEMFC = Polymer Electrolyte Membrane Fuel Cell）。这种燃料电池在室温下运转，且输出功率较大，所以，它有望成为家用电源和汽车用电源。21世纪初，丰田汽车公司和本田汽车公司分别推出了以高分子膜燃料电池产生的电能为驱动力的电动汽车，即"燃料电池汽车"。这种燃料电池汽车，其所使用的固体高分子膜燃料电池的功率为78千瓦，在气压为350的高压罐里装有156升纯氢，从而达到了400千米左右的持续行驶里程和150千米的最高时速，而日本最新的燃料电池汽车可以持续行驶750千米。这种汽车里用高效能、高功率的电容器取代普通蓄电池，在启动和加速时进行电力补充，加速性能超出人所预料。不过，这种燃料电池汽车由于使用贵重金属铂作为催化剂，价格昂贵，一辆车高达1亿多日元（约合人民币600万元），同时，氢的补给站等配套设备，还都有待解决。总之，燃料电池汽车在不远的将来很有希望脱颖而出成为新一代汽车的佼佼者。

从固体高分子膜燃料电池又派生出另一种生电方式，即"直接甲醇燃料电池"（DMFC = Direct Methanol Fuel Cell），它是以甲醇取代纯氢为燃料，在装置内除去氢气后进行生电。直接甲醇燃料电池比固体高分子膜燃料电池的危险性要来得小，而且，装置体积能够做到小型化，所以，现在一些大规模的家电厂商主要将其作为笔记本型电脑和手机的电源进行开发。

固体氧化物燃料电池（Solid Oxide Fuel Cell, SOFC）由用氧化钇稳定氧化锆（YSZ, $<15\ \mu m$）那样的陶瓷给氧离子通电的电解质和由多孔质给电子通电的燃料和空气极构成。空气中的氧在空气极/电解质界面被还原形成氧离子，在空气燃料之间氧的分差作用下，在电解质中向燃料极侧移动，在燃料极电解质界面和燃料中的氢或一氧化碳的中间氧化产物反应，生成水蒸气或二氧化碳，放出电子。电子通过外部回路，再次返回空气极，此时产生电能。SOFC的特点如下：

(1) 高温运行（800 ℃～1 000 ℃），通过设置底面循环，可以获得超过60%效率的高效发电，使用寿命预期可以超过40 000～80 000小时。

(2) 由于氧离子是在电解质中移动,所以也可以用一氧化碳、天然气、煤气化的气体作为燃料。

熔融碳酸盐燃料电池(Molten Carbonate Fuel Cell, MCFC)工作原理类似于SOFC,但工作温度更高,不需要铂等贵金属作为催化剂。MCFC以熔融碱金属碳酸盐作电解质,并在高温下,这种盐变为熔化态允许电荷(负碳酸根离子)的在电池中移动。①

除了上述4种外,燃料电池有多种类型,但是它们都有相同的工作模式。它们主要由三个相似的结构组成:阳极、电解质和阴极。燃料电池在发生化学反应发电时,只排出水分,或微量的二氧化碳,人们一直期望着这种无污染能源能够进入现代生活的所有领域。虽然无污染能源真正普及到家庭生活还需要相当长的一段时间,但它将会在未来首先以汽车用电源形式逐步进入我们的生活。

从长远来看,全世界石油、天然气的枯竭早晚会来临。燃料电池虽然现在造价很高,推广普及非常困难,但在将来,随着成本的进一步下降和油气资源的真正枯竭,燃料电池会成为人类生活的主要能源来源。这样,中国不必进口大量的油气资源,不必担心油气资源的海洋运输航线被封锁、切断等海洋安全问题。

(二) 大力发展海洋风能、潮汐能等新能源

随着海洋技术的发展,海风、波浪、潮汐、潮流等海洋可再生能源,都可缓解人类面临的能源危机。这里主要介绍海洋风能、潮汐能。

人类应用风能已经有很长的历史,荷兰风车就是利用海洋风能的典型。全球海洋风能资源要远远大于陆地上的,且不存在噪声扰民的问题。我国近海风能资源丰富,发展海上风电大有可为。

潮汐能(Tide Energy)是海水周期性涨落运动中所具有的能量。其水位差表现为势能,其潮流的速度表现为动能。这两种能量都可以利用,是一种可再生能源。由于在海水的各种运动中潮汐最守信,最具规律性,又涨落于岸边,也最

---

① "Molten Carbonate Fuel Cell Technology", *U.S.Department of Energy*, accessed August 9, 2011.

早为人们所认识和利用，在各种海洋能的利用中，潮汐能的利用是最成熟的。潮汐能是一种不消耗燃料、没有污染、不受洪水或枯水影响、用之不竭的再生能源。在海洋各种能源中，潮汐能的开发利用最为现实、最为简便。中国早在20世纪50年代就已开始利用潮汐能，在这一方面是世界上起步较早的国家。

（三）积极探索可燃冰开采技术

可燃冰（分子式为$CH_4 \cdot 8H_2O$）也叫甲烷水合物（Methane clathrate）或天然气水合物，是由水分子与甲烷分子组合而成的冰状固体物质，它在低温和高压下保持稳定状态，主要埋藏在永久冻土层下或是海底深处地壳中。由于其外观像冰一样且遇火燃烧，被人们形象地称之为可燃冰。可燃冰是一种清洁无污染能源，燃烧时不会产生任何废弃物。其蕴藏量也较为丰富，全球储藏量介于1×10^{15}和5×10^{15}立方米之间①，理论估计全球储量足够人类使用1 000年。可燃冰作为石油、天然气的新型替代能源而备受人们期待。

由于甲烷是温室气体，对地球温室效应的暖化威力比二氧化碳强23倍，在人类活动中，尤其在畜牧业的生产过程中，会大量产生。自然界中甲烷常以可燃冰的固体状态存在于海底沉淀物中。在海洋沉淀层里，在高压及18 ℃的温度下，能维持稳定存在。当把可燃冰从海底下面开采出来后，压力减小和温度升高，其会迅速融化，并释放出大量的甲烷气体，这会进一步加剧地球温室效应，带来生态灾难。各国海洋科学家对开采方法进行了积极探索，迄今世界上还没有完美的开采方案。

2006年7月，中国宣布计划耗资8 000万元人民币在未来10年内研究可燃冰开采方法。经过我国海洋科学家10多年的科研探索，2017年5月18日，中华人民共和国国土资源部、中国地质调查局宣布，中国在南海北部神狐海域成功试采可燃冰，这标志着中国成为世界首个实现在海域可燃冰试开采中连续稳定产气的国家，实现了历史性的突破。②当然了，可燃冰开采成本和运输成本要比

---

① Milkov, AV. "Global estimates of hydrate-bound gas in marine sediments: how much is really out there?" *Earth-Sci Rev*. 2004, 66(3—4):183—197.

② 《我国南海神狐海域天然气水合物试采成功掠影》，http://www.mlr.gov.cn/xwdt/jrxw/201705/t20170519_1508223.htm，2017-05-19。

石油或天然气高很多，从试开采走向大规模商业开采还需要进一步探索。

中国这次可燃冰的试开采成功，实现了中国在可燃冰开采技术上的领跑。它将会是继美国引领页岩油气开采革命之后，由中国引领的可燃冰开采技术革命，将会推动整个世界能源利用格局的改变。可燃冰开采技术革命有助于中国获得新的稳定能源来源，减少通过海洋运输的石油等能源的进口，有利于减轻我国海洋航线安全压力，有利于维护国家整体海洋安全。

六、"一带一路"倡议是互利共赢海洋安全观的集中体现

丝绸之路是起始于古代中国，连接亚洲、非洲和欧洲的古代陆上商业贸易路线，最初的作用是运输中国古代出产的丝绸、瓷器、香料、茶叶等商品，后来成为东方与西方之间在经济、政治、文化等诸多方面进行交流的主要道路。丝绸之路从运输方式上，主要分为陆上丝绸之路和海上丝绸之路。

陆上丝绸之路，起自中国唐朝都城长安（今西安），经中亚国家、阿富汗、伊朗、伊拉克、叙利亚等而达地中海，以罗马为终点，全长 6 440 千米。这条路线被认为是连接亚欧大陆的古代东西方文明的交汇之路，而丝绸则是最具代表性的货物。所以，被称为丝绸之路。

海上丝绸之路，是陆地丝绸之路的延伸，是古代中国与世界其他地区进行经济文化交流的海上通道，泉州为联合国教科文组织唯一认定的海上丝绸之路起点。海上丝绸之路是由当时东西洋间一系列港口网点组成的国际贸易网。在唐宋元的繁盛期，中国境内主要有泉州、广州、宁波三个主港和其他支线港、补给港组成。[①]明清两朝的海禁，使海上丝绸之路衰落。

进入 21 世纪，我们要实现国家海洋安全，建设陆海一体化强国，就要大力推进"一带一路"倡议。2013 年 9 月 7 日，习近平在哈萨克斯坦纳扎尔巴耶夫大学发表演讲时指出："为了使我们欧亚各国经济联系更加紧密、相互合作更加深入、发展空间更加广阔，我们可以用创新的合作模式，共同建设'丝绸之路经济带'。

---

① ［联合国］杜杜·迪安："1994 讲话稿"，《中国与海上丝绸之路》（论文集续集），福建人民出版社 1994 年版，第 1 页。

这是一项造福沿途各国人民的大事业。我们可从以下几个方面先做起来，以点带面，从线到片，逐步形成区域大合作。”①这是新一代中央领导集体从陆上推动丝绸之路的起点。2013 年 10 月 3 日，习近平在印尼国会发表演讲时表示：“东南亚地区自古以来就是‘海上丝绸之路’的重要枢纽，中国愿同东盟国家加强海上合作，使用好中国政府设立的中国—东盟海上合作基金，发展好海洋合作伙伴关系，共同建设 21 世纪‘海上丝绸之路’。”②习近平的这些讲话就形成了“一带一路”经济发展倡议。“一带一路”作为中国首先提倡并大力推动的国家倡议，对建设陆海一体化强国具有深远意义。“一带一路”倡议构想的提出，契合沿线国家的共同需求，为沿线国家优势互补、开放发展开启了新的机遇之窗，是国际合作的新平台。“一带一路”倡议在平等的文化认同框架下谈合作，体现的是和平、交流、理解、包容、合作、共赢的精神。

（一）积极推动欧亚大陆桥建设

在陆地上，古代丝绸之路使用的主要是马、马车、骆驼等简陋的交通工具，中外人士行走在这条丝绸之路上，旅途是十分漫长而艰难的。而在 21 世纪，高速铁路的出现，大大缩短了走完丝绸之路的时间，被人们称之为欧亚大陆桥。

欧亚大陆桥是指横贯欧洲和亚洲大陆的铁路运输线，它是把欧亚大陆两侧的重要海港和陆地运输线联结起来的便捷运输通道，它的主要功能是便于开展海陆联运，缩短运输里程和运输时间，尤其是一些体积不大的贵重货物，通过欧亚大陆桥可以大大缩短运输时间，提高经济效益。

欧亚大陆桥主要有三条路线。第一欧亚大陆桥（也称西伯利亚大陆桥）从俄罗斯东部的符拉迪沃斯托克（原名海参崴）为起点经西伯利亚大铁路通向莫斯科，然后通向欧洲各国，最后到达荷兰鹿特丹港。贯穿整个亚洲北部，整个大陆桥共经过欧亚大陆 7 个国家，全长 13 000 千米左右。由于第一欧亚大陆桥主要位于俄罗斯境内，再加上西伯利亚大铁路建成年代距现在较久，虽经过电气化改造，但铁路设计最高时速仅为 80 千米，从莫斯科到达符拉迪沃斯托克需要 168 小时（七天七夜）的时间。这就造成使用运输时间较长，运输效率不高，使用该路

---

① 习近平：《弘扬人民友谊　共创美好未来——在纳扎尔巴耶夫大学的演讲》，载于《光明日报》，2013 年 9 月 8 日第 1 版。

② 习近平：《携手建设中国—东盟命运共同体》，载于《光明日报》，2013 年 10 月 4 日第 1 版。

线的主要是俄罗斯、日本、韩国、中国等国家。

第二欧亚大陆桥于1990年9月开通，由于所经路线很大一部分与古代“丝绸之路”重合，所以人们又称它为现代“丝绸之路”。是目前欧亚大陆东西两端最为便捷的通道。第二欧亚大陆桥东起我国黄海之滨的连云港，向西沿着陇海线延伸，再向西经新疆北部铁路到达我国边境的阿拉山口，进入哈萨克斯坦，再经俄罗斯、白俄罗斯、波兰、德国，到达世界第一大港荷兰的鹿特丹港。

该大陆桥很大一部分位于中国境内，由于21世纪中国经济发展迅速，带动了中欧班列的出现和发展。中欧班列是指中国开往欧洲的快速货物运输火车，尤其是适合集装箱运输的货物列车。自“一带一路”倡议提出实施以来，中欧班列不断增加。2016年，中欧班列共往返开行1 700多列，总行驶里程超过1 700万千米。第二欧亚大陆桥上中欧班列为“一带一路”沿线各国开展更大范围、更高水平、更深层次的区域合作提供了平台，不仅缩短了货物运输时间，还降低了运费，让经济的血液流通更加通畅，未来的发展前景更加美好。

第三欧亚大陆桥起点始于广东地区的深圳港，经昆明进入缅甸、孟加拉、印度、巴基斯坦、伊朗，从土耳其进入欧洲，最终抵达荷兰鹿特丹港，横贯亚欧大陆20多个国家，全长约15 000千米。由于该大陆桥经过国家太多，各国经济发展水平参差不齐，有的国家内部还战乱不断，造成建设动力不足，协调起来困难重重。因此，虽然中国境内部分已经建成，但境外部分仅仅停留在图纸规划层面。

（二）积极推进海上丝绸之路重点工程建设

1. 积极建设中巴经济走廊（China-Pakistan Economic Corridor，CPEC）

2013年5月，李克强访问巴基斯坦期间，与巴方领导人就进一步加强中巴全天候战略合作伙伴关系深入交换了意见。在此期间，李克强提出要打造一条北起喀什、南至巴基斯坦瓜达尔港的经济大动脉，推进互联互通。李克强表示要加强战略和长远规划，开拓互联互通、海洋等新领域合作。要着手制定中巴经济走廊远景规划，稳步推进中巴经济走廊建设。这条经济走廊的建设旨在进一步加强中巴互联互通，促进两国共同发展。[①]2015年3月发布的《推动共建丝绸之

---

① 李克强访巴基斯坦：《打造经济走廊　寻求双赢合作》，http://news.sina.com.cn/c/2013-05-24/113727214622.shtml，2013年5月24日。

路经济带和21世纪海上丝绸之路的愿景与行动》则明确提出，“中巴、中印孟缅两个经济走廊与推进‘一带一路’建设关联紧密，要进一步推动合作，取得更大进展”。①

中巴经济走廊起点在新疆喀什地区，终点在巴基斯坦瓜达尔港，全长3 000千米，北接“丝绸之路经济带”，南连“21世纪海上丝绸之路”，是贯通南北丝路的关键枢纽，是一条包括公路、铁路、油气和光缆通道在内的贸易走廊，也是“一带一路”的重要组成部分。目前，中巴经济走廊的相关铁路、公路、油气管道等项目已经开始建设，预计到2030年全部完工。

2. 积极保持中缅油气管道平稳运行

中缅油气管道是中国的第四大能源进口通道，它包括原油管道和天然气管道，可以使原油和天然气运输不经过马六甲海峡，从中国云南地区输送到全国各地。中缅原油管道的起点位于缅甸西海岸皎漂港东南方的微型小岛马德岛，天然气管道起点在皎漂港。2013年9月30日，中缅天然气管道全线贯通，开始输气。2015年1月30日，中缅石油管道全线贯通，开始输油。由于缅甸国内大选，政局动荡不安，再加上缅甸国内环保人士等的反对，造成中缅输油管道完工后又被闲置两年，直到2017年3月27日中缅输油管道才重新开通。②

中缅油气管道是中国“一带一路”倡议发展中一项重要的基础设施建设，部分海上进口原油和天然气资源将不经过马六甲海峡，由管道直接输送至国内。这不但缩短了油气运输距离，节省了成本，还部分地解决了马六甲安全困局，促进了我国的海洋安全。

（三）以“一带一路”论坛推动国际合作

“一带一路”论坛于2017年5月14日至15日在北京顺利举行，共有29位外国元首、政府首脑，以及联合国秘书长、红十字国际委员会主席等3位重要国际组织负责人出席领导人圆桌峰会等活动。这次论坛的成功举办，体现了共商、

① 国家发改委、外交部、商务部：《推动共建丝绸之路经济带和21世纪海上丝绸之路的愿景与行动》，http://zhs.mofcom.gov.cn/article/xxfb/201503/20150300926644.shtml，2015-03-30。

② 《闲置两年后，中缅输油管道将重新开通》，http://news.ifeng.com/a/20170327/50845425_0.shtml，2017年3月27日。

共建、共享的宗旨。

论坛是有关国家共同协商的平台。"一带一路"倡议虽然是中国首先提出的，论坛也首先在中国举办，但不是中国的"一言堂"，而是各国共同参与、共同协商的平台，是各国表达各自观点意见、达成共识的重要国际政治论坛。论坛不是封闭的，不仅对沿线有关国家开放，还对世界其他国家开放。例如，美国政府也派出了代表团参加。

共建是"一带一路"实现的重要法宝。"一带一路"倡议从提出到实施只有短短的3年，却取得了超出预期的成果，根本的原因就是——得到了沿线国家的积极响应和参与建设。共建"一带一路"是取得累累硕果的重要法宝，共建"一带一路"已经成为各方积极参与推进的重要动力。除了已经参加"一带一路"的国家外，在将来，我们还欢迎越来越多的国家参与到"一带一路"的建设事业中来。

共享是"一带一路"发展的长久之计。亚投行（亚洲基础设施投资银行，Asian Infrastructure Investment Bank，AIIB）、丝路基金（Silk Road Found）的成立为沿线国家的金融合作提供了坚实支撑。经济走廊建设稳步推进，互联互通的交通网络逐步成型，贸易往来大幅增长，重要项目合作稳步实施，"一带一路"建设取得一批重要成果。可以说，"一带一路"是经济普惠的典型代表，它的发展成果不仅使中国受益，而且正在惠及沿线国家甚至世界经济。

总之，"一带一路"倡议的提出和实施有利于我们促进西部大开发，扩大对外经济合作和深化国内改革，同各国携手推动"一带一路"建设行稳致远，将"一带一路"建成和平、繁荣、开放、创新、文明之路，迈向更加美好的明天。[①]"一带一路"倡议得到了沿线国家的积极参与和热烈欢迎，不仅有利于中国早日实现"两个一百年"奋斗目标的伟大历史进程，也有利于世界的繁荣和发展。可以说"21世纪海上丝绸之路"是互利共赢的海洋经济安全观的集中体现。

综上所述，中国作为一个海陆兼备的世界大国，而且随着科技的高速发展，

---

① 《习近平出席"一带一路"国际合作高峰论坛开幕式并发表主旨演讲》，http://www.beltandroad-forum.org/n100/2017/0514/c24-397.html，2017年5月14日。

陆地和海洋的隔阂已经被彻底打破。在海洋世纪，最好的措施就是以“一带一路”为中心，巧妙地实施一个横跨欧亚大陆，南下三大洋的宏伟经济大战略。这个措施以中国经济的快速发展，带动“一带一路”相关国家和地区的经济发展，使经济发展的成果普遍惠及“一带一路”相关国家和地区，最终达到互利共赢的海洋经济发展目的，促进相关国家和地区经济持续健康发展。

第五章　奉行共同竞合的海洋军事安全观

共同竞合海洋军事安全观是与传统的海军军备竞赛相反的海洋军事安全观念。伊万·阿雷奎恩-托夫特(Ivan Arreguin-Toft)认为:“当弱者按照与强者相同的方法作战时,他们很可能会输掉战争。但是当弱者采取了相反的方法,不让强敌有效运用其军队时,那么他们就可以赢得战争。”①在第一次世界大战前,无畏舰在英国开始生产制造,继而引发德英以至全欧的海军军备竞赛。第一次世界大战结束后,海军军备竞赛在英、美、日三国之间继续进行。虽然有《限制海军军备条约》的限制,到20世纪30年代末期,随着海军条约时效结束,军备竞赛又再次兴起,英美日德四国均试图建立世界最强的战列舰和航母,在海军军备竞赛中,日本落后于英美,但是日本的山本五十六率先认识到航母才是海战的决定性力量,偷袭珍珠港一役肯定了航空母舰的地位,宣告了战列舰退居次要地位。在第二次世界大战中,美国和日本大量建造航空母舰,并在海战中大规模使用。这就是传统的海军军备竞赛的海洋军事安全观带来的典型不安全案例。共同竞合海洋军事安全观就是强调在海军建设中讲究竞争和合作原则,以竞争求合作,避免出现两次世界大战发生前后的激烈海军军备竞赛情况,并把海洋军事竞争的领域限制在军事技术领域,以此来达到国家和世界海洋安全之目的。

---

① [英]罗恩·史密斯:《军事经济学:力量与金钱的相互作用》,孙建中译,新华出版社2010年版,第193—194页。

第一节　海军是海洋安全的战略保障

海洋军事安全是海洋安全中最直接、最显性的一环，它既属于传统安全的重要范畴，又是21世纪现代海洋安全的核心部分。海洋军事安全是指国家为保卫主权、领土完整和国家安全，维护海洋权益，抵御外敌入侵，保持海洋事业和平、发展和稳定，在沿海地区和有关海域从事和实施的军事安全防卫和管理活动。

一、海军是海外经济利益的坚强保障

西方列强的海军和海权是随着地理大发现之后才在世界历史舞台占据重要战略地位的。新大陆的发现带来了海洋贸易的兴隆，给西方国家带来了丰富的海洋资源（海外资源）。要保持海洋航线安全，就要大力发展海军，增强海军实力，进而形成海洋军事优势，海上优势又进一步促进了海洋经济的发展。于是西方海洋历史上就出现了海军和海洋贸易（海洋经济）紧密联系在一起、不可分割的状况。

马克斯·韦伯说过："部署一打舰只在一定时刻比掌握一打可以废止的贸易协定更有价值。"①在国际社会无政府状态下，如果没有军事投送能力，尤其海上军事远程投送和防卫能力，任何国家就不能保证与别的国家所签订的贸易协议的有效性。21世纪，随着中国企业"走出去"、大量进口出口商品和劳务输出等，中国在海外的经济利益也不断增加。而世界仍处于无政府状态，这就使得保护海外经济利益成为中国面临的非常迫切的问题。要保护中国政府、企业、公民的海外经济利益，除了政治、外交、国际法等手段外，海军尤其是远洋海军（也称蓝水海军）是保护海外经济利益的最切实有效、立竿见影的手段。

自1991年，索马里内战爆发以来，索马里长期处于军阀割据和无政府状态。索马里各类社会体系崩溃，国民经济长期处于世界最低水平。联合国曾多次试

① ［德］戴维·比瑟姆：《马克斯·韦伯与现代政治理论》，浙江人民出版社1989年版，第46页。

图帮助索马里恢复社会秩序，并向索马里进行了人道主义援助，但一直杯水车薪，收效甚微。索马里当地渔民也因为国内局势动荡，生活拮据。而越来越多的他国非法渔民越境至索马里领海捕捞此海域盛产的金枪鱼。这无疑引起了索马里渔民的怒火。进入21世纪以来，索马里渔民开始武装自己，并组织起来；向非法进入索马里海域的捕鱼的船只发起攻击。随后，索马里人发现通过海盗行为可以得到比捕鱼多得多的金钱。因此越来越多的索马里人加入进来，并发展成各种海盗团体与组织。而索马里地理上的绝佳优势也对这项非法行动产生了推力。

进入2008年以来，亚丁湾索马里海域的海盗袭击事件呈明显上升趋势。仅在2008年就发生了111次袭击，其中42艘船舶被海盗成功劫持。在2009年1—2月，海盗袭击次数十倍于2008年的同期；而在3月，几乎每天都有海盗袭击的报告；4月，海盗袭击了79艘船舶，并成功劫持了其中的21艘。①这其中就包括中国船只和服务于外国船只的中国船员。

为了保护我国的船只和船员的人身安全。中国人民解放军海军从2008年年底在亚丁湾索马里海盗频发海域开始索马里护航军事行动。这项行动是中央军委根据联合国安理会第1846号决议及其后续决议，并参照有关国家做法，得到索马里政府同意后进行的。此行动的主要内容是：保护航行在该海域中国及其他国家船舶人员安全；保护世界粮食计划署等世界组织运送人道主义物资船舶安全。中国海军第一批索马里护航编队于2008年12月26日从海南三亚军港启航，并于2009年1月6日到达索马里亚丁湾海域，正式开始护航。截至2012年12月底，中国海军护航编队已完成500余批、5 000余艘中外商船的护航任务。

二、海洋军事外交是外交的有效形式

军事外交(military diplomacy)是国家整体外交的重要组成部分。自进入帝国主义时代以来，海洋军事外交在世界外交史上占据了重要篇幅。海洋军事

---

① Pirates Hijack Two Tankers Within 24 Hours Off Somali Shore. FOXNews. 2009-3-26.

外交以前也叫炮舰外交(gunboat diplomacy)。炮舰外交是指在帝国主义时期，欧洲列强通过展示自身海洋武力，威胁其他国家与其通商贸易或是签署条约(不平等条约)。在谈判期间，欧洲列强一贯做法是派遣舰队到弱国附近海域。大部分弱国都会因此而屈服，但有时还需要这些军舰作出如开火等行为，展示自身海洋武力，以达到外交谈判目的。在亚洲近代史上，最典型的炮舰外交事例就是"黑船事件"。英国外交及海权思想家詹姆斯·盖布尔爵士把炮舰外交定义为"运用有限的海军威胁某国，但不发动战争，以取得利益，或保障利益，促进国际冲突，对抗区内外国势力，取得治外法权"。[①]他进一步将炮舰外交的例子分为四类：

◆ 第一类：运用炮舰外交建立或去除一个既成事实。

◆ 第二类：运用海军力量改变某国政府政策或体制，乃至推翻敌对政府。

◆ 第三类：旨在留下一个喘息时间，或是增加现时政策制定者的选择。

◆ 第四类：运用海军力量送出一个政治信息。

炮舰外交是军事征服之外最常用的行为，欧洲列强借此打开世界贸易市场，建立海外据点和殖民地，扩展帝国疆土。炮舰外交给广大亚非拉国家尤其是中国人民带来了深重的灾难，令他们对此刻骨铭心、深恶痛绝。在冷战结束后，因为美国拥有比较强大的海军，美国仍然依靠海军继续推行炮舰外交。在21世纪典型的代表例子就是美国联合英、法两国干涉利比亚内战，推翻卡扎菲政权的事件。在利比亚内战中，卡扎菲政权本来武力上占据上风，快要击败反政府武装，但是以美国为首的海空军力量的介入，扭转了反政府武装的颓势，卡扎菲本人也被击毙。

在海洋世纪，中国人民解放军海军不会走西方列强炮舰外交的老路，但是在和平时期的中国人民解放军海军可作为外交的宣传工具，执行与他国进行政治亲善和友好访问的任务，履行打击海盗，维持国际海洋安全秩序等职能，因此海军出访人员也被要求具有国际外交官的素质和礼节。所以，中国海洋军事外交是外交的重要组成部分，是外交形式中的一种有效形式。

---

① J.Cable, *Gunboat diplomacy, 1919—1991: political applications of limited naval force (third edition)*, Basingstoke: Macmillan/IISS, 1994, p.14.

三、海军是保护黄金海岸的移动钢铁长城

据不完全统计,从1840—1940年的100年间,日、英、法、美、俄、德、意、奥等国的军舰入侵中国沿海地区达470余次。其中规模较大的有84次。入侵舰船1 860艘,入侵兵力达47万人。其中,从辽东半岛入侵4次,从渤海湾地区入侵10次,从山东半岛入侵12次,从江苏入侵10次,从浙江入侵9次,从福建沿海入侵8次,从台湾入侵10次,从广东入侵21次。从辽东半岛的大孤山到海南岛的三亚港,几乎中国所有的重要港口、港湾、岛屿都遭到西方列强的蹂躏。香港、台湾和澎湖列岛相继沦丧,胶州湾、旅顺、大连、九龙、威海卫、广州湾等都曾被列强以各种名义控制。

我国的东南沿海地区包括山东省、江苏省、上海市、浙江省、福建省、广东省、海南省和广西省一部分。改革开放之初,为了消除当时人们的疑虑,改革开放的新举措都是放在东南沿海地区试点,然后推广到全国。再加上东南沿海地区改革开放以来,沿海地区的经济发展明显快于内陆地区,其在全国经济布局中的地位进一步提高,已成为中国经济最发达的地区,也是国家经济、社会和科技的重心所在区。中国沿海岸线200千米范围内的陆地,集中了全国41%的人口,50%以上的大中城市,70%以上的国民生产总值,84%的外来直接投资,生产了90%的出口产品。沿海地区国内生产总值高、城镇人口比例高、人口密度大和人口构成的文化程度高、专家学者工程技术人员比例高等特点,已经使这一地区成为国家改革开放、发展经济的精华地带和国家经济安全的重心所在。

所以,我国的东南沿海地区是我国的黄金海岸,一旦发生战争,威胁主要来自海上,这就要求海军歼敌于海洋,保护好黄金海岸。

第二节　中国海洋军事安全面临的挑战

一、陆缓海急的总体安全形势

中国是世界上陆海邻国最多的国家,所处的区域环境是最复杂的,所面临的

国家军事安全问题也是最严峻的。进入21世纪后，中国军事安全的总体现状是陆地缓和，海洋危急。

中国同14个国家接壤，陆地边界总长22 000多千米，是世界上陆地边疆最长和邻国最多的国家，也是边疆情况最复杂的国家之一。我国的陆地邻国共14个，东北与朝鲜接壤，东北、西北与俄罗斯、哈萨克斯坦、吉尔吉斯斯坦、塔吉克斯坦为邻，正北方是蒙古国，西部毗邻阿富汗、巴基斯坦，西南与印度、尼泊尔、不丹相接，南面有缅甸、老挝和越南。经过不懈努力，中国逐步、稳妥地解决了与大多数邻国间历史遗留下来的边界问题。截至2004年年底，中国已与12个邻国签订了边界条约或协定，划定的边界约占中国陆地边界线总长度的90%。[①]到现在，只剩下印度和不丹没有和中国签订划界条约或协定，由于不丹是中国在亚洲地区唯一尚未建交的国家，再加上不丹国家面积不大，因此，因两国边界争端引发的军事冲突微乎其微。另外就是中国和不丹两国边界问题又和中印两国划界问题紧密相连，因为中国和不丹划界东段争议地区是最大的，约3 300平方千米。这块有争议的领土与印度占领中国的藏南地区相连，但与现在的中国西藏边界则没有接壤。实际上，这块领土的争议与麦克马洪线问题相关，要解决也与中印边界问题解决相连，中印边界不能划定，那这块领土即使不丹还给中国，也会成为中国的一块飞地。由此可见，解决的难度非常大。[②]因此，归根结底，中国陆地边界划界问题可以归到一起，就是和印度的边界问题。尽管“9·11”恐怖袭击事件后，美国在中亚、南亚的军事存在有扩张的趋势，但随着美国从伊拉克和阿富汗撤军，安全局势又逐步缓和。所以，中国陆地边疆总体安全形势是缓和的、稳定的。

在海洋方面，中国隔黄海、东海、南海与日本、韩国、马来西亚、印度尼西亚、文莱、菲律宾6个国家相邻，而越南与朝鲜则在海、陆两方面与中国互为邻国。在中国周边海域，除了渤海是中国的内海毫无争议外，其他海域与邻国都存在争议。在这些争端国家中，他们纷纷扩建海军，购买先进军舰等武器装备，在中国周边海域出现了低等程度的海军军备竞赛。

---

① 《中国与邻国约90%陆地边界已划定》，中国外交部 http://www.fmprc.gov.cn/mfa_chn，2005-08-31。

② 《中国不丹边界争议难解与印占藏南有关》，载于《太阳报》，2012年8月15日。

海洋是国家安全的屏障,现在对中国国家安全造成的威胁主要来自海洋,最可能发生武装冲突的地域也是海洋。

二、中国海军建设面临的不足

(一) 海军正处于转型调整期

现代海军是在地理大发现之后产生的,从诞生起,它的基本任务就是远洋护航,保护本国与海外的商船运输和航道安全。这样的任务直到今天仍是海洋国家和濒海国家海军的主要任务。

中国人民解放军海军自 1949 年成立后,曾长期是守在河流入海口不远处的"黄水海军"。1980 年,为顺利完成洲际导弹试验任务,中国海军护航编队穿越岛链,首次航行到太平洋深处,开始具备"走出去"的能力。2002 年,中国舰艇编队首次完成环球航行,具备一定的远洋执行任务的能力。不过,多数中国军事专家认为,目前中国海军仍然是一支典型的近海防御型海军。

首先,中国海军关注的重点区域仍然在近海范围内,例如台湾海峡、东海海域等,中国海军的作战训练也通常在这一范围内展开。

其次,中国海军仍然过度依靠岸基力量的掩护,由于缺乏足够的补给和防空力量,中国海军编队难以脱离岸基航空兵的保护在大洋上独立完成高强度的作战任务。

同世界海洋大国相比,中国海军实力相对较弱,由于没有海外基地,舰艇远洋补给困难,加之官兵经验不足,这些都是实际情况。然而,中国海军缺乏的更多是实践和信心。现在,历史给中国海军提供了一个机会,中国应当抓住这一契机,进一步提升远洋作战综合能力。

最后,中国海军没有海外补给基地,是限制中国海军走向"蓝水"的重要原因。2014 年 3 月,在搜寻马来西亚航空公司失踪客机 MH370 过程中,暴露中国海军的这一弱点,当时,中国海军"千岛湖号"综合补给舰驶入澳大利亚的奥尔巴尼港,为由 18 艘中国舰船组成的搜寻马航失联客机舰队提供补给,这凸显了我国海军颇为头痛的一个问题:中国海军缺乏离岸基地和停靠访问的友好港口。

（二）海军军事工业基础薄弱——仍处于引进追赶阶段

虽然我国海洋军工科技在近年来已经取得了巨大的进步，但仍在部分关键子系统，如先进航空发动机和控制技术，潜用核反应堆和燃料电池技术，潜艇综合减噪与单双壳混合艇体技术、大型舰船用核反应堆等方面落后于俄罗斯，更是大大落后于美国。

尤其重要的是我国制造大型军舰，尤其是航空母舰的科技能力和经验非常缺乏。例如，辽宁号的前身瓦良格号，于2002年3月4日抵达大连港，2005年4月26日，开始对其进行改造和后续建造。直到2012年9月25日，才改建完成，正式更名为辽宁号，交付中国人民解放军海军服役。在这7年的改建期间，我国海洋军工科技人员基本上是摸着石头过河，边摸索，边改建。

第三节　建设共同竞合的强大海军

随着中国海洋经济的不断发展，海军新式武器装备与舰艇的数量与规模不断增大，这就迫切要求中国海军实现由浅蓝走向深蓝的转型，更好地维护中国日益增长的海外利益，促进中国的海洋安全。中国建设强大的海军，除了以有限的竞争手段维护本国的海洋安全外，更是为了维护国际海洋安全秩序，提供海洋公共安全产品，促进中国与各国的军事交流与合作。

一、世界海洋安全的共同维护者——中国海军的世界定位

英国海军战略学家埃里克·格罗夫根据米切尔·莫里斯著作中提出的观点，对世界海军作出了更细致的分类，把世界各国海军分为9个等级。

在最靠近陆地约200海里以内的海域，由于海水中混杂了泥土而呈现黄褐色，被国际海洋界冠以“黄水”或“褐水”的俗称。从褐水区域的终点延伸至数百海里以上的区域，海水较“褐水”纯净，而被定义为“绿水”。“褐水海军”和“绿水海军”是指以主要在“褐水”和“绿水”等靠近海岸的大陆架海域活动、依靠大陆基

地支持的海军力量，主要任务是保卫本国海岸线安全，因此又被称为“沿岸防御型海军”和“近海防御型海军”，“褐水海军”和“绿水海军”装备以陆基武器和轻型舰船为主。

绿水区域以外的深海区域，包括《联合国海洋法公约》规定的专属经济区和毗连区，海水相对“褐水”和“绿水”较纯净，受陆地杂质影响少，海水基本呈蓝色或蓝黑色，因此被称为“蓝水”。以蓝水海域为战略重点的国家海军力量是“蓝水海军”。蓝水海军的主要任务是保护本国的海洋权益和海洋安全，与威胁本国海洋安全的敌对势力在外海较独立地完成作战任务。蓝水海军具有兵力投送的性质，可全球部署，规模庞大，自给能力较强，装备以大型水面舰艇为主，一般都拥有可实施水面、水下、空中立体火力打击和兵力投送能力的航母舰艇编队。

表 5-1　　海军等级及其类型①

海军等级	海 军 类 型	对 应 国 家
第一	整体全球力量投送型海军	美国
第二	部分全球力量投送型海军	苏联
第三	中等全球力量投送型海军	英国、法国
第四	中等区域力量投送型海军	中国、印度、日本
第五	毗连地区兵力投送型海军	葡萄牙、以色列、南非
第六	近海领土防御型海军	挪威、埃及
第七	近岸领土防卫型海军	阿曼、新加坡
第八	海上警察型海军	墨西哥、斯里兰卡
第九	象征型海军	无

从表 5-1 中，可以看到中国海军与日本、印度海军一同列入第四级，属于中等地区投送型海军。下一步，我们的中期目标是要向着建设一支中等全球力量投送型的现代化海军之路迈进，除了具有海洋军事战略威慑和逼迫、远洋

① Geoffrey Till, *A Guide for the Twenty-First Century*, London: Frank Cass publishers, 2004, p.113.同见，石家铸:《海权与中国》，生活・读书・新知三联书店 2008 年版，第 220—221 页。

力量投送、海上控制等能力外，还应具有海军外交、维护国家安全和担当部分世界海洋警察职能、跨洋人道主义援助等能力。我们的长期目标是建成部分全球力量投送型海军——蓝水海军，即当中国的海外利益受到侵害时，我们的海军能够及时到达，保护中国的海外利益。无论如何，中国都不会和美国海军一样成为整体全球力量投送型海军。一是中国的国力无法支撑这样庞大的海军建设；二是美国的海军由于全球到达、全球作战，消耗了大量人力、财力，美国也有点吃不消。三是中国建设和发展强大的海军，不是为了称霸海洋。“中国人的血脉中没有称王称霸、穷兵黩武的基因”。[①]而是当一些热点地区出现危害全世界的海洋安全时，根据联合国的决议要求，承担起安理会常任理事国的安全责任，维护世界海洋安全。中国海军是世界海洋安全的共同维护者，而不是破坏者。

二、近海防御、远洋防卫的战略

实现海军由浅蓝走向深蓝的转型，首先海军的安全战略要发生转变。中国在 20 世纪 90 年代以前，实行的是近海防御战略。原因是那时国家的海洋经济利益或海外经济利益基本可以忽略不计；再加上海军装备不强，舰艇吨位小，抗风浪能力差，无法远航；最后就是中国经济实力不强，无力承担远洋舰艇建造费用。例如，美国重型航母造价为 35 亿美元，组建航母编队护卫舰艇需要花费 35 亿美元左右，舰载机需要 35 亿美元左右，共 100 亿美元左右，这才仅仅是建造费用，使用起来还要花费很多金钱。所以对中国来说，只能进行近海防御。

进入海洋世纪，中国经济总量位居世界第二，海外利益大大增加，“辽宁号”航母已经服役，这就要求海军安全战略进行转型。2015 年 5 月 26 日国务院新闻办公室发表的《中国的军事战略》白皮书中指出：“海军按照近海防御、远海护卫的战略要求，逐步实现近海防御型向近海防御与远海护卫型结合转变，构建合

① 习近平：《弘扬和平共处五项原则建设合作共赢美好世界》，载于《人民日报》2014 年 6 月 29 日第 2 版。

成、多能、高效的海上作战力量体系,提高战略威慑与反击、海上机动作战、海上联合作战、综合防御作战和综合保障能力。”①“近海防御与远海护卫结合”的战略转型并未改变中国海军的防御性和维护世界和平发展的决心。“远海护卫”的本质,则是在远海通过合作的方式维护海上安全,从而实现国际海域的共同安全。中国海军参与的索马里海域护航、搜救行动,都是很好的证明。

三、海军高新技术是维护共同海洋安全的第一战斗力

习近平指出:“只有把核心技术掌握在自己手中,才能真正掌握竞争和发展的主动权,才能从根本上保障国家经济安全、国防安全和其他安全。”②在21世纪这个海洋世纪,海军高新技术和核心技术不断涌现,已经成为决定新世纪海洋战争成败和海洋安全的第一战斗力。只有掌握了高新技术和核心技术,中国海军才能更好地承担起以竞争消除海洋军事安全威胁,促进世界海洋共同安全。

(一)积极攻关航母弹射器技术

用航母弹射器弹射舰载飞机,不仅能使舰载机占用更小的地方,更重要的是用更快的起飞、更短的时间投入作战空域,优势主要体现在:提高舰载机全天候起飞作战能力,受恶劣天气限制少;可以起飞固定翼预警机等大型舰载机,大幅增加航母预警安全距离;舰载机能够满油、满弹起飞,发挥出正常作战性能;节约舰载机起飞燃料,延长了航程。

在现代,航母弹射器外观形式分成两种:“拖索式”和“前轮牵引式”,前者是以钢索将舰载机挂载于滑块上,再推动滑块快速向前移动,将飞机沿着甲板上的轨道拖曳加速,进而起飞,目前仅有巴西的“圣保罗”号航母为此种弹射方式;后者则是将飞机前轮上的弹射杆挂载于甲板上弹射器的滑块中,经由弹射的拖曳达到加速之效,后者比前者省下大量的人力,弹射时间也更短,但舰载机需要经

① 中华人民共和国国务院新闻办公室:《中国的军事战略》白皮书,http://www.gov.cn/xinwen/2015-05/26/content_2868940.htm,2015年5月26日。

② 习近平:《在中国科学院第十七次院士大会、中国工程院第十二次院士大会上的讲话》,人民出版社2014年版,第10页。

过专门设计，目前这种弹射形式成为主流。①

目前世界上航母弹射器按照动力来源，主要有蒸汽弹射器和电磁弹射器两种。现在大规模使用的是蒸汽弹射器，以蒸汽作动力，其管线铺设于飞行甲板下，并在甲板的沟槽上连结一滑块，在“前轮牵引式”的情况下，舰载机会将弹射杆勾住于滑块，当弹射器注满蒸汽后，甲板会立起阻挡热蒸汽、保护甲板作业人员的“喷流挡板”，飞机再借由蒸汽的强大推力驱动滑块前进而起飞，多余的蒸汽再于管线末端排出。蒸汽弹射器造价昂贵，设计、制造和安装技术均复杂，保养非常费工夫，占用航母空间过大和过重（以尼米兹级来说，4 台蒸汽弹射器重量就有 2 280 吨，体积则有 2 265 立方米②），一般大型航母上都有两部以上的弹射器，可以在 2 秒内将飞机从静止加速到每小时 300 千米③。电磁弹射器（Electromagnetic Aircraft Launch System）主要部件是一套直线电动机，利用强大电流通过线圈产生的磁场推动滑块高速前进。电磁弹射器主要有以下几个特点：电流通过的线圈包裹着衔铁嵌在弹射轨道的内侧，产生强大的磁场；滑块在强大磁场下高速前进；在滑块运作的时候，只有滑块周围的线圈通电产生强大的磁场，以保证系统的能耗降到最低；整个系统长约 91 米（300 英尺），能够产生 45 000 千克的推力，最高能将飞机加速到 130 节（时速 240 千米）。④电磁弹射器最大的优点在于其加速度可以精确地控制。针对重型的战斗机和小型的无人机，可以调节不同的加速度，以适应其不同的起飞速度要求。⑤目前世界上能够制造这两种弹射器并投入使用的国家只有美国。

中国的“辽宁”号航母由于没有弹射器，歼-15 战机只好采用滑跃起飞方式，这样战机不能满油、满弹，战斗半径和战斗能力受到限制。大型预警机、反潜机等无法从航母上起飞，只好采用直升飞机来承担预警和反潜任务，这样航母的战斗力就大打折扣。目前，我国的海军科技人员正在积极攻关弹射器技术，争取在后来建造的国产航母上使用弹射器，增强航母的战斗力。

---

① 蒋林波：《国外舰载机技术发展》，航空工业出版社 2008 年版，第 35 页。

② 同上，第 40 页。

③ 柿谷、哲也：《海上钢铁霸主！航空母舰全图解》，瑞昇文化出版社 2011 年版，第 34 页。

④ Schweber，Bill. “How It Works”，*EDN Magazine*. 2002-04-11.

⑤ Lowe，Christian. Defense Tech：EMALS：Next Gen Catapult. 2008-02-27.

(二) 大力研发核动力航母

航母的轮机舱是整艘母舰的动力中枢，也是决定其排水量与体积的关键部位。一般按主机形式分作柴油机、燃气涡轮机、蒸汽涡轮机和核反应堆。由于航母属于大型舰船，以柴油机为动力牵引力不足，而燃气涡轮机则燃料耗量大，现在大型航母多用后两者，小型航母（排水量 3 万吨以下）使用燃气涡轮机（有些外加柴油机辅助），而中大型传统起降航母则使用蒸汽轮机。如“戴高乐号”“库兹涅佐夫号”，这些蒸汽可用于推进涡轮、发电机泵、灭火和注入蒸汽弹射器。如果航母蒸汽来源为核反应堆，则称之为“核动力航空母舰”，反之被称作“常规动力航空母舰”。核反应堆也分作“压水式”“沸水式”以及“游泳池式”，现在大部分使用压水式。

核动力航母相比常规动力航母的优势极为显著，拥有后者难以比拟的航程，以尼米兹级航母来说，添加一次核燃料就可连续航行约 20 年（单以舰上储备物资来看，续航能力则有 90 天之久），而美国正在建造中的福特号航母采用的新型 A1B 压水式核子反应堆发电量为尼米兹级 3 倍，其服役期间 50 年不用更换核燃料棒。1 克的铀可产生两吨重油燃烧出来的热量，能量转换效率极高。核动力航母在其他方面也有许多优势，它去除了以往建造者需费工夫敷设的烟囱与排气道等诸多管线，这些部件总是占用航母许多宝贵的空间，除了令舰体本身强度降低外，也让排出的废气腐蚀了设备与伤害了乘员的健康，突出的烟囱也让航母雷达反射面积大大增加①，其排出热流多少也会危及飞机的降落，烟囱本身也成了红外线制导导弹的目标，也因为暴露于外的排气道令该舰的“三防”（防核、化学、生物武器攻击）性能大打折扣。核动力航母可制造大量的淡水和充沛的电能，可用于空调和大量电器产品，改善乘员的生活环境，也因为节省了管线和储存油料的舱房等空间而使之装载的物资（如航空燃油、补给品、炸弹）更多、人员起居空间变得更大、自持战斗能力更久。②

我国的“辽宁号”航母由于采用常规动力，其续航能力在 18 节航速下只有

---

① 陈书海、张正满：《航空母舰：海军史上的里程碑》，国防工业出版社 2007 年版，第 196 页。

② 同上，第 197 页。

8 000海里，所以，作战半径有限，主要活动于第一、二岛链之间。要进行更远的航行，航母战斗群必须有大型远洋补给舰跟随。这大大限制了“辽宁号”航母的远程投射能力，而大型远洋补给舰防护能力弱，在海战时期往往成为容易攻击的海上靶子。我国虽然能制造核潜艇，但核潜艇排水量只有 1 万吨左右，而核动力航母一般 8 万吨起步，只靠一个核反应堆不行，需要 4 个以上的反应堆协同运行才行，这对航母设计、核反应堆设计和协同技术提出了更高的要求。所以，核动力航母是海洋强国的重要技术标志。目前，我国采取先消化吸收改造辽宁号航母，再自行建造一两艘常规动力航母，掌握了建造大型航母的经验，攻克了核反应堆技术难题，最后建造核动力航母的渐进式技术发展道路。

（三）航空发动机是海洋军事工业技术的明珠

航空发动机（aircraft engine）是指主要用来产生拉力（螺旋桨发动机）或推力（喷气发动机）使飞机前进的引擎设备。除了产生前进动力外，它还可以为飞机上的用电设备提供电力、为空调设备等用气设备提供气源等。总之，航空发动机就是飞机的“心脏”，它的好坏决定着飞机的质量和性能。

众所周知，航空发动机制造业是世界最先进高科技的综合利用系统，是集精密材料、电子传感信息科技、燃料学、数字传输控制等最新科技成就为一体的一个新技术与新兴工业的综合体，是多学科交叉、技术密集的高科技领域，是集现代科学技术成果之大成的高科技密集型产品，其发展水平标志着一个国家的顶尖制造技术水平，对整个第二产业——工业的发展起着引领的作用。因而航空发动机更被喻为“工业皇冠上的明珠”，而舰载机航空发动机则是海洋军事工业技术的明珠。

研制航空发动机尤其是军用发动机，是一项集高风险性、高资金密集型、高技术密集型、高周期的事业。研制一种新式军用涡扇发动机的经费，世界上99%的国家都承担不起。由于航空发动机研究属于长周期实验性科学，任何一种新式喷气航空发动机都必须进行数以万计的科学试验和适应性检测，大量的试验就需要大量的资金来支持。例如，美国著名的 F-35 战斗机使用的 F-135 发动机就经过了漫长的研发和实验。2005 年 11 月底，普拉特 · 惠特尼（Pratt & Whitney，简称普惠）公司完成对 F-135 的总装。2006 年 3 月，F-135 发动机进行了数千小时的地面静态测试实验。2006 年 10 月,F-135 被首次安装在飞机上进行飞行测试,并且测试成功。直到 2010 年年初,在经过 13 000 多小时的飞行性能测试之后,普惠公司才向美国空军交付了第一台 F-135 型涡扇发动机,用于装备 F-35 战斗机。①由于我国在 20 世纪六七十年代世界航空发动机大发展时代,受到“文化大革命”的影响和破坏,没有资金投入到发动机科研领域,这就造成中国的航发断档落后了先进国家 30 年,产生了巨大的技术代沟。再如,由于美国海军采用的 F-35B 除了常规起降之外,还能够垂直起降,因此 F-135 发动机还特地增加了可以向下弯折的矢量推力喷嘴,这个喷嘴平直状态下能够滑翔起降,而向下弯折状态则在垂直起降的场合使用,可以大大地缩短起飞/降落距离。由于要求特殊,所以,美国海军是最晚才能装备 F-35B 战机的军种。

经过我国科技人员的努力,我国终于能够生产制造涡扇-10 和涡扇-15 航空发动机了。但通过使用情况来看,太行发动机的质量还是不太令人满意,稳定性不够,在空中容易出故障。战斗机在空中一旦出现故障就是致命的,所以,我们国家采取“两条腿”走路的办法。例如歼-11 和歼-20 等双发战斗机,一个采用国产涡扇发动机,一个采用俄罗斯的发动机,如果一个发动机出故障,可以关闭它,用另外一个发动机慢速飞行。而舰载机歼-15 由于作战要求高,只好全部使用俄制发动机。

航空发动机研发是没有捷径的,必须一步一个脚印、稳扎稳打地推进。例如,美国从第二次世界大战结束以来,在航发研发上,政府和各个公司投入了 1 000 多亿美元进行研发。美军在 21 世纪联合作战的纲领性文件《2020 年联合设想》中,提到构成美国未来战略基础的九大优势技术,其中航空发动机排在第二位。②正是认识到了这些差距,在 2015 年国务院发布的《中国制造 2025》白皮书中将航空发动机作为“中国制造 2025”的十大重点项目之一。我们国家更是在 2016 年 8 月成为中国航空发动机集团,整合了原先分散的航空发动机研制生产力量,以此来加强各种类型发动机的研发和制造工作,集中人力、物力、财力来解决航空发动机设计、制造、实验和相关金属材料研制等薄弱环节,建立和形成

① F135 JSF engine characteristics, http://F135engine.com, Retrieved: 22 May 2010.

② Joint Vision 2020, http://www.dtic.mil/jv2020, 30 May 2000.

中国各型号的航空发动机研制和生产的完整产业链，以提升我国航空发动机整体水平。

四、海军人才是实现共同竞合安全观的第一资源

海军作为装备技术非常复杂的兵种，其特点是知识密集、科技密集和人员密集，对海军的科技素质和操作水平要求极高。随着现代高新技术的发展，海军装备日益向信息化、智能化、自动化和综合化方向发展。胡锦涛指出："要牢固树立人才资源是第一资源的观念，充分发挥人才资源开发在经济社会发展中的基础性、战略性、决定性作用。"①所以，人才问题成为影响海军战斗力建设的核心问题，人才资源是实现中国海洋安全的第一资源。

（一）大力发展海洋军事教育

江泽民指出："打赢未来可能发生的高技术局部战争，既要依靠现代化的武器装备，更要依靠具有现代科学文化知识和现代军事技能，思想上、政治上过得硬的高素质的军事人才。"②实现海洋安全的关键，人才是基础和根本；人才的大批量培养和涌现，教育是关键。海军院校是培养海洋军事人才的主要基地，中国海军绝大多数的舰艇指挥官都是在各大海军院校中培养出来的。

中华人民共和国成立后，党和国家领导人就十分注重对海军人才的培养建设，1949年11月22日，毛泽东就高瞻远瞩地批准成立了中华人民共和国海军第一所正规学府——大连海军学校（大连舰艇学院的前身）。60多年来，海军教育事业不断发展，全国范围内建立了多所著名的一流海军院校。到目前，中国人民解放军海军直属的军事院校有8所（见表5-2），这些海军院校建立健全了新的海军人才培养体系，为教育培养现代化的海军人才奠定了坚实的基础，提供了人才保障。

---

① 胡锦涛：《实施人才强国战略　坚持党管人才原则》，http://news.xinhuanet.com，2003-12-20。

② 江泽民：《与时俱进的理论创新——江泽民重要论述专题研究》，人民出版社2006年版，第376页。

表 5-2 中国海军直属军事院校一览表①

院校名称	地 点	特点及教育任务
海军指挥学院	南 京	是中国海军最高学府，海军中高级军官的晋升，必须经过该院培训，才有资格进入中国国防大学学习
海军兵种指挥学院	广 州	是中国海军指挥军官的中级培训学校，经过该校培养的军官方有资格担任中级海军军官并进入海军指挥学院学习
大连舰艇学院	大 连	是中国海军的第一所学校，是中国海军水面舰艇部队的初级培训学校，参加全国高校统一招生
海军潜艇学院	青 岛	是中国海军潜艇部队的初级培训学校，参加全国高校统一招生
海军工程大学	武 汉	是中国海军技术军官的初级培训学校，参加全国高校统一招生
海军航空工程学院	烟 台	是中国海军航空兵技术军官的初级培训学校，参加全国高校统一招生
海军飞行学院	葫芦岛	是中国海军航空兵飞行员的初级培训学校
海军蚌埠士官学校	蚌 埠	是中国人民解放军海军陆、海勤士官的培训学校

通过表 5-2 可以看出，我国海军院校还是以军种和专业分工来建立的，这样的好处是分工明确，责任清晰，有利于海军专门人才的培养。但是，21 世纪的海洋战争对海军人才提出了更高的要求。例如，“辽宁”号航母服役后，要求海军指挥人才既有“上天能驾机、下海能操舰”的指挥才能，必要时还要具备指挥两栖登陆作战的指挥才干。这就要求海军指挥人才是多面手、通识型人才。海军联合作战指挥人才必须“精通三军”，掌握其他军兵种特性，才能有效指挥联合作战。培养海军联合作战指挥人才，是一项长期的系统工程，不能毕其功于一役。未来，各个海军院校将在三个方面持续进行教育改革：首先，要进一步健全完善联合作战指挥人才培养机制，各个海军院校之间探索建立联合作战知识学习考评制度、联合作战指挥岗位任职资格制度和培训制度。其次，要持续扩大跨军兵种交叉学习培训规模，多安排有潜力的学员到联合指挥机构、到作战部队经受实践考验锻炼。再次，建立海军联合作战指挥人才培养对象数据库，实行动态跟踪，

① 中华人民共和国国务院新闻办公室：《2008 年中国的国防白皮书》，2009 年 3 月 18 日。

全过程重点考察和考核，不断培养和壮大联合作战指挥人才群体。

（二）舰载机飞行员是航母核心战斗力

舰载机是航母战斗力的核心，它承担着防空、反潜、反舰、对地攻击等各种各样的作战任务。但是，要想发挥出舰载机的最佳战斗力，很大程度上还是要依赖舰载机飞行员的高素质。所以，舰载机飞行员是航母培训体系中的重中之重，难度较大。拥有航母的国家都十分注意加强舰载机飞行员的选拔和训练。

与陆地飞行员相比，航母飞行员都必须面对特殊的要求和困难。即使是美国建造的世界上吨位最大的 10 万吨的核动力航母，其飞行甲板的长度也不到陆地普通机场跑道的 1/6，飞行员必须掌握短距起飞和甲板着陆的复杂技术。由于在航母上起飞和降落都有特殊要求，所以舰载机飞行员的培养和训练要远比陆基飞行员复杂得多。这些训练中最基本却也是最困难的当属甲板起降训练，而这其中又以着舰最为困难。一般而言，舰载机飞行员的起降训练大都从陆地训练平台开始，然后再转移到航母上。飞行员驾驶战机以非常大的下滑曲线，降落到航母这个移动的机场上，并用尾钩钩住拦阻索，其难度不言而喻。另外加上航母本身左右摇摆、上下起伏的运动、舰上干扰气流，如通过甲板表面而至尾部向下沉再往上升的“公鸡尾”气流和自右舷舰桥形成的乱流、风速限制（一般情况下，舰载机要降落必须要有 25 节以上的相对风，为了让降落顺利，航空母舰需要适时调整其航速）与可见度等都增加了着舰的难度，美国海军规定舰载机着舰时，航母纵摇不得超过 2 度，横摇不得超过 7 度，舰尾下沉不得超过 1.5 米。[①]由于舰载机起飞和降落远比陆地飞行复杂得多，因此失事率也比陆基飞机高得多。

优秀舰载机飞行员的培训是一个长期过程。众所周知，在机器大工业条件下，舰载机几天就生产一架，但能舰载机飞行员的则需要培养训练 5 年以上，才能在航母上执行战斗飞行任务。舰载机飞行员选拔可以说是千挑万选。首先要进行身体素质的海选，全国上下到处选人，一个县才能找到几个符合身体素质要

---

① 蒋林波:《国外舰载机技术发展》，航空工业出版社 2008 年版，第 28—29 页。

求的；飞行员先要上理论和飞行课，最终可能只有3/10左右的人能飞战斗机（剩下的只能飞民航客机或军用运输机等）；然后就是非常耗费金钱的上机部分了，地勤、燃油、飞机损耗，还要有飞行陪练等，所以说，飞行员一直都有“比黄金还宝贵”的说法。而舰载机飞行员还要从战斗机飞行员中进一步筛选。在战争时期，损失一架飞机很快就能补充上来，但是飞行员则至少需要一年左右的时间来“生产”，尤其是有战斗经验的熟练飞行员比起初级飞行员来更是宝贵，更是难以培养。第二次世界大战中的太平洋战争期间，美国、日本的航母大战就是这样，日本在珊瑚海、中途岛等几次海战中优秀舰载机飞行员被打光了后就是恶性循环，越补充初级飞行员，他们越容易人机同时被击落，直到最后神风自杀攻击行动断送掉最后一批飞行员，日本彻底失去制海权和制空权。

2012年9月25日，我国的第一艘航母——辽宁号正式交接入列。随后，辽宁号航母展开了一系列海上训练。其中重中之重是进行舰载机的起降训练，培养大量优秀的舰载机飞行员。因为，我国仅有一艘航母不够，还会陆续建造改进型的航母。航母的建造周期是5年左右，飞行员的训练必须同步进行，当新航母完工后，飞行员也培训完成，能够尽快形成战斗力。另外，航母飞行员和舰载机的比例一般是1.5∶1或2∶1，需要让飞行员轮换得到充分的休息。

五、战训合一的训练体制是共同竞合安全观的强大保障

海军强大的海上战斗力的产生与提高主要是依靠和平时期正规、系统、严格的训练。为了便于对海军的训练实施领导和管理，各国从自己的实际情况出发，选择了不同的训练体制。这些体制虽然在形式上有所不同，但大体上可以划分为两类，一类是作战与训练一分为二的体制，另一类是作战和训练合二为一的体制。实行一分为二体制的国家，主要有美国、英国、法国等。通常的做法是将舰艇开到训练基地、训练中心或以训练为主的舰队进行训练。采用作战和训练合二为一体制的国家，主要有俄罗斯、日本、中国等。

2013年11月28日，习近平在视察济南军区部队时强调：“军事训练是提高实战能力的重要途径和抓手，要坚持仗怎么打兵就怎么练，打仗需要什么就苦练什么，部队最缺什么就专攻精练什么，突出使命课题训练，加大对抗性训练力度，

走开基地训练的路子，在近似实战的环境下摔打锻炼部队。”①古代是养兵千日，用兵一时。而现在则是练兵千日，用兵一时。所以，海军的使命和任务主要有两个：一是时刻准备着打仗，即能打仗；二是战争爆发，能够取得胜利，即打胜仗。

（一）海军远洋军事训练常态化

过去，由于受经济条件、海军战略和军事硬件的限制（例如，一艘驱逐舰航行一海里耗油0.3吨～0.5吨左右），而中国海军舰艇的海上训练特别是远洋训练强度严重不足。21世纪之前，解放军海军舰艇大部分时段仍然只是在近海活动，直到1985年11月，解放军海军才首次走出国门前往巴基斯坦访问；1986年5月，解放军北海舰队多艘舰艇组成的联合编队于西北太平洋海域首次完成远海合同作战训练……美科学家联盟网站的报告则说，2005年中国潜艇的远洋巡逻次数是零，2008年提升到12次，但与约50艘潜艇的规模比起来，每艘中国潜艇平均要4年半才有机会巡逻1次。我们将继续常态化地组织远海对抗训练，进一步加强指挥信息系统的运用，进一步加大对抗训练的难度和强度，进一步检验复杂环境下的战法训法，进一步探索在远离陆岸情报信息支援下组织远海对抗训练的方法，切实提高舰队部队基于信息系统的体系作战能力。加快增强指挥员筹划指挥打仗的能力，突出体系对抗，努力缩小训练与实战的差距，着眼破解难题，全面提高远海机动作战能力。

（二）以复杂电磁干扰环境为训练背景

复杂电磁干扰环境是现代信息化战争区别于传统海洋战争的显著特征。第一次海湾战争中，美国为首的多国部队首先使用电子战机、电磁脉冲武器等干扰瘫痪伊拉克的雷达、军事指挥通信系统、无线电系统等，使伊拉克陆、海、空三军的上下通信联络完全中断，军队指挥体系处于混乱状态，为后来的压倒性胜利创造了前提。所以，平时训练中越是熟练掌握运用复杂电磁手段，越能在未来战场上掌握制胜主动权。实战化训练必须将复杂电磁环境下训练作为重要“突破口”，突出雷达、通信、光电等技术领域的侦察与反侦察、干扰与反干扰、对抗与反

---

① 习近平：《仗怎么打　兵就怎么练》，载于《人民日报海外版》，2013年11月30日第1版。

对抗，锤炼海军在复杂电磁环境下“看得清、联得上、打得准”等信息化作战能力。

（三）实行红蓝部队实兵对抗演习

过去传统的海军演习就是单方面打打靶等，对抗性不强。新式训练体制要求舰艇编队分别组成红蓝双方，“背靠背”进行攻防对抗。这能够营造逼真的海洋战场氛围，具有最好的实战化训练效果。某种程度而言，实兵“交战”对抗演习已经成为通向未来海洋战争的最后一道门槛，交战越激烈、对抗越逼真，实战化训练的质量水平就越高。

总之，在军队建设领域有“十年陆军、百年海军”的说法，这是指海军的培养是一个系统工程，陆军一个人就可以使用各种枪支弹药，而海军必须几百人才能驾驶一艘军舰。好的陆军士兵可以让武器战斗力最大，而军舰上任何一个人工做不到位都会导致短板效应，使军舰整体战斗力下降。培养几百个合格的海军人员比养成一个王牌陆军战士要难上几百倍。

中国人民解放军海军的转型和建设需要一个长期的过程。我们建设强大的海军不是为了在海洋上称王称霸，而是通过海洋军事竞争维护本国海洋安全与利益，同时加强与世界各国进行海洋军事合作，为共同维护世界海洋安全、和平与稳定作出新的更大的贡献。

第六章　倡导共同繁荣的海洋文化安全观

文化代表着一个国家和民族的文明程度、发展水平和未来趋势，文化既是综合国力中的“软”实力组成部分，也是综合国力是否强大的体现。在维护中国海洋主权利益的斗争中，海洋安全往往依托“两道铜墙铁壁”：一是以海洋经济、军事力量为主的铜墙铁壁，它是国家海洋“硬实力”的重要体现；二是以海洋文化力量组成的铜墙铁壁，它以思想观念、精神力量为基础，是国家“软实力”的重要体现。世界海洋历史经验表明，没有海洋文化的积极引领，没有涉海人民精神文明的极大丰富，没有海洋时代精神力量的充分发挥，一个国家、一个民族不可能成为一个海洋强国，并持续繁荣和发展下去。离开了海洋文化“软”实力的支撑，即便有一时的繁荣和强大，海洋强国地位也难以持久和巩固。一国海洋文化通过交流，可以在立足自己海洋文化特点的基础上，吸收和借鉴其他海洋文化的先进成分，让原来的海洋文化得到启发，继而产生新内容，不同的海洋文化之间开展对话、沟通和交流，最终形成世界海洋文化共同繁荣的局面。

第一节　海洋文化是海洋安全观的软实力

习近平指出：“政治是骨髓，经济是血肉，文化是灵魂。”①我们建设海洋强

① 习近平：《之江新语》，浙江人民出版社 2007 年版，第 149 页。

国，大家比较高度重视的是海洋经济实力、军事实力等硬实力，而忽视了海洋文化这样的软实力。作为正在建设中的海洋强国，我们仅仅漂洋过海把产品出口到世界各地，能够制造航母、舰载机、各式舰艇等是远远不够的，我们的海洋文化、海洋安全观念、海洋安全思想等也应该“走出去”，汇入世界海洋文化的汪洋大海之中，并占有一席之地，发挥重要影响力。

一、海洋文化是海洋强国的重要标志

中华民族在5 000多年的文化历史中，不仅创造了辉煌灿烂的大陆文化，更创造了影响深远的海洋文化。中华民族是最早走向海洋的民族之一，海洋文化曾经遥遥领先世界各国。在海洋世纪，中共十八大提出了建设“海洋强国”的海洋战略总目标，海洋强国不仅要在硬实力上强大，更需要发挥海洋文化“软实力”的重要作用。

(一) 海洋文化增强了建设海洋强国的凝聚力

曲金良指出：“海洋文化，作为人类文化的一个重要的构成部分和体系，就是人类认识、把握、开发、利用海洋，调整人与海洋的关系，在开发利用海洋的社会实践过程中形成的精神成果和物质成果的总和，具体表现为人类对海洋的认识、观念、思想、意识、心态，以及由此而生成的生活方式包括经济结构、法规制度、衣食住行习俗和语言文学艺术等形态。”[①]海洋文化调整人与海洋的关系主要表现吸引很多人从事海洋事业、热爱海洋事业，发挥海洋文化的感召力和凝聚力。“海洋强国”战略目标的实现需要成千上万的、各式各样的人才的广泛参与才能实现。除了国家政策上的鼓励外，更重要的是用海洋文化团结人、吸引人，最大限度地发挥海洋人的主观能动作用，在同样的客观条件下，创造出最大的海洋物质财富和精神财富。如果缺少海洋文化凝聚力，整个海洋强国建设队伍就会成为一盘散沙，海洋强国建设速度就会减缓，甚至会造成海洋强国目标的无疾而终。

---

① 曲金良：《发展海洋事业与加强海洋文化研究》，载于《青岛海洋大学学报(社会科学版)》，1997年第2期，第1页。

海洋文化作为凝聚心灵与思想的黏合剂，它的增强使海洋强国建设成员在心理、情感、思想等方面高度认同，在价值取向、理想信念上趋于一致，进而使整个国家在抓住建设海洋强国的战略机遇期时，实际行动步调一致，精诚合作、勠力同心、集思广益，同舟共济、攻坚克难，海洋精神空前强烈和高涨，此时的海洋文化的凝聚力便成为催动中华民族拥抱海洋世纪、走向海洋强国的巨大发展动力和强大精神支撑。

（二）海洋文化提升海洋强国国际亲和力

海洋文化是建设海洋强国动力的重要源泉，一个国家尤其是海洋强国所创造的海洋文化成果，不仅丰富了本民族的文化宝库，也为世界人类文化增添了一笔重要财富；海洋文化不仅为本民族所享用，也为其他民族所借鉴分享。一个海洋文化“软实力”较强的民族，更容易赢得其他民族在观念上的认同、情感上的亲近、行动上的支持和响应。这种使其他民族尊重、亲近和支持的能力，就是“海洋文化亲和力”。

海洋国家的国际亲和力，是一个国家的海洋文化软实力的直接体现。我国在经济全球化条件下全方位参与国际海洋事务的合作和竞争，特别要重视海洋文化内外的统筹协调。一方面，和平的国际海洋环境是国内海洋文化发展和传播的必要条件；另一方面，优秀的海洋文化是国家对外展示的最好形象大使。在海洋世纪，对外海洋文化交流工作和对外海洋宣传工作的最重要任务，是要把海洋强国的丰富内容，准确有效地传递给外部海洋国家。要让尽可能多的国际友人理解，中国已经取得和将要取得的海洋发展成果，不仅意味着中国海洋实力越来越强大，更意味着中国要承担更多的海洋责任，而且进一步意味着中国越来越“成为对外更加开放、更加具有亲和力、为人类文明作出更大贡献的国家”。

二、海洋文化是海洋军事安全的导航灯

习近平指出：“文化的力量，或者我们称之为构成综合竞争力的文化软实力，总是‘润物细无声’地融入经济力量、政治力量、社会力量之中，成为经济发展的‘助推器’、政治文明的‘导航灯’、社会和谐的‘黏合剂’。”①海洋文化的力量不仅融入政

① 习近平：《之江新语》，浙江人民出版社2007年版，第149页。

治、经济和社会当中，还融入了海洋军事当中，指导着海洋军事安全的发展。

(一) 腐朽的海洋文化导致清政府海战中一败再败

在中国近代海洋历史上，腐朽的清政府海军硬实力不行，基本上一打就失败；而海洋文化“软实力”不行，更导致了一败再败。这里，我们来看两个典型的例子。第一个突出的典型就是第一次鸦片战争后，林则徐被罢黜事件。第一次鸦片战争中，英国海军在广州和福建并没有取胜，清军虽然吃了败仗，但是如果按照林则徐和魏源的海洋文化做法，马上惊醒过来，即刻睁眼看世界，向西方学习，就可能避免后来列强的屡次海洋侵略。但是清政府确把战争失败原因简单地归咎于虎门销烟，罢免了林则徐的官职，并发配边疆，以为这样就可以获得海洋安全。而实际却是白白埋没了海洋安全人才——林则徐，打断了学习西方海洋文化的大好机遇。

第二个例子就是甲午战争中清政府实行的海军消极防御安全方针。当时号称“亚洲第一”的清朝海军成军之后，就分散布兵，“北洋创设水师一军，俟力渐充，就一化三，择要分布”①，众所周知，不管是陆战还是海战，集中兵力都是取胜的前提。清政府把海军分成三大海军：北洋水师、南洋水师和福建水师，就分散了海军兵力。三大水师中以北洋水师规模最大，装备最好，战斗力最强。就是这样强大的海军奉行的却是“无事时扬威海上，有警时仍可收进海口，以守为战”②的消极保守军事安全观念。李鸿章还认为：“我之造船本无驰骋域外之意，不过守疆土，保和局而已”③，即使“将来器精防固，亦不宜自我开衅。彼族或以万分无礼相加，不得已而一应之耳”。④清政府建设海军是为了防守的目的而建立的，即使使用海军打仗，最终目的也不过是保和局。

北洋水师在黄海大东沟一战失利后，当时的北洋水师损失了“致远”“经远”“超勇”“扬威”“广甲”（“广甲”逃离战场后触礁，几天后被迫自沉）5 艘军舰，死伤官兵千余人；日本舰队“松岛”“吉野”“比睿”“赤城”“西京丸”5 舰受重创，死伤官

---

① 中国科学院近代史研究所史料编辑室、中央档案馆明清档案部编辑组编：《洋务运动》（一），上海人民出版社 1961 年版，第 146 页。

②④ 李鸿章：《奏稿》卷 24，吴汝纶主编：《李文忠公全集》，文海出版社 1980 年版，第 11 页。

③ 李鸿章：《朋僚函稿》卷 19，吴汝纶主编：《李文忠公全集》，文海出版社 1980 年版，第 47 页。

兵600余人。此役北洋水师虽损失较大，但并未完全战败，仍然有战斗的能力。因为“定远”“镇远”二舰服役时是当时亚洲最大型的铁甲巡洋舰，排水量7 000多吨，二舰虽然在大东沟海战中被日军海军重点攻击，中弹极多，但因其铁甲坚固，因而只是一般破损，都没有失去战斗力。经过修复后，北洋水师如果发扬“破釜沉舟”“鱼死网破”的海洋军事文化精神，依旧还有反败为胜或者打成平手的机会。然而李鸿章为了保存实力，命令：“惟不必定与拼击，但令游弋渤海内外，作猛虎在山之势，倭尚畏我铁舰，不敢轻与争锋。”①因此，北洋舰队躲入威海卫港内，不准出海迎敌，让日本夺取了黄海的制海权。后来在日本海陆军联合夹击之下，北洋水师全军覆没。

（二）优良的海洋文化促进海洋军事的不断变革

1. 海洋文化促进海军技术上的不断创新。我们的海洋文化必须鼓励中国海军发扬创新思维、树立创新精神和提倡勇敢的试验。

2. 海洋文化促进海军作战理论的不断发展。随着海军新技术、新装备的不断应用，海军作战理论也应该不断更新换代。

3. 中国历史上，为反抗外来海洋侵略、民族压迫，中国同西方列强之间曾发生过无数次战争。其中许多关键性的海洋战争，往往决定或影响某阶段历史的演进和国家的兴亡盛衰。这些海洋军事文化是人民海军的血脉灵魂和海军指战员的精神源泉。创新发展先进军事文化，对于保持海军思想政治优势、推动海军建设科学发展、有效履行建设海洋强国新的历史使命，都具有重大而深远的意义。

三、海洋文化是海洋经济增长的重要引擎之一

海洋经济是海洋文化的物质基础，海洋文化是海洋经济发展的动力，两者相互渗透、相互制约、相互促进。

（一）海洋文化为海洋经济的发展提供智力支持

海洋文化的本质特征是开拓进取，富于冒险精神。它存在于沿海地区人民

---

① 李鸿章：《奏稿》卷78，吴汝纶主编：《李文忠公全集》，文海出版社1980年版，第53页。

经济生活的各个方面，面向海洋，开发海洋，已经成为中国沿海地区的共识。1978年对外开放以来，东南沿海省份的GDP增长速度、人均收入和经济实力都排在全国省份的前列，这既有国家对外开放政策首先试点的影响，还在很大程度上表现出了海洋文化对海洋经济的带动作用，海洋文化为海洋经济提供了精神动力、智力支持。

（二）海洋文化为海洋经济的发展提供精神支撑

法国经济学家佩鲁强调文化价值对社会发展具有决定性意义，他认为任何发展目标和发展环境都与文化环境息息相关："企图把共同的经济目标同他们的文化环境分开，最终会以失败而告终，尽管有最为巧妙的智力技巧。如果脱离了它的文化基础，任何一个经济概念都不能得到彻底的思考。"[①]人们开发利用海洋的历史，也就是海洋文化的产生发展历史，海洋历史进程中始终离不开海洋文化经济中的人文特性。缺乏海洋文化基础的海洋经济发展并不能长远。在海洋经济发展的过程中，海洋文化塑造了人们与时俱进和开拓创新的意识，使海洋经济发展在不同阶段都能获得有效的精神支撑。

综合来讲，海洋文化是一种凝聚力、竞争力、影响力，海洋文化的功能一是引领海洋风尚、培育人民海洋意识、推动海洋经济发展，二是满足建设海洋强国进程中人民过上美好生活的精神需求。

第二节　中国海洋文化面临的挑战

一、陆主海从的传统文化特征

从自然生态及其文化衍生特征上作最基本的属性归类，可以将自古以来的中华文化分为陆地文化和海洋文化两大类型。其中，陆地文化又可以分为游牧

① 陈智勇：《海南海洋文化及其与海南海洋产业发展关系的几点思考》，载于《海南师范学院学报》2001年第1期，第23—27页。

文化和农耕文化。游牧文化在中华疆域的北部和西部催生了古老的畜牧文明，但由于其承载主体——游牧民族早期的迁徙多变、承传不足，致使这一起步不迟的文化没有得到应有的发展，而以黄河、长江萌发的农耕文化因为起步早、延续性强、积累充分，生成了延绵数千年的中华陆地文化，陆地文化一直是中国传统文化的主体和标志。

在数千年的中国古代社会，海洋文化是受鄙薄的文化。因为从陆地文化的角度看，海洋文化之地处于荒远的偏僻之地，交通不便，缺乏威严的皇权、纲常伦理的教化。中国历史上，只有犯罪受贬者才会被迫来到沿海一带地区，居处在这些地方被视作一种贬斥惩罚，这正体现着陆地文化占据主导地位的深刻的文化地理歧视。

中国的历代统治者一贯坚持"以农立国"的政策，对工商等所谓"本末倒置"的行为多实行抑制和排斥的政策。由农耕生产方式而生成的中华传统文化是以大陆文化为主流的文化类型，海洋文化一直处于非主流的文化状态。我国传统文化的主体仍然是农业文化，把海洋看作陆地农田的延伸或补充，着重强调了海洋本身的农业价值，而忽略了海洋是开辟市场、进行商贸活动的重要通道。这就造成了中国古代虽然有大量的闪耀史册的海洋文化，但是海洋文化在整个国家文化中处于从属和边缘地位。

二、海洋文化历史虚无主义的冲击

由于陆主海从的文化传统，再加上明清末期的闭关锁国政策，致使很多西方人认为中国没有海洋文化，其中以德国哲学家黑格尔为典型。他在《历史哲学》中对西方的海洋文化给予了高度赞赏："大海邀请人类征服，从事掠夺，但是同时也鼓励人类追求利润，从事商业。平凡的土地、平凡的平原流域把人类束缚在土壤上，把他卷入无穷的依赖性里边，但是大海却挟着人类超越了那些思想和行动的有限的圈子。航海的人都想获利，然而他们所用的手段却是缘木求鱼，因为他们是冒了生命财产的危险来求利的。因此，他们所用的手段和他们所追求的目标恰巧相反。这一层关系使他们的营利、他们的职业，又超过营利和职业而成了勇敢的、高尚的事情。从事贸易必须要有勇气，智慧和勇敢必须结合在一起。因为勇敢的人们到了海上，就不得不应付那奸诈的、最不可靠的、最诡谲的元素，所以他们必须同时具有权谋——机警。”[①]西欧国家由于农牧业不发达，所以非常依赖海洋贸易，以互通有无，满足国家经济发展的需要。因此，西方人从事航海事业的首要目的是获取利润。因为过去造船业不发达，木头制作的船只很容易沉入海底，航海的船员和水手是冒着生命危险从事航海事业的，在同海洋搏斗的过程中，航海人员形成了勇敢、冒险、机警等海洋文化。黑格尔在赞美海洋文化后，又指出了东西方在航海事业上的区别：“这种超越土地限制，渡过大海的活动，是亚细亚洲各国所没有的。就算他们有更多壮丽的政治建筑，就算他们也是以海为界——像中国便是一个例子。在他们看来，海只是陆地的中断，陆地的天限；他们和海不发生积极的关系。”[②]以中国为代表的东方国家，把大海当作陆地的边疆，由此产生了海疆观念。在海洋贸易上，中国古代虽有一些海洋贸易，但大多限于港口贸易；中国古代虽有海上丝绸之路，但主要以官方的使臣来往和宗教活动为主等，大量民间海洋贸易常常以走私形式为主。这就造成中国古代和海洋不发生积极的关系。

对于东西方在近代产生巨大差距的原因，黑格尔认为就是大陆文化和海洋文化的差别。“农业在事实上本来就是指一种流浪生活的终止。农业要求对于将来有先见和远虑，因此，对于普遍的东西的反省觉醒了，所有权和生产性实业的原则就孕育在这当中。中国、印度、巴比伦都已经进展到了此种耕地的地位。但是占有耕地的人民既然闭关自守，并没有分享到海洋所赋予的文明（无论如何，在他们的文明处在成长变化的时期内），既然他们的航海——不管这种航海发展到怎样的程度——没有影响于他们的文化，所以他们和世界历史其他部分的关系，完全只由于其他民族把它们寻找和研究出来”。[③]由于中国、印度、巴比伦这些古国的以农业文明为代表的大陆文化根深蒂固，并且占据统治地位，自给自足的自然经济造成了这些国家虽然有航海事业，但是海洋贸易不以走向海外获取别国资源为主，仅仅是农耕经济的补充。这样古代航海事业没有影响或撼动大陆文化，因而使得东方在世界近代历史上落后西方。

由于黑格尔在西方有着深远的影响，许多西方国家和人民认为中国没有海

① ［德］黑格尔：《历史哲学》，王造时译，上海书店出版社 2001 年版，第 92—93 页。
② 同上，第 93 页。
③ 同上，第 104 页。

洋文化。在“西学东渐”过程中，中国的一些学者不加辨别地把黑格尔的观点引进了过来，再加上海洋文化在中国古代文化中处于边缘地位，更重要的是近代历史上，中国被西方的巨舰大炮一次次打败，在海洋文化上产生了严重的自卑心理。所以，在中国就出现了海洋文化历史虚无主义的思潮。在此思潮的影响下，中国优秀传统海洋文化的挖掘和弘扬就受到极大的冲击。习近平指出：“中国共产党人不是历史虚无主义者，也不是文化虚无主义者。我们从来认为，马克思主义基本原理必须同中国具体实际紧密结合起来，应该科学对待民族传统文化，科学对待世界各国文化，用人类创造的一切优秀思想文化成果武装自己。”①所以，在海洋文化建设中，我们一定要抵制海洋文化历史虚无主义的冲击，充分挖掘和弘扬优秀传统海洋文化，批判吸收借鉴世界各国海洋文化，努力建设和发展中国特色海洋文化。

三、西方海洋文化冲击的威胁

早在100多年前，马汉除了提出海权论，还提出了对中国的文化上的门户开放政策，他指出：“处理中国问题的目标：一是防止任何国家或国家集团处于政治上的绝对控制地位；二是坚持广义上的门户开放。也就是说，中国不仅要在商业上开放，也要对欧洲的思想和各个领域的欧洲教师开放，但后者必须是自愿来华者，不能是国家政府的代理人。就实际意义而言，对中国进行思想影响远比给它物质帮助更重要；对欧洲国家来说，若中国变得有序而强大，但没有受到凌驾于物质力量之上的公正、高尚的观念所熏陶，那确实是件危险的事。”②堡垒最容易从内部攻破。③这本来是一个军事术语，但是马汉认为控制中国最好的办法是向当时的中国传授西方的政治思想，引导中国内部变革，走美国希望的道路。他写道：“美国政府不会让中国问题放任自流。中国应该接受外来的正确的政治观点和高深的思想，并把它们与中国的具体情况相结合，进而从内部实现应有的变

---

① 习近平：《在纪念孔子诞辰2 565周年国际学术研讨会暨国际儒学联合会第五届会员大会开幕会上的讲话》，2014年，第13页。

② [美]马汉：《海权论》，一兵译，同心出版社2012年版，第190页。

③ 中共中央文献研究室：《改革开放三十年重要文献选编》下，中央文献出版社2008年版，第1096页。

革。一个国家不可能在短期内获得新生;单凭外来压力也不可能使个人身上的素质被国家组织所拥有。变化过程只有始于内部并且以其固有的或植入的活力为条件。"①为了达到上述目标,美国必要时可用武力来推行文化门户开放政策。他强调:"为了普遍的利益,必须使中国对欧美国文明开放,必要时可使用武力。无论美国的态度如何,上述工作一定要进行。"②

在海洋文化门户开放政策的影响下,美国总统西奥多·罗斯福就将清政府的庚子赔款退还一部分,专门用来在中国开办学校,用美国等西方思想教育中国学生;另外还用赔款来支付清政府派遣的留美学生的费用。当时为什么美国人想用退赔的庚款办学呢?美国伊里诺大学校长詹姆士在1906年给罗斯福的一份备忘录中声称:"哪一个国家能够做到教育这一代中国青年人,哪一个国家就能由于这方面所支付的努力,而在精神和商业上的影响取回最大的收获","商业追随精神上的支配,比追随军旗更为可靠"。因此他敦促美国政府采取措施通过吸引中国留学生来造就一批为美国从知识和精神上支配中国的新的领袖。直到21世纪的今天,美国仍然采取奖学金、助学金等方法吸引中国学生留学美国,试图用美国的文化影响中国未来的知识精英。

第三节　促进海洋文化共同繁荣的新举措

在海洋世纪,中国高举促进世界海洋文化共同繁荣的新旗帜,既大力弘扬中华民族优秀传统文化,又促进世界不同国家和地区的海洋文化相互交流、相互借鉴,取长补短,促进世界海洋文化的共同繁荣。

一、用海洋传统文化增强海洋文化吸引力

(一) 弘扬"官山海"和"历心山海国家富"海洋经济文化

中国是世界上开发海洋资源较早的国家。从沿海地区的居民大规模采拾贝

---

①② [美]马汉:《海权论》,一兵译,同心出版社2012年版,第192页。

类开始计算，中国的海洋渔业至少已有 7 000 年的历史，而利用海水制盐则至少有 5 000 年的历史。因此，中国古代思想家和政治家曾最早从战略意义上认识到了海洋开发的重要性，并提出了相应的海洋经济思想。

早在周代，地处山东沿海地区的齐国就十分重视开发海洋渔、盐资源，并因而富强起来，《史记》记载："太公至国，修政，因其俗，简其礼，通工商之业，便渔盐之利，而人民多归齐，齐为大国。"①到春秋时，齐桓公问管子何以富国，管子告诉他"惟官山海为可耳"②，即由国家组织开发山海资源，国家就能富强。管子认为，齐国是"海王之国"，即海洋大国，必须重视开发海洋资源，其中重点是海盐。齐桓公接受了管子的意见，官府支持并垄断了海盐生产和运销，因而使齐国日益强盛，成为了春秋的霸主。正如《左传》所说：齐国"通渔盐之利，国以殷富，士气腾满"。③战国时期韩非总结前人的治国经验时说："太山不立好恶，故能成其高；江海不择小助，故能成其富。故大人寄形于天地而万物备，历心于山海而国家富。"④在距今 2 000 多年前，世界上其他国家的思想家还没有人像他那样把发展海洋经济的意义提到如此高度。

管仲的"官山海"政策后来形成了中国古代官府垄断海盐业的盐业专卖制。这个制度一直延续到民国时期。在长达 2 000 多年的时间里，盐业收入一直是封建王朝财富的主要来源之一。据《新唐书》记载，唐代大历年间盐税高达 600 万缗⑤，"天下之赋，盐利居半，宫闱服御、军饷、百官禄俸皆仰给焉"。⑥在近代社会，入侵中国的帝国主义也十分重视盐税。1913 年袁世凯向俄、英、法、德、日组织的五国银行团签订《善后借款合同》时，就以盐税为抵押，把盐业专卖大权交给了帝国主义列强。可见，管仲的"官山海"思想的影响多么深远。

（二）弘扬郑和精神，破除海洋威胁论

面对着各种各样的"中国威胁论"，尤其是"和平崛起""强国战略"等的提出，

---

① ［西汉］司马迁：《史记·齐太公世家》。

② ［春秋］管仲：《管子·海王》。文中的"官山海"亦称"管山海"。

③ ［春秋］左丘明：《左传·记事本末》。

④ ［战国］韩非：《韩非子·大体》。

⑤ 缗，读 mín，绳子的一种，用于将物品串联起来；文中是指计量单位，即十串铜钱，一般每串一千文。

⑥ ［北宋］欧阳修、宋祁、范镇、吕夏卿、曾公亮编：《新唐书·食货志》。

西方有人认为中国比欧美的体制和发展模式更有效,中国将取而代之,中国的发展是对西方国家的严重威胁。如何破除“中国威胁论”,宣传、弘扬郑和下西洋精神是最有效的方法。

罗素认为中国是一个“骄傲到不屑打仗”的民族,并对中华民族的未来成就做了高度评价。“如果在这个世界上有‘骄傲到不屑打仗’的民族,那就是中国。中国人天生宽容而友爱,以礼待人,希望别人也投桃报李。只要中国人愿意,他们可以成为天下最强大的国家。但是,他们所追求的只是自由,而不是支配”。①郑和七次下西洋的壮举,历史性地开辟了亚非海上航路,传播了中华物产和中华文明,正是中国人自古以来热爱和平、不愿打仗、共同维护世界海洋安全的集中体现。

1. 郑和下西洋加强了东西方海洋经济的交流和发展

郑和七次下西洋,到达亚非 30 多个国家和地区,不但是我国古代航海史上的空前壮举,就是在当时世界航海史上,也是规模最大的一次。它加强了中国与亚非各国人民之间的海洋贸易交流和友好来往,使中国先进的文化传播到世界各地;同时外国的方物也被引入中国,例如香料、长颈鹿、榴莲等动植物,都是这个时候引进中国的。另外,更多的古代中国人来到南洋(今东南亚地区),为南洋的开发和建设,作出了巨大的贡献。

2. 郑和下西洋促进了中外文化的双向交流和共同进步

郑和七次下西洋,传播了中华文明,促进了中外文化的双向交流和共同进步。郑和下西洋,向海外传播科学文化、典章制度、文教礼仪、宗教艺术等中华文明。同时,亚非国家的文明成果也传入中国。

3. 郑和下西洋增进了中国与沿线国家的海洋友谊

郑和七次下西洋,在与不同国家进行文化、经济交流的同时,没有占领别国或地区一寸土地,没有建立一个殖民要塞,没有暴力掠夺一分财富。而是通过多种形式与当地开展双边贸易,平等互利,互通有无。郑和下西洋代表了中华民族发展和平共处、睦邻友好关系的海洋精神实质,不仅完美地展示了中华民族对外海洋交往的优良传统,也是人类海洋文明发展进程中的一个杰出典范和成果。这就是先进的中华文化、先进的海洋文化。

---

① [英]罗素:《中国问题》,秦悦译,学林出版社 1996 年版,第 154 页。

二、以海洋文化自强推动海洋文化共同繁荣

要促进海洋文化海洋文化共同繁荣，就必须加强海洋文化自身建设，以实现海洋文化自强。海洋文化自强的一条重要途径就是发展海洋文化教育事业。海洋文化教育事业的目的是唤醒和传承海洋意识，形成人人关心海洋安全，积极参加海洋强国的局面。为了更好地摸清大学生的海洋意识状况，尤其是海洋相关专业大学生的海洋意识现状，本书对潍坊医学院、潍坊学院和山东交通职业学院航海学院的大学生进行了问卷调查，共发放 400 份问卷，收回 381 份问卷。通过分析问卷调查结果，发现需要加强以下方面的海洋文化意识教育。

（一）海洋国土意识教育

中国是一个海洋大国，拥有主张管辖权的 300 多万平方千米的海洋国土。通过这次问卷调查，71.1%的大学生认为，中国国土总面积只有 960 万平方千米的陆地面积，而不知道还有 300 多万平方千米的管辖海域。过去的地理课教材把国土限制为“960”万平方千米；在地图绘制上，陆地国土的比例尺小，而海洋国土的比例大，造成我国南海区域就是一个小方块放在地图右下方，让人觉得蓝色国土面积很小，和陆地相比无足轻重。

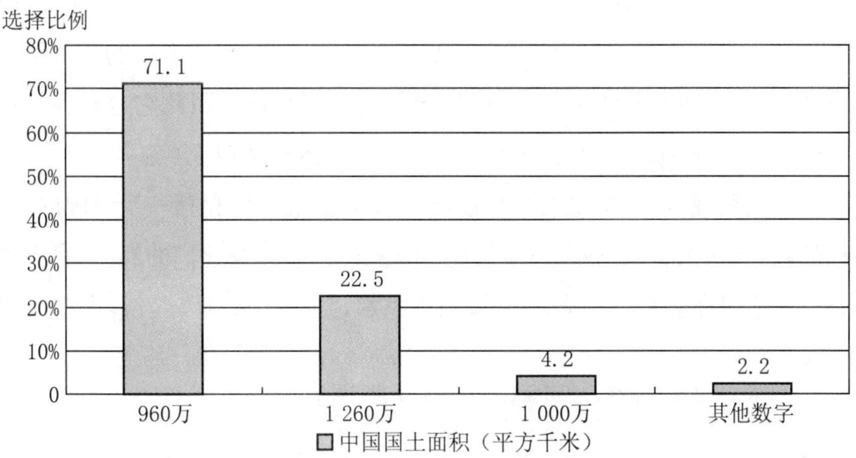

图 6-1　中国国土总面积问卷分析图

(二) 海洋主权意识教育

自实施重返亚太战略以来,美国的军舰频繁通过我国的南海岛礁附近领海。对此,有 32.3%人主张使用武力击沉美舰,有 42.5%人主张开火警告美舰,这实际上是 74.8%大学生对《联合国海洋法公约》仅是听说过,对里面关于海洋主权的规定和无害通过原则认识不强的表现。

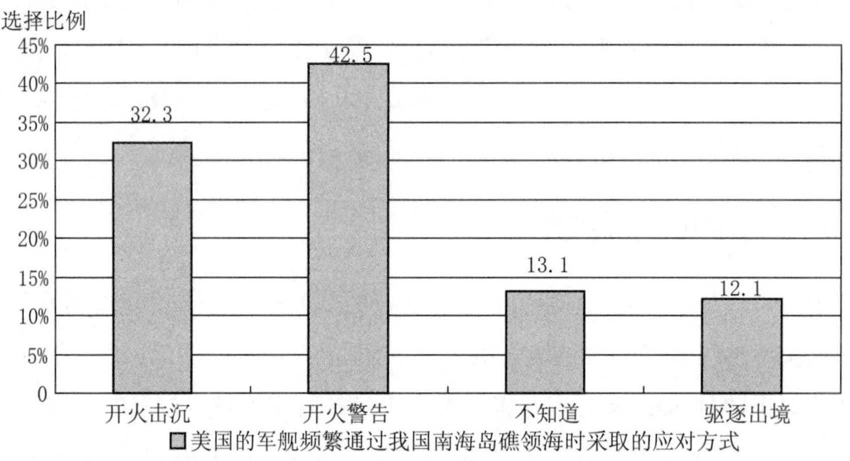

图 6-2 对美舰通过南海岛礁领海事件态度调查问卷分析图

主权(sovereignty)是一个国家对其管辖区域所拥有的至高无上的、排他性的政治权力。简言之,即为"自主自决"的最高权威。是对内立法、司法、行政的权力来源,也是对外交往保持独立自主的一种力量和意志。①主权的法律形式对内常规定于宪法或基本法中,对外则是国际的相互承认。因此它也是国家最基本的特征之一。国家主权的丧失往往意味着国家的解体或灭亡。②

领土(又称疆域)指主权国家所管辖的地区范围,通常包括一个该国国界(边境)内的陆地(即领陆)、内水(包括河流、湖泊、内海),以及它们的底床、底土和上空(领空),有时亦会包括领海。③领海又称领水,是一个从领海基线,即沿岸国陆

① 叶明德:《政治学》,五南图书出版股份有限公司 2006 年版,第 44 页。

② 王逸舟:《国际政治析论》,五南图书出版股份有限公司 1998 年版,第 39 页。

③ Krasner, Professor Stephen D. *Problematic Sovereignty: Contested Rules and Political Possibilities*. 2001:6—12.

地领土及其内水以外，或者群岛国群岛水域以外向海洋延伸 3～12 海里的海域。但各国视实际状况可能另有规定。一国主权及于领海及其上空和底土。

外国船只依照海洋法公约有权在某国领海进行“无害通过”。依据公约，无害通过系指不损害沿海国的和平、安全和良好秩序的通过，无须事先通知或取得沿海国的许可。反面而言，只要外国船舶于经过领海时，有损害沿海国和平、良好秩序和安全之情事发生，即为非无害。而当中所谓“通过”，是指为横渡领海但不进入内水，或为驶入内水或自内水驶往公海而通过领海。这种航行应继续不停地迅速进行。不经许可不得停船和下锚。但通常航行所附带发生的停泊和下锚，或者因不可抗力或遇难目的的停泊和下锚，则是容许的。

通过表 6-1 可以看出，在海洋上，国家拥有完全管辖权和主权的是领海水面，而领海领空则拥有受到限制的管辖权和主权。而《联合国海洋法公约》还规定了无害通过原则，我国南海岛礁和周边海洋国家存在争端，有的两个争端岛礁相隔很近，领海不足 12 海里。所以，美国军舰以此为理由，频繁通过我国的南海岛礁附近领海。

表 6-1　　国家在不同种类的空间领域中所拥有的主权

<table>
<tr><td colspan="7">外层空间(包括地球轨道、月球、所有天体和其轨道)</td></tr>
<tr><td colspan="2">国家领空</td><td>领海领空</td><td>毗连区空域</td><td colspan="3">国际空域</td></tr>
<tr><td>领陆表面</td><td>内水水面</td><td>领海水面</td><td>毗连区水面</td><td>专属经济区水面</td><td colspan="2">国际水域表面</td></tr>
<tr><td colspan="2">内水</td><td>领水</td><td colspan="2">专属经济区</td><td colspan="2">国际水域</td></tr>
<tr><td colspan="2" rowspan="2">底土</td><td colspan="3">大陆架表面</td><td>扩展大陆架表面</td><td>国际海底表面</td></tr>
<tr><td colspan="3">大陆架底土</td><td>扩展大陆架底土</td><td>国际海底底土</td></tr>
</table>

表示：国家拥有完全管辖权和主权
表示：国家拥有受到限制的管辖权和主权
表示：国家不能拥有任何管辖权或主权

(三) 海洋投资意识教育

在“将来工作有了钱，首要投资原则”的调查中，97.5%的大学生选择买房子，这表明在21世纪，由于我国房地产价格不断上涨，再加上大陆文化中买田置地思想的影响，投资房地产几乎成了唯一选择。

西南财经大学和中国人民银行共同发布的《中国家庭金融调查报告》显示，中国自有住房拥有率高达89.68%，远超世界60%左右的水平(美国为65%，英国为70%，日本为60%)。①中国古代通过建邑定居的经济社会组织生态和严格的人口迁徙管制、身份制度，在提高了当时住房拥有率的同时，却阻隔了知识和文化的广泛传播。以人类农业和工业社会发展步伐对比来衡量，这种阻碍就更加凸显。显然，人口的定居相对于游居，映射出人渴望消除不确定的诉求，而人口迁徙和游居拥抱的是更大范围的不稳定性和不确定性，创新和技术变革则更是一股强大的破坏稳定安逸的力量。

住宅对每个家庭都是一笔重资产，家庭财富主要以不动产沉淀，在增加个体负担的同时，也强化了社会的刚性风险。显然，人口迁徙受到严格管制的社会，住房拥有率普遍高，天然带有制度惰性和对创新的自然排斥。当前国内接近90%左右的住房拥有率，增加了人们的迁徙成本和市场资源优化配置的成本，试想，国民的主要财富用于置业，负债也主要为了置业，这是对创新及其需要的动力而言可能就是某种形式的禁锢。

最具创新能力和进取精神的大学生，具有较强迁徙和流动的能力，映射着一国最具活力的群体和主要价值创造者具有了更多用手投票的选择自由，这使得人口迁徙和移民成本较低的国家，经济社会制度更趋包容性和开放性。农耕文化依靠的是春播秋收、精耕细作，强调的是“父母在、不远游”。这个农耕文化的思维方式，与航海家的海洋文化和马背游牧文化全然不同。后两者强调冒险、进取，前者强调中庸、平和。

进行海洋经济意识教育就是要告诉广大青少年，炒作房地产只不过是财富从一个人手里转移到另外一个人手里，即财富的集中，社会中新的财富不仅没有增加，反而造成了贫富两极分化。海洋投资意识要求我们要放眼海外，去寻找更好的、回报率更高的投资机会。例如，淘宝的母公司阿里巴巴在美国上市，最大的受益者并非马云及其管理团队，而是日本的软银集团。该集团在2000年就投

① 西南财经大学、中国人民银行:《中国家庭金融调查报告》,2012年6月5日。

资阿里巴巴，当上市成功后，从中获得投资回报超 1 000 倍。

(四) 海洋资源科技意识教育

在“哪种海洋资源和人们生活密切相关”的调查中，89.5%的人选了渔业资源，因为经常吃各种海鲜，几乎天天和渔业资源打交道；73.8%的人选了油气资源，因为海底蕴藏着丰富的石油天然气资源；选择海水资源和空间资源的人比较少，是因为对深入开发海洋资源科技认识不足。

例如，我国属于水资源短缺国家，人均淡水资源量仅为世界平均水平的1/4，尤其是北方地区，海水淡化成为解决淡水资源危机的重要途径。截至 2015 年 12 月，全国已建成海水淡化工程 139 个，每天产水规模 102.65 万吨。又如，在我国福建省罗源湾海域，由海水养殖而形成的海上木屋错落成渔民所谓的“户”；在美国，一个研究小组正计划于 2020 年建造一座“海上家园”。在日本，科学家提出了建设“海底城市”的设想。在未来，建设海上城市和“海底城市”是解决世界沿海地区人类居住问题的重要途径之一。这些都需要很高的海洋科技来开发这些资源。

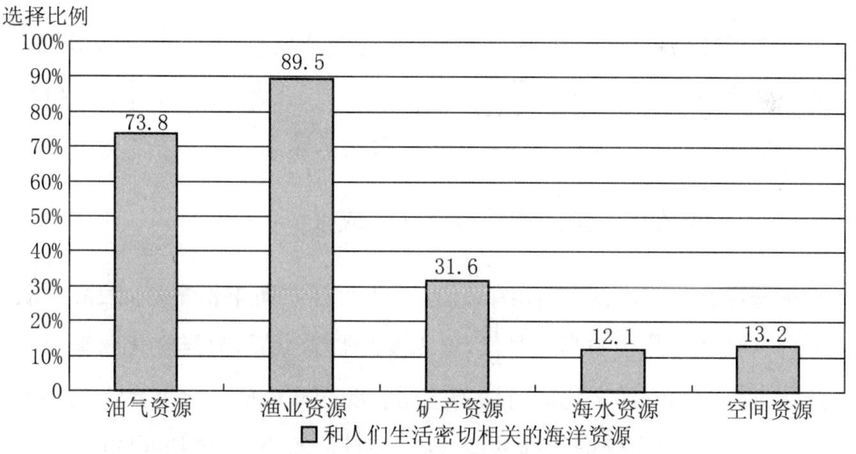

图 6-3　和人们生活密切相关的海洋资源结果分析

(五) 海洋传统文化意识教育

在关于海洋传统文化意识的调查中，100%的同学都看过美国好莱坞电影大片《泰坦尼克号》，而“‘海纳百川，有容乃大；壁立千仞，无欲则刚’是谁写的对联”

的问题，能够选对是林则徐的只有48.7%。65.8%的同学对妈祖信仰不了解，知道海洋文化节、开渔节、休渔节等传统节日的仅有30.9%。这表明，大学生对海洋传统文化不感兴趣，或者接触较少，造成海洋传统文化意识比较薄弱。而反过来，对于用电影等表达的西方海洋文化意识，接触的多而快，很容易受到西方海洋文化的影响。最后，73.8%的认为自己海洋意识一般，只有3.8%的人认为非常强。

生命起源于海洋，海洋是未来人类生产生活的新的延续空间。在海洋世纪，向海而兴，背海而衰。总之，我们要通过大力宣传海洋国土观念，增强群众海洋意识，把人们根深蒂固的大陆意识逐步转移到现代海洋意识上来。树立全民海洋意识需要一个长期的过程，难度很大，亟待从学校的教育抓起。中华民族作为龙的传人，激发和唤醒全体人民的海洋意识，形成全国上下一致、勠力同心关心海洋、保护海洋、开发海洋的热潮，推动海洋事业的大发展、大繁荣，是维护我国海洋安全、建设海洋强国的必由之路。

三、积极实施共同繁荣的海洋文化开放战略

21世纪的世界就是一个开放的世界，这种开放是全方位、多层次的开放。对于海洋文化而言，需要力求在交流中加强学习、在开放中推动发展和共同繁荣。闭关自守的状态只会让海洋文化走向穷途末路。

（一）积极吸收借鉴国外优秀海洋文化成果

中华海洋文化胸襟博大、海纳百川，因兼收并蓄而丰富多彩，因博采众长而经久不衰。在日益开放的当今时代，更需要睁眼看世界，海洋文化的繁荣发展更离不开同世界不同海洋文化的对话和交流。要积极适应当今世界文化发展新趋势，着眼于中华海洋文化的长远发展，以更加自信的心态、更加开阔的视野，吸纳百家优长、兼集八方精义，使中华海洋文化不仅植根于民族优秀传统文化的沃土，而且符合世界发展进步的潮流。

（二）积极发展对外文化贸易

美国是世界海洋文化产业头号强国，截至2011年，拥有1 500多家日报，

8 000多家周报，1.22 万种杂志，1 965 家电台，1 440 家电视台。美国广播公司，哥伦比亚广播公司，全国广播公司三大电视网，是全世界最具影响力的电影生产基地，号称“三片”文化(薯片，大片，芯片)。文化产业大概占美国 GDP 的 10%，拥有全世界 56%的广播和有线电视收入，85%收费电视收入，55%的票房收入。美国以其强大的经济基础和科技实力为依托，很大程度上左右了世界文化产业的发展和走向。据美国电影协会报告指出，2011 年美国电影业造就的就业总数超过 220 万人，其中约有 70 万名为直接的电影行业从业人员，另外 150 万名为间接受雇支援电影制作工作的人员；2012 年美国电影业收入为 107 亿美元。[①]这些电影收入中很大一部分来自海外市场。通过大力发展海洋文化贸易，美国不仅获得了大量金钱，而且通过电影等文化产品出口，在海外地区潜移默化地传播了美国文化模式和海洋价值观，成为美国海洋霸权的一个重要支柱。

在海洋文化贸易中，中国长期处于“入超地位”。例如，美国的好莱坞电影大片、日本动漫文化产品、韩国的电视剧等占据了中国很大一部分文化市场。积极发展对外文化贸易这对于拓展我国文化发展空间，培育我国文化优势，维护我国文化利益，具有十分重要的作用。近些年来，我国对外文化贸易的规模不断扩大、逆差逐步减少，文化出口产品和服务的国际竞争力明显提升。总体来说，对外文化贸易仍是我国文化建设的一个薄弱环节，是整个对外贸易的一块短板，与我们文明古国的地位和建设社会主义文化强国的目标要求还不相称，与我们经济总量和贸易规模世界第二的地位还不相称。必须树立全球视野，加强战略谋划，统筹国际国内两个市场两种资源，统筹政府推动和市场运作，创新思路、突出重点、强化措施，推动对外文化贸易上水平上台阶。

(三) 以海洋美食文化增进海洋文化亲和力

在悠久的海洋文化历史中，中国人民不断探索，形成了世界独特的海洋美食文化。中国古人称海鲜为“海错”，意为海中水产，错杂非一。最早的典籍有“厥贡盐絺，海物惟错”[②]之说。在国际海洋文化的交流中，海洋美食文化总是文化

---

① The American Motion Picture and Television Industry: Creating Jobs, Trading Around the Word. http://www.mpaa.org/. 2011-02-08.

② 《尚书·禹贡》。

交流的先行者。海洋美食不仅具有文化的亲和力，还有极强的感染力。在2017年，丹麦生蚝成灾、澳大利亚三文鱼泛滥的原因就是西方国家的海鲜烹饪方法单一，一般以生吃为主；而中国海洋美食文化则有煎、炸、烤、煮、烧等各种不同的做法，这样就把生蚝等海鲜做成了美味佳肴，鲜嫩可口，让人食欲大增。海洋美食无国界，品味佳肴有共鸣。海洋美食文化的亲和力和感染力是其他文化产品所望尘莫及的。因为，不同国家地区的人们在海洋文化交流中会遇到一些困难和障碍，但是在吃海洋美食上却没有任何困难和障碍。所以，海洋美食文化是海洋文化交流的先行者。

（四）以海洋文化融合促进文化共同繁荣

海洋文化融合是指不同的海洋文化体系相遇，再经过接触与影响、竞争、冲突、适应后，相互学习、借鉴、吸收所产生的融为一体过程。远在隋唐时期，在日本大量派遣“遣唐使”和鉴真东渡的影响下，日本的文化就呈现出了明显的中日海洋文化大交流、大融合的特征。例如，以汉字为基础，创立了日语，一些意思无法用日语表达，就保留了汉字。在海洋世纪，随着互联网和信息技术的高速发展，各国之间的文化交流越来越频繁和紧密，一些文化融合越来越明显。

例如，一些中国的词语进入西方的主要语言——英语中，一些英语词语也被翻译成汉语流行起来。在海洋世纪，汉语漂洋过海，成为世界上最受追捧的语言，目前学习汉语的外国人达到一亿。截至2017年12月31日，全球146个国家（地区）共建立525所孔子学院和1 113个孔子课堂。[①]孔子学院和孔子课堂主要区别在于规模大小上。有一些国家或地区面积小，人口少，只适合建立孔子课堂。信息技术与传统文化的结合，为海洋文化融合提供了日益增长的可能性和现实性，也为人类融合海洋文化大家庭搭建了新的技术平台。文化融合将成为21世纪的全球大趋势。美国总统特朗普的外孙女——阿拉贝拉学习汉语、唱中文歌曲，成为中西方文化跨洋交流融合的典型代表。

总之，在海洋世纪，海洋文化在海洋强国综合国力竞争中的地位和作用越来

① 《关于孔子学院/孔子课堂》，http://www.hanban.edu.cn/confuciousinstitutes/node_10961.htm，2018-1-10。

越突出，成为海洋强国综合国力的重要标志之一。海洋文化是海洋安全的软实力，为海洋硬实力提供精神动力和智力支撑，与海洋硬实力相互影响、相互促进，为中国特色海洋强国提供了精神支柱。中国努力推动海洋文化大发展、大繁荣，不仅仅是为了实现本国的海洋文化安全，更是为了以海洋文化的交流、融合促进世界各国海洋文化的共同繁荣。

第七章 建设共同家园的海洋生态安全观

海洋生态安全是指海洋生态系统自身的健康和完整情况，是指海洋生态系统免遭人类在生产、生活等过程中破坏与污染环境等影响，海洋生态系统自身保持稳定的和可持续的发展，即使遭到污染和破坏，海洋生态系统自身能够保持恢复力。由于地球上71%的面积是海洋，实际上称之为“水球”更恰当。由于海水是流动的，因此，全球海洋是一个整体的生态系统。海洋生态系统一处地方遭到破坏，必然会影响到全世界其他地方。所以，建设共同家园的海洋生态安全观，就是全世界国家和人民要团结一致，认识到海洋生态系统是全人类的共同的蓝色家园，我们要像对待自己的家庭一样，共同保护海洋生态系统，把海洋建设成为人类共同的美丽家园。

第一节 海洋是人类未来的宝藏

众所周知，大自然的资源分为可再生资源和不可再生资源，不可再生资源用一点少一点。随着经济的发展，陆地上的不可再生资源越来越少。而海洋中蕴藏着丰富的未被开发的各种资源，所以，海洋是人类未来的宝藏。

一、海洋是人类未来的重要富源

（一）两类富源理论

马克思在《资本论》中认为劳动和自然资源都是财富的来源，他把自然资源或自然界称作富源。马克思把这种外界的自然条件分为两大类：一类是作为生活资料的自然富源，另一类是作为劳动资料的自然富源。马克思指出："撇开社会生产的形态的发展程度不说，劳动生产率是同自然条件相联系的。这些自然条件都可以归结为人本身的自然（如人种等）和人的周围的自然。外界自然条件在经济上可以分为两大类：生活资料的自然富源，例如土壤的肥力，渔产丰富的水域等；劳动资料的自然富源，如奔腾的瀑布、可供航行的河流、森林、金属、煤炭等。在文化初期，第一类自然富源具有决定性的意义；在较高的发展阶段，第二类自然富源具有决定性的意义。例如，可以用英国同印度比较，或者在古代世界，用雅典、科林斯同黑海沿岸各国比较。"①在农耕社会，生活资料的自然富源在社会进程中起着决定性的作用；而到了资本主义工业社会，劳动资料的自然富源又占据绝对优势。

马克思在谈到资本主义为什么首先在欧洲发展起来时说："资本的祖国不是草木繁茂的热带，而是温带。不是土壤的绝对肥力，而是它的差异性和它的自然产品的多样性，形成社会分工的自然基础，并且通过人所处的自然环境的变化，促使他们自己的需要、能力、劳动资料和劳动方式趋于多样化。"②众所周知，英国的自然资料富源并不优越，但是通过航海贸易，再加上英国人善于利用各类富源，尤其是劳动资料的自然富源，突破了地理环境带来的局限性，从而最早进行了工业革命，迎来了近代世界的晨曦之光。

与此同时，在古老的东方大陆，由于第一类自然富源非常充足，不需要从事海洋贸易，就可以获得生活必需品，所以，生产方式和生产力等长期不变。"东大

① 中共中央马克思恩格斯列宁斯大林著作编译局编译：《马克思恩格斯选集》第2卷，人民出版社2012年版，第239页。

② 同上，第240页。

陆，即所谓旧大陆，差不多有着一切适于驯养的动物和除一种以外一切适于种植的谷物。而西大陆，即美洲，在一切适于驯养的哺乳动物中，只有羊驼一种，并且只是在南部某些地方才有；而在一切可种植的谷物中，也只有一种，但却是最好的一种，即玉蜀黍。由于自然条件的这种差异，两个半球上的居民，从此以后，便各自循着自己独特的道路发展，而表示各个阶段的界标在两个半球也就各不相同了”。[①]自大航海时代以来，以葡萄牙、西班牙、英国等为代表的西方资本主义国家，通过海外殖民和海洋贸易，获得了大量的第一、第二类自然富源，进行了工业革命，把东方大陆远远抛在身后。对于古代中国来讲，由于疆域辽阔，而且地理气候条件非常适合于农业生产，即容易获得第一类富源，造成古代中国缺乏对外开放的动力，从某种意义上来说，根本原因并不是地理上海洋的天然阻隔，而是古代中国第一类富源的过于优越。

（二）海洋为人类提供双重性质的富源

根据马克思主义的两类富源理论，在 21 世纪，海洋既为人类提供生活资料的自然富源，又为人类提供劳动资料的自然富源。

1. 海洋为人类提供丰富的生活资料

地球上生物资源的 80%以上在海洋。海洋中的生物多达 69 纲、20 多万种，其中动物 18 万种(仅鱼类就有 2.5 万种)，在不破坏水产资源的条件下，每年最多可提供 30 亿吨水产品(目前被利用的不到 1 亿吨)。据科学家估计，海洋的食物资源是陆地的 1 000 倍，它所提供的水产品能养活 300 亿人口。可是目前人类利用的海洋生物资源仅占其总量的 2%，还有很多可食资源尚未开发。人们在海洋中若繁殖一公顷水面的海藻，加工后可获得 20 吨蛋白质，相当于 40 公顷耕地每年所产大豆蛋白质的含量。据中国农业科学院研究员包建中先生称：光近海领域生长的藻类植物加工成食品，年产量相当于目前世界小麦总产量的 15 倍。海洋提供蛋白质的潜在能力是全球耕地生产能力的 1 000 倍，我国有 3 亿公顷的海洋国土，其中 1.53 亿公顷适合养殖和种植。[②]

① 中共中央马克思恩格斯列宁斯大林著作编译局编译：《马克思恩格斯选集》第 4 卷，人民出版社 2012 年版，第 32 页。

② 《富饶的海洋生物资源》，http://www.huaxia.com/hxhy/hykf/2011/06/2456993.html，2011-06-16。

2. 丰富的海底矿产资源

陆地上主要矿产资源可采年限大多在30～80年内，天然气的开采也只能维持38～50年。而海洋中除盐、镁、金、铀、溴化物外，海滩中的砂矿、浅海底部的石油、磷钙石和海绿石，深海底部的锰结核和重金属软泥及其基岩中的矿脉都十分丰富。其中石油资源约1 350亿吨，占陆地上石油资源的一半，如果包括天然气折算石油储量在内，则世界大陆浅海区石油储量为2 400亿吨。

结核是大洋底部的铁锰氧化物组成的黑色团块，这种多金属锰结核含有锰、铜、镍、钴等50余种金属元素。锰结核在各大洋中的总储量为3万亿吨，比世界陆地上蕴藏的锰、铜、镍、钴、铁等金属储量还要高几千倍。大洋底锰结核中除含有丰富的锰外，还含有镍、铜、钴等金属矿物。单是太平洋底就有1.5亿平方千米的锰结核，约1.7万亿吨。其中含镍量就有164亿吨，可供世界消费2.4万年；铜88亿吨，可供使用1 000年；钴58亿吨，是陆地上储量的960倍，可供使用34万年；含锰最多达4 000亿吨，是陆地上储量的67倍，可使用18万年。并且洋底的锰结核还在以每年1 000万吨左右的速度生长，每年从新生长出来的锰结核中提取的金属：铜可供全球使用3年，钴可供使用4年，镍可供使用1年，锰结核的生长率大大超过世界上的消耗率。这样，该矿床将是一项取之不尽，用之不竭的宝贵资源。

3. 海洋蕴藏丰富的能源

海洋中除石油、天然气、煤、铀、氘、氚等能源外，还有潮汐能、波浪能、温差能、盐差能、海流能等，用这些能源发电，有一个显著优点，就是不需燃料，不污染环境，而且取之不尽，用之不竭。这些能源理论蕴藏量折合电力为1 528亿千瓦，可开发量为73.8亿千瓦，其中波浪能27亿千瓦，盐差能26亿千瓦，温差能20亿千瓦、海流能为0.5亿千瓦。据计算，我国潮汐能蕴藏量约有1.1亿千瓦，年发电量可达900亿度，相当于7个葛洲坝电站的动力。

氘的发热量是同等煤的200万倍，天然存在于世界海水中的氘就有45万亿吨，一座百万千瓦的核聚变电站，每年耗氘量仅为304千克。此外，海水中还含有200亿吨重水。水和甲烷气体在低温高压之下，能形成气体水化物(沼气水化物)——可燃冰，千万年中在海底形成1 000米厚的冰层，161万亿当量，若将这些气体全部释放出来，相当于目前已知全球天然气总量的487倍，全世界洋底已发现可燃冰矿床60处。

二、海洋是全球气候调节器

人们常说，地球上的温暖来自太阳。这从根本上来说是对的。但是，它必须要经过海洋这个"转运站"才能影响地球气温和气候。因为太阳光辐射是一种短波辐射，当它通过大气时，只有很少一部分被大气直接吸收，大部分则照射在地球表面，使地球表面增温。地球表面增加了温度以后，它会不断地向外发出辐射，这种辐射和太阳的短波辐射不同，不发光，只发热，属于长波辐射，也叫热辐射。热辐射正是大气所"喜欢"的，大气容易吸收这种热量，以提高自己的温度。可见，大气增温是从底部开始的。而海洋占地球表面71%，也就成了大气热量的主要供应者了；加上海水的热容量比空气大得多，1立方厘米的海水温度降低1℃放出的热量，可使3 000多立方厘米的空气温度升高1℃。海水是几乎透明的液体，太阳辐射可以传至较深的地方，使相当厚的水层贮存着热量。如果全球100米厚的表层海水降温1℃，它放出的热量就可以使全球大气增温60℃。所以，海洋长期积蓄着的大量热能成了一个巨大的"锅炉"，通过能量的传递，就能不断地影响着天气与气候的变化。大气中的水汽，主要也是来自海洋。这是因为海水蒸发时，会把大量的水汽从海洋带入大气，大约占地表总蒸发量的84%。海洋每年约有100厘米厚的水层转化为水蒸气，也就是说，海洋每年把36 000亿立方米的水化为水蒸气。这是一个多么巨大的数字呀！从上面的说明不难看出，海洋是大气热量和水汽的主要供应者。海洋的热状况和蒸发情况，在很大程度上左右着大气的热量和水汽的含量与分布。因此，把海洋比作气候调节器是一点也不过分的。

在气候调节器里，海洋的海流（也叫洋流）起着关键的作用，要是没有海流，气候调节器的工作就不那么理想了。因为赤道地区太阳辐射终年很强，两极地区太阳辐射终年很弱，但由于海流不停地流动，把赤道、热带地区多余的热量，源源不断地运往高纬度和极地海区，在那里辐射出去，使那里的寒冷气候也能间接地享受到太阳的温暖。如果把海洋比作气候调节器，那么，海流就是调节器的运输管道。

海流调节全球气候最典型的代表就是厄尔尼诺和拉尼娜现象。厄尔尼诺现象（又称厄尔尼诺海流，西班牙语：El Niño Phenomenon），主要指太平洋东部和中部的热带海洋的海水温度异常地持续变暖，使整个世界气候模式发生变化，造成一些地区反常干旱而另一些地区又降雨量过多。这种现象从19世纪初就开始出现，因为此现象开始出现的时间通常都在圣诞节附近，秘鲁、厄瓜多尔一带的渔民用宗教用语“圣婴”一词来称呼这种异常气候现象。后来，人们又通过观察发现，往往是紧随这个捣乱的“圣婴”，在他带来赤道太平洋海区温度持续偏高之后的第二年，太平洋中东部的温度又会比平常大幅偏低。因为这种与厄尔尼诺迥异的性格，人们给这个温度偏低的现象起名叫“拉尼娜”（La Niña）——“圣女婴”。科学家们把这两种现象统称为厄尔尼诺—南方涛动现象（El Niño-Southern Oscillation，简称ENSO）。①

厄尔尼诺基本特征是太平洋沿岸海面水温异常升高，海水水位上涨，并形成一股暖流向南流动。这种现象从开始到结束，往往持续好几个月甚至长达1年以上，影响范围极广。特别需要指出的是，在厄尔尼诺现象发生当年，容易在西北太平洋和东北太平洋形成威力强大的台风和飓风。例如：1997年太平洋台风季就曾出现10个威力达到等级最高的五级台风；在1997年太平洋飓风季也出现两个等级最高的五级飓风，分别是飓风琳达和飓风吉列尔莫。另外还有2002年太平洋飓风季三个等级最高飓风和2009年太平洋台风季四个等级最高的五级台风。当厄尔尼诺出现时，日本列岛及我国东北地区夏季会发生持续低温，甚至会使我国大部分地区的降水有偏少的趋势。这从一个侧面说明地球生态环境的整体性：一个地区的气候变化会引起其他地区的变化，局部的变化也会引致半球甚至全球环境的变化。

美国气象学家洛伦茨（Edward N. Lorenz）1979年12月29日在华盛顿的

---

① Trenberth, K.E., P.D. Jones, P.Ambenje, R.Bojariu, D. Easterling, A.Klein Tank, D. Parker, F.Rahimzadeh, J.A.Renwick, M.Rusticucci, B.Soden and P.Zhai, 2007: Observations: Surface and Atmospheric Climate Change. In: Climate Change 2007: The Physical Science Basis. Contribution of Working Group I to the Fourth Assessment Report of the Intergovernmental Panel on Climate Change [Solomon, S., D. Qin, M.Manning, Z.Chen, M.Marquis, K.B.Averyt, M.Tignor and H.L.Miller (eds.)]. Cambridge University Press, Cambridge, United Kingdom and New York, NY, USA. pp.235—336.

美国科学促进会的演讲中说:“一只蝴蝶在巴西扇动翅膀,会在得克萨斯引起龙卷风吗?”[1]后来,他把这称作“蝴蝶效应(The Butterfly Effect)”,即某地上空一只小小的蝴蝶扇动翅膀而扰动了空气,长时间后可能导致遥远的地方发生一场暴风雨,用来形容长时期大范围天气预报往往因一点点微小的偏差因素造成难以预测的严重后果。微小的偏差是难以避免的,从而使长期天气预报具有不可预测性或不准确性。后来,人们把“蝴蝶效应”引申开来,指在一切复杂生态系统中,初始状况发生微小变动或偏差,将导致未来前景的巨大差异,这往往是难以预测的或者说带有一定的不确定性。对于人类来讲,如果全球继续变暖,会导致海平面大大上升,一些岛屿国家和沿海城市将淹于海洋中;全球气候反常,海洋风暴增多,一些极端气候甚至反复出现。

三、海洋是生命的摇篮

现在一般认为,地球的年龄至少在46亿年以上。在地球最初形成的时候,固体尘埃聚集结合,形成了原始的地球内核;其外部被大量气体包围着,这是地球最初形成时的原始大气圈。随后,由于物质不断集合、收缩,以及内部放射物质发生裂变,产生大量的能量,地球处在高温阶段,原始大气圈逐渐开始消失。当地球表面再度冷却时,地球外部形成一个相对稳定的次生大气圈。地球外的次生大气圈,多是由火山喷发释放出来的大量水蒸气组成的。大气中的水蒸气,由于冷却,形成大暴雨。由于天降大雨,地球干涸的地面,开始有了水。这样经过了若干亿年,地球上的水越来越多,形成了原始的海洋,也是地球最初的原始水圈。显然,原始海洋在太古时期已经初步形成了(大约距今25~38亿年)。原始海洋在地球上不断发育,由小变大,由浅变深。那时,原始的海洋中含盐量较少,水温要比现在高许多,估计原始海水温度高达80℃。原始海洋的形成,为原始生命的诞生创造了条件。原始海洋不仅阻止了强烈紫外线对原始生命的破坏、杀伤作用,也为原始生命的存在和发展提供了极有利的环境。

---

① Edward N.Lorenz. Reflections on the Conception, Birth, and Childhood of Numerical Weather Prediction. Department of Earth, Atmospheric, and Planetary Sciences, *Massachusetts Institute of Technology*. p.7.22 October, 2005.

原始的海洋中没有生命，只有丰富的无机物。大约在38亿年前，最原始的细胞在海洋中诞生，其结构和现代细菌很相似。经过了约1亿年的进化，海洋中原始细胞逐渐演变成为原始的单细胞藻类，这大概是最原始的生命。由于原始藻类的繁殖，并进行光合作用，产生了氧气和二氧化碳，为生命的进化准备了条件。这种原始的单细胞藻类又经历亿万年的进化，产生了原始水母、三叶虫、鹦鹉螺、蛤类、珊瑚等。它们有的在海洋里进化，有的在海洋里灭绝，有的生存至今。因此，人们说"海洋是生命的摇篮"是有一定科学道理的。

从太空俯瞰地球，地球是一个蓝色的星球。地球的总面积约为5.1亿平方千米，其中海洋面积3.617 453亿平方千米，约占地球总面积的71%。古代的人们由于受种种条件的限制，无法认识到海洋的广阔，所以把人类所在的星球称作"地球"。实际上，"地球"应该是一个名副其实的"水球"。众所周知，地球上的生命起源于海洋，甚至还有的科学家提出了"人类起源于海洋中的海猿"的假说①，这些假说由于缺乏确凿的证据支持而难以成立，但是这些假说告诉我们：远古人类与海洋异乎寻常地亲近！

至今，地区上80%的生物生活在海洋中。人类身上多少还保留着海洋的印记。人类是由猿变来的，这一点早就众所周知；那么猿又是由什么演变而来的？科学家们发现：人的胚胎在早期发育阶段也有过鳃裂。这是偶然现象还是人类与鱼类有着悠久的亲缘关系？用生物进化论来解释，人类与鱼类一样，也是起源于水中，人类的远祖也曾有过可在水中呼吸的鳃。虽然在漫长的进化过程中鳃逐渐退化了，但仍在人的胚胎早期发育阶段留下了鳃的痕迹。在胚胎早期出现的鳃裂，是脊椎动物同出一源的有力证据。这个"源"就是奇伟浩渺的海洋，而鳃裂就是脊椎动物以及人类身上留下的一种起源于海洋的共同印记。

总之，人身上的海洋印记，是一本内容丰富的生物进化教科书。它告诉人们：海洋，孕育了世间的生命，她是所有生物的母亲，也是我们人类的母亲！

---

① Esther Inglis-Arkell, Could Humans Have Evolved From Dolphins?, http://io9.com/5899331/humans-could-have-evolved-from-dolphins, 2014-2-28.

第二节　我国海洋生态环境安全现状

随着海洋开发的深入，人类不断地污染和破坏着海洋生态环境，我国面临海水富养化、物种多样性快速减少等问题，海洋生态环境保护工作迫在眉睫。

一、近岸海域污染严重，海水水质恶化

近年来，中国海洋环境污染的治理取得了一定成效，但近岸海水水质状况仍然不容乐观，劣四类水质海域所占的比重呈上升趋势。根据国家海洋局公布的《2015年中国海洋环境质量公报》，中国近岸局部海域海水环境污染依然严重，冬季、春季、夏季和秋季，面积大于100平方千米的44个海湾中，21个海湾四季均出现劣于第四类海水水质标准的海域，其中，冬季和秋季劣于第四类海水水质标准的海域面积均超过6万平方千米。海洋污染主要来自近岸陆地，人类生产、生活排放的各类污水和废弃物通过入海河流、入海排污口、海洋大气沉降等途径排入海洋。据统计，2011—2015年，河流入海监测断面水质劣于第五类地表水水质标准的比例均高于40%；2015年中国77条河流入海的污染物量总计达到1 750.82吨，全年陆源入海排污口达标率为50%，入海排污口临近海域环境质量88%以上无法满足所在海域海洋功能区的环境保护要求。①另外，在旅游休闲娱乐区、农渔业区、港口航运区及邻近海域，以塑料类垃圾为主的海洋垃圾密度居高不下。

但是近岸局部海域污染依然严重。2017年冬季、春季、夏季、秋季，近岸海域劣于第四类海水水质的海域面积分别为48 140、41 140、33 560、46 800平方千米，占近岸海域的16%、14%、11%和15%；②严重污染区域主要分布在辽东湾、渤海湾、莱州湾、江苏沿岸、长江口、杭州湾、浙江沿岸、珠江口等近岸区域；主

---

① 国家海洋局：《2015年中国海洋环境状况公报》，http://www.soa.gov.cn/zwgk/hygb/zghyhjzlgb/201712/t20171204_59447.html，2017-12-4。

② 国家海洋局：《2017年中国海洋环境状况公报》，http://www.soa.gov.cn，2018-3-19。

要污染要素为无机氮、活性磷酸盐和石油类。面积在100平方千米以上的44个大中型海湾中，20个海湾全年四季均出现劣四类海水水质。

二、部分珊瑚礁面临灭绝危机

珊瑚礁是由成千上万的由碳酸钙组成的珊瑚虫的骨骼在数百年至数千年的生长过程中形成的。珊瑚礁为许多海洋动植物提供了生活环境，其中包括蠕虫、软体动物、海绵、棘皮动物和甲壳动物，此外珊瑚礁还是大洋带的鱼类的幼鱼生长地。所以，珊瑚礁被称作“海底的热带雨林”，在海洋生态安全中具有无可替代的作用。以世界资源研究所（World Resources Institute，WRI）为首的20多个环保和研究机构联合发布《再论濒危中的珊瑚礁》（*Reefs at Risk Revisited*）报告说：“因全球变暖造成海水温度上升、二氧化碳排放使海洋酸化、航运、过量捕鱼、沿海经济发展以及农业排放等，都对珊瑚礁形成了严重威胁。如果不立即采取行动，2030年之前，90%以上珊瑚礁的生存将面临危险，而在2050年之前，世界上几乎所有的珊瑚礁将濒临灭绝。”①

珊瑚礁最突出的成就就是能维持渔业的资源，它为海洋中1/4的生命，包括400多种鱼类，还有诸如龙虾、螃蟹、海星和海龟等说不完的生物提供产卵、哺幼、庇护和捕食的场所。而珊瑚礁还有许多更加不为人所熟知的作用，例如它能有效地保护海岸线。健康的珊瑚礁就好像自然的防波堤一般，有70%～90%的海浪冲击力量在碰到珊瑚礁时会被吸收或减弱，而珊瑚礁本身会有自我修补的力量。死掉的珊瑚会被海浪分解成细沙，这些细沙丰富了海滩，也取代了已被海潮冲走的沙粒，这是它的功能性。

珊瑚礁还具有减缓海洋自然灾害的作用。2004年，印度洋海啸造成遇难失踪总人数为232 010人。事后，科学家们对斯里兰卡地区海域研究后发现，造成斯里兰卡成千上万人丧命的罪魁祸首之一便是近海的珊瑚被大量盗走——它们原本可以拦挡或减弱最狂暴的海浪对海岸线的侵袭。更令人觉得气愤的是，珊

---

① Lauretta Burke，Kathleen Reytar，Mark Spalding，Allison Perry. Reefs at Risk Revisited. WASHINGTON，DC：World Resources Institute，2011-9-22. p.6.

瑚开采居然是斯里兰卡这个国度的一项重要产业，珊瑚被卖给旅游者或做成工艺品，给当地带来可观的经济收入，所以当地政府很少使用法律手段来制止这种严重破坏生态系统的行为。①

中国是世界上拥有珊瑚礁数量较多国家之一，珊瑚礁群主要分布在台湾岛和海南岛沿岸，以及南海诸岛的128个以环礁为主要类型的礁区。如三亚鹿回头珊瑚礁岸段，这里是我国珊瑚岸礁发育最典型，研究程度最高的珊瑚礁岸段，从20世纪50年代末开始，几乎所有国内珊瑚和珊瑚礁研究专家以及苏联、澳大利亚、德国等外国专家都曾经在本岸段进行过珊瑚礁调查研究。可随着人口增长和开发强度增大，人们对珊瑚礁群的适度开发变为过度开发，炸鱼、毒鱼、珊瑚礁区的采挖活动等破坏性活动增多，三亚鹿回头珊瑚礁开始受到影响和破坏。有专家记录，在20世纪60年代，鹿回头及其附近岸礁的礁坪和礁坡均生长茂盛的造礁石珊瑚；到20世纪80年代初，则已看不到成片的活珊瑚；而到了90年代末，靠近三亚湖口门和三亚港区的白排礁和大洲岛的活珊瑚，已完全或基本消失了……②珊瑚礁也被称为水下的热带雨林，这主要是因为珊瑚其实对于海洋具有很重要的作用，能够维持海洋生物的多样性，也能够保护沿海海洋的生态环境，同时还能够维持渔业资源，另外也是非常不错的旅游观光资源。珊瑚礁的消失对海洋生态意味着巨大的生态灾难。

三、近海生物多样性减少，海岸侵蚀状况严重

我国海域内海洋生物种类繁多，还有很多珍稀品种，过度捕捞极大地破坏了海洋物种资源的繁殖能力，致使海洋生物极速减少，严重的甚至濒临灭绝。例如，捕大鱼，留小鱼是千百年以来的海洋捕捞原则，而如今，一部分渔民使用的渔网网眼间距越来越小，大都集中在1.5～2厘米之间，许多人将其称为“绝户网”。这样一网撒下去，大鱼小鱼、大虾小虾被一网打尽。因此，我国近海渔业资源面临枯竭的危险。与此同时，海洋环境质量下降，生态系统异常，致使鱼、虾、蟹和

① Lauretta Burke，Kathleen Reytar，Mark Spalding，Allison Perry. Reefs at Risk Revisited. WASHINGTON，DC：World Resources Institute，2011-9-22. pp.51—52.

② Ibid.，pp.53—55.

贝类以及有保护水环境功能的大量藻类等因无法适应环境而快速消亡。虽然采取了休渔期的政策，投放鱼苗、虾苗，但在利益的驱动下，仍然有大批出海作业的渔民将还未长大的鱼、虾、蟹捕捞上来，使其无法从数量上增长形成种群，之后便出现了更加尴尬局面——原本数量不多的海洋珍稀物种濒临灭亡，而数量众多的物种将成为珍稀海洋生物。在自然界，食物链亦称"营养链"，是指生态系统中各种生物为维持其本身的生命活动，必须以其他生物为食物的这种由食物联结起来的链锁关系。也就是我们通常所说的"大鱼吃小鱼，小鱼吃虾米，虾米吃海藻……"在一个食物链中，一个生物的消失，可以对很多食物链上的其他物种产生影响，从而造成生态环境的破坏。例如，美国西海岸有一种海洋动物——水獭，它们主要是吃海胆，而海胆又以海藻为食。因为水獭身上的皮毛能够制作价格昂贵的皮大衣，因而人们过度捕杀它们，这就使海胆数量大幅度的增加，进而导致海藻林受到破坏，日益稀疏。在一些海域，海胆甚至能将整个海藻林变成海洋沙漠。

近几年来，在全球变暖、海平面上升、海浪、风暴潮等因素的作用下，我国沿海部分海岸线受到海岸侵蚀的影响较为严重。例如，海口市西海岸镇海村监测岸段 1.4 公里，侵蚀岸段 0.9 公里，年侵蚀速率 5 米/年；海口东海岸有 4.2 公里的岸段受到侵蚀，2009—2014 年平均侵蚀距离为 24.7 米，最大侵蚀距离为 40 米，侵蚀总面积超过 10 万平方米；海口市南渡江入海口东侧监测岸段 10.7 公里，侵蚀岸段 10.5 公里；文昌市铺前镇海南角东侧岸段 6.24 公里的岸段蚀退。① 大量海岸因受经济开发的影响，人为改造滩涂在不断增加，自然的原始景观在逐渐缩减，很多重要的海湾面积在不断缩减；大量的填海造地投入其中，更是兴建了大面积的海参、鲍鱼养殖场，疏于管理的大面积养殖场，使海滩面积和海岸湿地急剧减少，养殖场内的污染也十分严重，污染物随着潮汐进入海中，海水受到了污染。另外，开发海洋工程建设、石油、天然气的海上开采作业、海洋生物制药等化工产品的开发过程中产生的污染物，都从侧面给海洋环境以沉重打击。

---

① 海南省海洋与渔业厅:《2014 年海南省海洋环境状况公报》，载于《海南日报》，2015 年 6 月 10 日第 3 版。

总之，我国现已进入全面深化改革的深水区，社会发展的战略机遇期，这使得海洋资源环境的约束与沿海地区发展之间的矛盾更加显现。保护海洋环境。可持续开发利用海洋资源显得极为重要，这就要立足当前，放眼未来，高度重视海洋生态环境安全问题。

第三节 共同保护和建设美丽海洋家园

目前，在大力建设海洋强国之时，更需要我们采取措施保护海洋生态安全。所以我们在严控污染源，在减轻沿岸近海和流域污染现象之时，进一步加大海洋生态保护力度。要进一步提高生态系统的自我保护功能和抵御灾害的综合能力，保持海洋生物多样性，恢复海洋自净能力，逐渐提升海洋生态环境自我恢复能力。

一、坚持依法治海、规划用海

进入 21 世纪以来，中国政府加大了海洋环境保护工作宏观政策和规划方面的制定。《海洋环境保护法》在 1999 年重新修订，专门增加了海洋生态保护的章节，并将海洋污染防治工作扩展到海洋工程。在该法的基础上，国务院还颁布实施了若干配套法规，具体规范海洋开发的环境保护问题。2002 年国家颁布了《中华人民共和国海域使用管理法》，依法建立了海洋功能区划制度和海域使用论证审批制度。与此同时，《渔业法》等涉及海洋环境保护的法规也已修订实施，形成了海洋环境保护和资源持续利用的法律体系，对保护海洋环境起到了重要作用。

2002 年国务院批准了《全国海洋功能区划》，将海域划分为不同类型的功能区，为海洋环境保护工作提供了科学依据，依据功能区划调整不符合区划的用海项目，实现重点海域开发利用基本符合海洋功能区划，将有效控制近岸海域环境质量进一步恶化的趋势。2003 年 5 月国务院批准实施的《全国海洋经济发展规划纲要》明确了实施海洋功能区划，合理开发与保护海洋资源，防止海洋污染和生态破坏，促进海洋经济可持续发展的基本政策和原则，对促进海洋经济与海洋环境协调发展起到了重要作用。2004年，国务院印发了《关于进一步加强海洋管理若干问题的通知》，其中许多内容都直接或间接对海洋环境保护工作提出了明确的要求。2005年国务院发布了《国务院关于落实科学发展观加强环境保护的决定》，指出把渤海等重点海域和河口地区作为海洋环保工作的重点，要求严禁向江河湖海排放超标工业污水。2006年年初，国务院印发了《中国水生生物资源养护行动纲要》，对海洋渔业资源和珍稀濒危物种的保护制定了一系列保护措施。值得指出的是，在党的第十届全国人大四次会议上批准的《国民经济和社会发展第十一个五年规划纲要》中，较历次规划不同的是专门增加了《合理利用海洋和气候资源》独立一章，其中包括了"综合治理重点海域环境，遏制渤海、长江口和珠江口等近岸海域生态恶化趋势。恢复近海海洋生态功能，保护红树林、滨海湿地和珊瑚礁等海洋、海岸带生态系统，加强海岛保护和海洋自然保护区管理"①等重要内容，这些都成为今后一段时期指导全国海洋环境保护工作的宏观政策。

二、实施海洋生态修复工程

李克强在参加第33届世界海洋和平大会暨联合国政府间海洋学委员会50周年庆典活动时指出："中国作为一个发展中大国，面临着发展经济和保护环境的双重挑战。我们将坚持在开发中保护、在保护中开发，积极发展海洋绿色经济，推进海洋生态环境保护与修复，提高海洋防灾减灾能力，把我们的海洋建设成为和平、和谐、安全之海。"②海洋生态修复是指通过研究海洋生态系统退化的原因，利用生态学、系统学、工程学的方法实现退化生态系统恢复与重建，从而使海洋生态系统恢复到比较接近其受干扰前的状态的工程。

（一）海洋污染企业缴纳海洋生态修复资金

2011年6月4日和6月17日，蓬莱19-3油田相继发生两起溢油事故，导致

① 《国民经济和社会发展第十一个五年规划纲要》，http://zhs.mofcom.gov.cn/aarticle/Nocategory/200612/20061204184562.html，2006-12-30。

② 李克强：《推进海洋生态环境保护与修复》，载于《深圳特区报》，2010年9月5日。

大量原油和油基泥浆入海，对渤海海洋生态环境造成严重的污染损害。溢油事故造成蓬莱19-3油田周边及其西北部海域海水受到污染，超第一类海水水质标准的海域面积约6 200平方公里，其中870平方公里海域海水受到严重污染，石油类含量劣于第四类海水水质标准。污染海域的浮游生物种类和多样性降低，海洋生物幼虫幼体及鱼卵仔稚鱼受到损害，底栖生物体内石油烃含量明显升高，海洋生物栖息环境遭到破坏。①2012年4月，国家海洋局北海分局、康菲公司、中海油共同签订了海洋生态损害赔偿补偿协议。康菲公司和中海油总计支付16.83亿元，其中，康菲公司出资10.9亿元，赔偿本次溢油事故对海洋生态造成的损失。中海油和康菲公司分别出资4.8亿元和1.13亿元，承担保护渤海环境的社会责任。②后面的4.8亿元和1.13亿元，主要用于被污染海域的生态修复，这是我国海洋生态环保历史上的首次。

（二）设立海洋生态保护区

2016年，国家海洋局新批准建立了16个国家级海洋公园。目前，我国已建立国家级海洋保护区81个，全国各级各类海洋自然保护区或特别保护区（海洋公园）250余处，总面积约为12.4万平方公里。保护对象类型日益丰富，使中华白海豚、文昌鱼、中国鲎、鸟类、珊瑚等多个重要海洋生物物种，贝壳堤、陆连沙堤、牡蛎礁、海蚀地貌、砂质海岸等海洋自然景观和遗迹，红树林、珊瑚礁、河口湿地、海岛等海洋和海岸生态系统得到有效保护，我国近岸海域的海洋保护区网络不断完善。③

中国建立海洋保护区的目的是保护珍贵的、稀有的海洋动物和植物资源，以及保护代表不同海域地带的自然环境的海洋生态系统。还包括有特殊意义的海洋文化遗迹等。其意义在于：保留自然本底，它是今后在利用、改造自然中应循的途径，为人们提供评价标准以及预计人类活动将会引起的后果；贮备物种，它

① 国家海洋局：《2011年中国海洋环境状况公报》，http://www.soa.gov.cn/zwgk/hygb/zghyhjzlgb/201211/t20121107_5528.html，2012-6-30。

② 《蓬莱19-3油田溢油事故联合调查组关于事故调查处理报告》，http://news.xinhuanet.com/politics/2012-06/21/c_112270698.htm，2012-6-21。

③ 《2016年中国海洋环境状况公报》，http://www.soa.gov.cn/zwgk/hygb/zghyhjzlgb/201712/t20171204_59423.html，2017-12-4。

是拯救濒危生物物种的庇护所；科研、教育基地，它是研究各类生态系统的自然过程、各种生物的生态和生物学特性的重要基地，也是教育实验的场所；保留自然界的美学价值，它是人类健康、灵感和创作的源泉。自然保护区对促进国家的国民经济持续发展和科技文化事业发展具有十分重大的意义。

（三）积极实施海洋生态修复工程

2016年，国家海洋局积极推进海洋生态建设和整治修复，组织制定“蓝色海湾”“南红北柳”“生态岛礁”整治行动规划，构建三大工程的统筹协调机制，协同推进工程前期预研和组织实施。继续支持沿海省市开展海域、海岛和海洋生态整治修复，建立项目库，加强资金使用管理，确保项目高效规范实施。财政部和国家海洋局批复18个城市实施“蓝色海湾”“南红北柳”和“生态岛礁”工程18项，规划整治修复岸线270余公里；修复沙滩约130公顷，恢复滨海湿地5 000余公顷；种植红树林160余公顷、翅碱蓬约1 100公顷、柽柳462万株、岛屿植被约32公顷；建设海洋生态廊道约60公里。①

“蓝色海湾”修复工程是指以海湾为重点，拓展至海湾毗邻海域和其他受损区域，最终的目标是实现“水清、岸绿、滩净、湾美”。截至2017年12月，18个城市85%的项目已开工，部分已接近竣工，大量岸线、滨海湿地得到修复。

“南红北柳”生态工程是指因地制宜开展滨海湿地、河口湿地生态修复工程。南方以种植红树林为代表，海草、盐沼植物等为辅，新增红树林2 500公顷；北方以种植柽柳、芦苇、碱蓬为代表，海草、湿生草甸等为辅，新增芦苇4 000公顷、碱蓬1 500公顷、柽柳林500公顷。

在“生态岛礁”修复工程中，中国将开展受损岛体、植被、岸线、沙滩及周边海域等修复，开展海岛珍稀濒危动植物栖息地生态调查和保育、修复，恢复海岛及周边海域生态系统的服务功能。同时，实施领海基点海岛保护工程，开展南沙岛礁生态保护区建设等。

---

① 《2016年中国海洋环境状况公报》，http://www.soa.gov.cn/zwgk/hygb/zghyhjzlgb/201712/t20171204_59423.html，2017-12-4。

三、划定并严守海洋生态红线

党中央、国务院高度重视生态红线制度，先后在一系列重要环境保护战略中对生态红线划定工作提出了明确要求。习近平指出："国土是生态文明建设的空间载体。要按照人口资源环境相均衡、经济社会生态效益相统一的原则，整体谋划国土空间开发，科学布局生产空间、生活空间、生态空间，给自然留下更多修复空间。要坚定不移加快实施主体功能区战略，严格按照优化开发、重点开发、限制开发、禁止开发的主体功能定位，划定并严守生态红线，构建科学合理的城镇化推进格局、农业发展格局、生态安全格局，保障国家和区域生态安全，提高生态服务功能。要牢固树立生态红线的观念。"[①]2017 年，中共中央办公厅、国务院办公厅印发《关于划定并严守生态保护红线的若干意见》中明确指出，要在全国各地划定并严守生态红线，以此来保护我国的生态环境。生态空间是指具有自然属性、以提供生态服务或生态产品为主体功能的国土空间，包括森林、草原、湿地、河流、湖泊、滩涂、岸线、海洋、荒地、荒漠、戈壁、冰川、高山冻原、无居民海岛等。生态保护红线是指"在生态空间范围内具有特殊重要生态功能、必须强制性严格保护的区域，是保障和维护国家生态安全的底线和生命线，通常包括具有重要水源涵养、生物多样性维护、水土保持、防风固沙、海岸生态稳定等功能的生态功能重要区域，以及水土流失、土地沙化、石漠化、盐渍化等生态环境敏感脆弱区域"。[②]

海洋生态红线是指将海洋生态空间范围内具有特殊重要生态功能、必须强制性严格保护的区域划为重点管控区，从而形成的地理区域边界线及相关管理指标的控制线。海洋生态红线区涵盖重要海洋生态功能区、海洋生态敏感区和海洋生态脆弱区，保护类型包括重要河口、重要滨海湿地、特别保护海岛、海洋保护区、自然景观及历史文化遗迹、珍稀濒危物种集中分布区、重要滨海旅游区、重要砂质岸线及邻近海域、沙源保护海域、重要渔业水域、红树林、珊瑚礁及海草床

① 习近平：《习近平谈治国理政》，外文出版社 2014 年版，第 209 页。

② 中共中央办公厅、国务院办公厅：《关于划定并严守生态保护红线的若干意见》，http://www.gov.cn/zhengce/2017-02/07/content_5166291.htm，2017-2-7。

等。海洋生态红线管控指标包括海洋生态红线区面积、大陆自然岸线保有率、海岛自然岸线保有率、海水质量共 4 项指标。

当前，随着经济发展，东部沿海地区受沿海开发、人口聚集、资源环境负荷重等多重因素影响，海洋生态系统面临的压力日益显著。监测表明，部分区域海洋生态系统因为得不到有效保护，有生态功能退化和生态环境质量下降的趋势。建立海洋生态红线制度，以重要海洋生态功能区、海洋生态敏感区和海洋生态脆弱区为保护重点划定海洋生态红线，实施严格管控、强制性保护，牢牢守住海洋生态安全根本底线，逐步推动建立起以红线制度为基础的海洋生态环境保护管理新模式，对于维护国家生态安全和促进沿海社会经济可持续发展具有重要意义。

四、建设海洋生态命运共同体

习近平在十九大报告中指出："引导应对气候变化国际合作，成为全球生态文明建设的重要参与者、贡献者、引领者。"[①]表面上看来，气候变化与海洋生态安全关系不大。但实际上，全球气温变暖这一气候变化，会导致南北极冰川融化，引起海平面上升，淹没一些国家的沿海地区。要遏制海平面上升，需要全世界国家共同努力，因为所有国家都处于海洋生态命运共同体中。

《联合国气候变化框架公约》（*United Nations Framework Convention on Climate Change*，UNFCCC 或 FCCC），于 1992 年 5 月在纽约联合国总部通过的一个国际公约，1992 年 6 月在巴西里约热内卢召开的有世界各国政府首脑参加的联合国环境与发展会议期间开放签署。1994 年 3 月 21 日，该公约生效。[②]该公约第二条规定："本公约以及缔约方会议可能通过的任何相关法律文书的最终目标是：根据本公约的各项有关规定，将大气中温室气体的浓度稳定在防止气候系统受到危险的人为干扰的水平上。这一水平应当在足以使生态系统能够自

① 习近平：《决胜全面建成小康社会　夺取新时代中国特色社会主义伟大胜利——在中国共产党第十九次全国代表大会上的报告》，人民出版社 2017 年版，第 6 页。

② The United Nations Framework Convention on Climate Change. https://unfccc.int/essential_background/convention/background/items/1353.php. November 15，2005.

然地适应气候变化、确保粮食生产免受威胁并使经济发展能够可持续地进行的时间范围内实现。”①该公约没有对个别缔约国家或地区规定具体需承担的义务，也未规定实施机制。从这个意义上说，该公约缺少国际法律上的约束力。但是，该公约规定随后在后续从属的议定书中设定污染物强制排放限制。该公约缔约方自1995年起每年召开缔约方会议（Conferences of the Parties，COP）以评估应对气候变化的进展。1997年，《京都议定书》（*The Kyoto Protocol*）达成，使温室气体控制或减排成为发达国家的法律义务。②令人遗憾的是，2001年，美国总统乔治·沃克·布什以“发展中国家不承担义务”为由，宣布退出《京都议定书》，实际等于拒绝承认已经签订的《联合国气候变化框架公约》中规定的义务。美国是唯一没有签署《京都议定书》的发达国家。

由于《京都议定书》到2020年12月31日后将会失效，再加上总体控制措施过于宽松而遭到世界各国的诟病。2015年12月，《联合国气候变化框架公约》近200个缔约方在巴黎气候变化大会上达成《巴黎协定》。这是继《京都议定书》后第二份有法律约束力的气候协议，为2020年后全球应对气候变化行动作出了安排。《巴黎协定》主要目标是将21世纪全球平均气温上升幅度控制在2摄氏度以内，并将全球气温上升控制在前工业化时期水平之上1.5摄氏度以内。③2016年9月3日，中国全国人大常委会批准中国加入《巴黎气候变化协定》，则成为23个完成了批准协定的缔约方。2017年6月1日，美国总统唐纳德·特朗普在华盛顿宣布，《巴黎协定》将会损害美国经济，美国将退出应对全球气候变化的《巴黎协定》。同日，联合国秘书长古特雷斯声明说，美国宣布退出《巴黎协定》。作为全球历史上碳排放总量最多的国家，美国的退出，对《巴黎协定》的可信度和执行力都是不小的挑战。

对此，习近平指出：“共谋全球生态文明建设，深度参与全球环境治理，形成世界环境保护和可持续发展的解决方案，引导应对气候变化国际合作。要实施

---

① The United Nations Framework Convention on Climate Change. https://unfccc.int/essential_background/convention/background/items/1353.php.November 15, 2005.

② A Kyoto Protocol to the United Nations Framework Convention on Climate Change. https://treaties.un.org. December 5, 2009.

③ The Paris Agreement. https://unfccc.int/process/the-paris-agreement/what-is-the-paris-agreement, 20 April 2018.

积极应对气候变化国家战略，推动和引导建立公平合理、合作共赢的全球气候治理体系，彰显我国负责任大国形象，推动构建人类命运共同体。”[①]中国一直认为，气候变化是全球性的挑战，没有任何国家能够置身事外。只有全球尽快实现温室气体排放达到峰值，21 世纪下半叶实现温室气体净零排放(排放的二氧化碳与吸收和消减的量等同)，才能降低气候变化给地球带来的生态风险以及给人类带来的生存危机。

为了更好地落实《巴黎协定》，作为负责任的发展中大国，中国提出了国家自主贡献目标是：承诺到 2030 年使二氧化碳排放量达到峰值，并争取尽早达到峰值单位国内生产总值二氧化碳排放量比 2005 年下降 60%～65%；非化石能源占一次能源消费比重达到 20%左右；非化石能源占一次能源消费比重达到 20%左右；森林蓄积量比 2005 年增加 45 亿立方米左右。[②]在推动《巴黎协定》生效的过程中，中国不仅口头上大力提倡，更是努力付诸实际行动。把推动绿色低碳发展作为生态文明建设的重要内容，中国加快转变经济发展方式、调整经济结构，推动应对气候变化的各项工作取得重大进展，彰显了我国负责任大国形象，积极推动构建人类命运共同体。

五、建立严格的海洋生态政治制度

“不以规矩，不能成方圆”。[③]这句古语很好地说明了制度的重要性。制度是一个国家和社会组织内大家共同遵守的行为规范。众所周知，缺乏明确的规章、制度、流程，国家和社会中就非常容易产生混乱；如果有令不行、有章不循，按个人意愿行事造成国家社会的动荡不安，更是非常糟糕的事。制度是人类生存与活动的前提与基础，人们总是要在规与矩所限定的范围内活动。制度的关键是执行，人们要遵守规矩，只有这样才能让国家、社会、个人更好地发展与进步。同样，在海洋生态保护上，我们要制定严格的海洋生态政治制度，用制度为海洋生

---

① 《习近平出席全国生态环境保护大会并发表重要讲话》，http://www.gov.cn/xinwen/2018-05/19/content_5292116.htm，2018-5-19。

② 习近平：《携手构建合作共赢、公平合理的气候变化治理机制》，载于《人民日报》，2015 年 12 月 1 日第 1 版。

③ ［战国］《孟子·离娄章句上》。“以”是通假字，同“依”。

态环境保驾护航。

(一)实行最严格的海洋环保制度、最严密的海洋环保法治

习近平在十八届中央政治局第六次集体学习时的讲话中指出:“只有实行最严格的制度、最严密的法治,才能为生态文明建设提供可靠保障。最重要的是要完善经济社会发展考核评价体系,把资源消耗、环境损害、生态效益等体现生态文明建设状况的指标纳入经济社会发展评价体系,使之成为推进生态文明建设的重要导向和约束。”①最严格的制度、最严密的法治同样也适用于我国的海洋生态环境保护。

最严格的海洋环保制度是指:在当前海洋经济社会发展阶段和技术水平条件下,为解决突出海洋生态环境问题、确保海洋生态环境红线不被逾越和突破,以及满足海洋生态文明建设目标需求和要求而制定的更具刚性和约束力,且能够有效实施和坚决执行的海洋环境保护制度和相关法律制度。

最严密的海洋环保法治是指:“要建立生态责任追究制度,对那些不顾生态环境盲目决策、造成严重后果的人,必须追究其责任,而且应该终身追究。”②海洋生态责任追究制度指国家机关工作人员在执行海洋公务活动过程中,由于不负责任,不履行或不正确履行自己的海洋生态保护工作职责,致使国家、集体和人民群众所处的海洋生态环境遭受损害的,必须追究其行政及经济上的责任。终身追究制度是指,依法依规对严重破坏海洋生态环境的决策和行为实行终身追究,一经发现,随时调查处理,不管责任人是否退休或者调往他处。

(二)落实领导干部海洋生态安全责任制

领导干部是国家和社会组织的核心,领导干部的主要作用就是:指挥、带领、引导和鼓励下属为实现组织的共同目标而努力奋斗。具体来讲就是:首先,要能够站在全局的战略角度上分析问题、处理问题并作出科学的决策,让自己的下属去实施;其次,还要在下属面前发挥先锋模范作用,正所谓表率的力量是伟大的、示范的,这样很能激发部属的工作热情;再次,就是协调组织内部的关系鼓励成

①② 习近平:《习近平谈治国理政》,外文出版社 2014 年版,第 210 页。

员协同合作。一个好的领导干部必须要能够把整个组织成员的作用发挥到最大并把整个组织的效率聚合起来发挥到最高。所以，保护生态安全，首先要抓领导干部这个关键。2017 年 5 月 26 日，习近平在十八届中央政治局第四十一次集体学习时的讲话中指出："生态环境保护能否落到实处，关键在领导干部。要落实领导干部任期生态文明建设责任制，实行自然资源资产离任审计，认真贯彻依法依规、客观公正、科学认定、权责一致、终身追究的原则，明确各级领导干部责任追究情形。对造成生态环境损害负有责任的领导干部，必须严肃追责。各级党委和政府要切实重视、加强领导，纪检监察机关、组织部门和政府有关监管部门要各尽其责、形成合力。"①将自然资源资产（包括海洋资源资产）纳入领导干部离任审计是全新的环境保护举措，此前只对领导干部离任进行经济责任审计。引入自然资源资产的审计，势必导致党政机关领导干部和国有企业领导人员进行重大决策或决定时充分考虑生态环保因素。

1. 积极推广"湾长制"试点工作

为了落实领导干部的生态安全责任，我国各个地方配套实施"山长制""河长制"，让"山长"管山，"河长"治水，形成了山水同治，全民参与的生态环境保护格局。除此之外，国家海洋局又在沿海地区推广开展"湾长制"试点工作。

"湾长制"试点要以"主体功能区规划为基础，以逐级压实地方党委政府海洋生态环境保护主体责任为核心，以构建长效管理机制为主线，以改善海洋生态环境质量、维护海洋生态安全为目标，加快建立健全陆海统筹、河海兼顾、上下联动、协同共治的治理新模式"。②这里的"湾"是指海湾，推行"湾长制"，主要以保护海洋资源、防治海洋污染、改善海洋生态环境、修复海洋生态为主要生态环保任务，全面建立沿海地区"湾长"体系，构建责任明确、协调有序、监管严格、保护有力的海洋生态保护机制，为维护海洋健康生态体系、实现海洋功能永续利用提供制度保障。2017 年以来，本着自愿原则，国家海洋局经与有关省市协商并达成一致，"河北省秦皇岛市、山东省胶州湾、江苏省连云港市、海南省海口市和浙江全省已经启动了'湾长制'试点工作"。③沿海地区地方各级党委和政府主要领

① 习近平：《习近平谈治国理政》第 2 卷，外文出版社 2017 年版，第 396 页。

②③ 国家海洋局：《关于开展"湾长制"试点工作的指导意见》，http://www.gov.cn/xinwen/2017-09/14/content_5224996.htm，2017-9-14。

导是本行政区域海洋生态环境保护第一责任人——湾长，各相关部门要履行好海洋生态环境安全保护职责，使各部门守海有责、守海尽责，分工协作、团结一致，共同保护好美丽的海洋家园。

2. 完善海洋生态考核办法，强化工作督查

为了更好地调动领导干部保护海洋生态环境的积极性，就要制定科学合理的生态考核办法。有效的海洋生态考核办法，会对海洋生态安全的提升起到良好的促进作用，会有效地提高领导干部的环保工作积极性，能使表现优异者赢得更高的地位和利益，使落后者保有压力和向上的动力，最终实现建设“美丽中国”的生态目标。2018 年 5 月，习近平在全国生态环境保护大会上指出：“要建立科学合理的考核评价体系，考核结果作为各级领导班子和领导干部奖惩和提拔使用的重要依据。对那些损害生态环境的领导干部，要真追责、敢追责、严追责，做到终身追责。”①海洋生态考核是指生态考核主体对照海洋生态环保工作目标和考核标准，采用科学的考核方式，评定各级领导干部及工作人员的生态保护工作任务完成情况、环保工作职责履行程度和海洋生态环境的发展情况，并且将评定结果反馈给上级主管部门和相关人员的过程，并将考核结果作为领导干部奖惩和提拔的重要参考依据。“对考核等级为优秀、生态文明建设工作成效突出的地区，给予通报表扬；对考核等级为不合格的地区，进行通报批评，并约谈其党政主要负责人，提出限期整改要求；对生态环境损害明显、责任事件多发地区的党政主要负责人和相关负责人（含已经调离、提拔、退休的），按照《党政领导干部生态环境损害责任追究办法（试行）》等规定，进行责任追究”。②

有鉴于此，国家发展改革委员会、国家统计局、环境保护部和中央组织部联合制定和印发了《绿色发展指标体系》和《生态文明建设考核目标体系》，作为生态文明建设评价考核的依据。《绿色发展指标体系》中把近岸海域水质优良（一、二类）比例、自然岸线保有率、海洋保护区面积、湿地保护率等海洋生态安全指标纳入考核指标体系。《生态文明建设考核目标体系》中把近岸海域水质优良（一、

① 《习近平出席全国生态环境保护大会并发表重要讲话》，http://www.gov.cn/xinwen/2018-05/19/content_5292116.htm，2018-5-19。

② 中共中央办公厅 国务院办公厅：《生态文明建设目标评价考核办法》，http://www.gov.cn/xinwen/2016-12/22/content_5151555.htm，2016-12-22。

二类）比例纳入考核目标体系。根据国家《生态文明建设目标评价考核办法》，这两个指标体系按照一年一评价、五年一考核的办法进行。党政领导职务每个任期为五年，同一职位可连续任职达到两个任期，所以五年一考核，将生态环保工作成绩纳入领导干部任期综合考核之中，生态环保工作做得好的得到提拔，反之，则降职甚至追究有关责任，触犯法律的还要依法惩处。

综上所述，海洋是全体人类的共同家园，保护海洋、保证海洋的可持续发展是全世界所有国家和人民的责无旁贷的责任。目前，海洋生态文明建设正处于“压力叠加、负重前行”的关键期，要实现海洋环境质量的根本好转，除了中国政府积极倡导海洋生态共同体建设，并身体力行，率先垂范外，还要依靠国际社会努力合作、共同行动。中国作为负责任的海洋大国，正在积极行动起来、参与进来，争做“共同海洋家园”的倡导者、参与者、引领者，为共同推进海洋生态环境安全尽一份心、出一份力、担一份责。

结语:海洋安全观为海洋强国保驾护航

党的十八大报告提出了“建设海洋强国”的战略,建设海洋强国是顺应海洋世纪的时代要求,实现中华民族伟大复兴的中国梦的一条重要途径。而建设海洋强国非一朝一夕之功,需要全体中国人民经过长期的努力奋斗才能实现。建设海洋强国需要在和平、稳定、安全的环境下进行,否则建设海洋强国的历史进程就有可能被打断,已经取得的建设成就也可能被破坏。正如邓小平所说的:“没有稳定的环境,什么都搞不成,已经取得的成果也会失掉。”①

马克思在《论费尔巴哈》中指出:“哲学家们只是用不同的方式解释世界,而问题在于改变世界。”②海洋强国的顺利建设所需要的一个和平、安全的海洋环境不是自然形成的,这就要求构建科学合理的海洋安全观,以此来指导中国的海洋安全实践,妥善应对各种海洋安全威胁,构建建设海洋强国需要的和平海洋、和谐海洋、友谊海洋。邓小平指出:“讲发展,第一,要有一个长期的战略设想;第二,每走一步都要小心谨慎。既要大胆坚持现行的方针和政策,又要步伐稳妥。要求过急,往往是犯大错的根源。”③中国特色海洋安全观已经确立了建设陆海一体化强国的总目标,要实现这个总目标,就需要一步一个脚印,从小事做起,积跬步致千里,才能顺利实现建设陆海一体化强国的总目标。

---

① 邓小平:《邓小平文选》第3卷,人民出版社1993年版,第284页。

② 中共中央马克思恩格斯列宁斯大林著作编译局编译:《马克思恩格斯文集》第1卷,人民出版社2009年版,第506页。

③ 冷溶:《邓小平年谱(一九七五——一九九七)》下,中央文献出版社2004年版,第1253页。

随着海洋安全形势、情况和各国实力的不断变化,中国海洋安全还会面临各种各样的困难和挑战,维护国家海洋安全任重而道远。因此,今后中国特色海洋安全观要继续坚持马克思主义指导思想,坚持安全观与安全实践相统一,不断丰富、完善和发展中国特色海洋安全观。唯有如此,才能在不断提升海洋综合实力,才能为建设海洋强国保驾护航。

参 考 文 献

一、经典著作

[1] 中共中央马克思恩格斯列宁斯大林著作编译局编译:《马克思恩格斯文集》(1—10卷),人民出版社2009年版。

[2] 中共中央马克思恩格斯列宁斯大林著作编译局编译:《马克思恩格斯选集》(1—4卷),人民出版社2012年版。

[3] 中共中央马克思恩格斯列宁斯大林著作编译局编译:《马克思恩格斯全集(第2版)》(第10卷),人民出版社1998年版。

[4] 中共中央马克思恩格斯列宁斯大林著作编译局编译:《马克思恩格斯全集(第2版)》(第12卷),人民出版社1998年版。

[5] 中共中央马克思恩格斯列宁斯大林著作编译局编译:《马克思恩格斯全集(第2版)》(第19卷),人民出版社2006年版。

[6] 中共中央马克思恩格斯列宁斯大林著作编译局编译:《马克思恩格斯全集(第2版)》(第44卷),人民出版社2001年版。

[7] 中共中央马克思恩格斯列宁斯大林著作编译局编译:《马克思恩格斯全集(第1版)》(第44卷),人民出版社1982年版。

[8] 中共中央马克思恩格斯列宁斯大林著作编译局编译:《列宁专题文集》(1—5卷),人民出版社2009年版。

[9] 中共中央马克思恩格斯列宁斯大林著作编译局编译:《列宁选集》(1—4卷),人民出版社2012年版。

[10] 中共中央马克思恩格斯列宁斯大林著作编译局编译:《列宁全集》(第 43 卷),人民出版社 1987 年版。

[11] 毛泽东:《毛泽东选集》(1—4 卷),人民出版社 1991 年版。

[12] 毛泽东:《毛泽东文集》(1—2 卷),人民出版社 1993 年版。

[13] 毛泽东:《毛泽东文集》(3—5 卷),人民出版社 1996 年版。

[14] 毛泽东:《毛泽东文集》(6—8 卷),人民出版社 1999 年版。

[15] 中华人民共和国外交部、中共中央文献研究室:《毛泽东外交文选》,中央文献出版社、世界知识出版社 1994 年版。

[16] 毛泽东:《毛泽东军事文集》(第 1—6 卷),军事科学出版社、中央文献出版社 1993 年版。

[17] 刘武生编:《周恩来军事文选》(第 4 卷),人民出版社 1997 年版。

[18] 中华人民共和国外交部:《周恩来外交文选》,中央文献出版社 1990 年版。

[19] 邓小平:《邓小平文选》(第 3 卷),人民出版社 1993 年版。

[20] 邓小平:《邓小平文选》(第 1—2 卷),人民出版社 1994 年版。

[21] 邓小平:《邓小平文集》(1949—1974 年)下卷,人民出版社 2014 年版。

[22] 中共中央文献研究室第三编研部、中国人民解放军军事科学院:《邓小平军事文集》(第 3 卷),军事科学出版社、中央文献出版社 2004 年版。

[23] 江泽民:《江泽民文选》(1—3 卷),人民出版社 2006 年版。

[24] 胡锦涛:《胡锦涛文选》(1—3 卷),人民出版社 2016 年版。

[25] 中共中央文献研究室:《十六大以来重要文献选编》(下),中央文献出版社 2008 年版。

[26] 中共中央文献研究室:《十七大以来重要文献选编》(上),中央文献出版社 2009 年版。

[27] 中共中央文献研究室:《十七大以来重要文献选编》(中),中央文献出版社 2011 年版。

[28] 中共中央文献研究室:《十七大以来重要文献选编》(下),中央文献出版社 2013 年版。

[29] 胡锦涛:《论构建社会主义和谐社会》,中央文献出版社 2013 年版。

[30] 江泽民:《论国防和军队建设》,解放军出版社 2003 年版。

[31] 中共中央文献研究室:《习近平关于实现中华民族伟大复兴的中国梦论述摘编》,中央文献出版社 2013 年版。

[32] 习近平:《习近平在广州战区考察时强调 坚持富国和强军相统一 努力建设巩固国防和强大军队》,人民出版社 2012 年版。

[33] 中共中央宣传部:《习近平总书记系列讲话重要读本》,学习出版社、人民出版社 2014 年版。

[34] 习近平:《习近平谈治国理政》,外文出版社 2014 年版。

[35] 习近平:《之江新语》,浙江人民出版社 2007 年版。

[36] 中共中央文献研究室:《改革开放三十年重要文献选编》(下),中央文献出版社 2008 年版。

[37] 习近平:《习近平在中共中央政治局第八次集体学习时强调 进一步关心海洋认识海洋经略海洋推动海洋强国建设不断取得新成就》,人民出版社 2013 年版。

[38] 胡锦涛:《在中央人口资源环境工作座谈会上的讲话》(2004 年 3 月 10 日),载于《人民日报》,2004 年 4 月 5 日第 1 版。

[39] 胡锦涛:《胡锦涛在会见参加中国海军成立 60 周年庆典活动的 29 国海军代表团团长时的讲话》,载于《人民日报》,2009 年 4 月 24 日第 1 版。

[40] 习近平:《仗怎么打 兵就怎么练》,载于《人民日报海外版》,2013 年 11 月 30 日第 1 版。

[41] 习近平:《弘扬人民友谊 共创美好未来——在纳扎尔巴耶夫大学的演讲》,载于《光明日报》,2013 年 9 月 8 日第 1 版。

[42] 习近平:《携手建设中国—东盟命运共同体》,载于《光明日报》,2013 年 10 月 4 日第 1 版。

[43] 习近平:在中国国际友好大会暨中国人民对外友好协会成立 60 周年纪念活动上的讲话[EB/OL],http://news.xinhuanet.com/politics/2014-05/15/c_1110712406.htm,2014-5-15。

二、译著类

[1] [美]艾尔弗雷德·塞耶·马汉:《海权对历史的影响(1660—1783 年)》,李少彦、董绍峰、许朵等译,海洋出版社 2013 年版。

[2] [美]艾尔弗雷德·塞耶·马汉:《海权对法国大革命和帝国的影响(1793—1812)》,李少彦、肖欢等译,海洋出版社 2013 年版。

[3] [美]艾尔弗雷德·塞耶·马汉:《海权与 1812 年战争的关系》,李少彦、姜代超等译,海洋出版社 2013 年版。

[4] [美]艾·塞·马汉:《海权论》,一兵译,同心出版社 2012 年版。

[5] [美]艾·塞·马汉:《海军战略》,蔡鸿幹、田常吉译,商务印书馆 1999 年版。

[6] [苏]谢·格·戈尔什科夫:《国家海上威力》,房方译,海洋出版社 1985 年版。

[7] [美]罗伯特·D.卡普兰《季风:印度洋与美国权力的未来》,社会科学文献出版社 2013 年版。

[8] [美]约瑟夫·奈:《软实力》,马娟娟译,中信出版社 2013 年版。

[9] [美]约瑟夫·奈:《巧实力:权力,个人、企业和国家》,李达飞译,中信出版社 2013 年版。

[10] [日]野口悠纪雄:《日本的反省:依赖美国的罪与罚》,贾成中、黄金峰译,东方出版社 2013 年版。

[11] [日]井上清:《钓鱼岛的历史与主权》,贾俊琪、于伟译,新星出版社 2013 年版。

[12] [美]杰弗里·蒂尔:《21 世纪海权指南》(第 2 版),师小芹译,上海人民出版社 2013 年版。

[13] [菲律宾]鲁道夫·C.塞韦里诺:《东南亚共同体建设探源:来自东盟前任秘书长的洞见》,王玉主等译,社会科学文献出版社 2012 年版。

[14] [英]巴里·布赞 [丹麦]琳娜·汉森:《国际安全研究的演化》,余潇枫译,浙江大学出版社 2011 年版。

[15] [美]汉斯·摩根索:《国家间政治:权力斗争与和平》(第 7 版),徐昕、郝望、李保平译,北京大学出版社 2006 年版。

[16] [英]巴里·布赞 [丹麦]奥利·维夫:《地区安全复合体与国际安全结构》,潘忠岐等译,上海人民出版社 2010 年版。

[17] [法]夏尔-菲利普·戴维:《安全与战略:战争与和平的现时代解决方案》,

王忠菊译,社会科学文献出版社 2011 年版。

[18] [美]乔治・H.奎斯特:《国际体系中的进攻与防御》,孙建中译,上海人民出版社,2008 年版。

[19] [美]约翰・米尔斯海默:《大国政治的悲剧》,王义桅、唐小松译,上海人民出版社 2008 年版。

[20] [美]卡赞斯坦:《国家安全的文化:世界政治中的规范与认同》,宋伟、刘铁娃译,北京大学出版社 2009 年版。

[21] [美]金骏远:《中国大战略与国际安全》,王军、林民旺译,社会科学文献出版社 2008 年版。

[22] [美]斯皮克曼:《和平地理学》,刘愈之译,商务印书馆 1965 年版。

[23] [英]哈・麦金德:《历史的地理枢纽》,林尔蔚、陈江译,商务印书馆 2010 年版。

[24] [英]麦金德:《民主的理想与现实》,武原译,商务印书馆 1965 年版。

[25] [意]杜黑:《制空权》,解放军出版社 1986 年版。

[26] [美]罗伯特・卡普兰:《即将到来的地缘战争》,涵朴译,广东人民出版社 2013 年版。

[27] [美]罗伯特・A.帕斯特:《世纪之旅:七大国百年外交风云》,胡利平、杨韵琴译,上海人民出版社 2001 年版。

[28] [美]小约瑟夫・奈:《理解国际冲突:理论与历史》(第五版),张小明译,上海人民出版社 2005 年版。

[29] [美]约瑟夫・奈:《软力量——世界政坛成功之道》,东方出版社 2005 年版。

[30] [美]约瑟夫・奈:《美国霸权的困惑:为什么美国不能独断专行》,郑志国、何向东、杨德、唐建文译,世界知识出版社 2002 年版。

[31] [英]安德鲁・兰伯特:《风帆时代的海上战争》,郑振清、向静译,上海人民出版社 2005 年版。

[32] [英]理查德・希尔:《铁甲舰时代的海上战争》,谢江萍译,上海人民出版社 2005 年版。

[33] [德]伊曼努尔・康德:《永久和平论》,何兆武译,上海人民出版社 2005 年版。

[34] [美]克里斯托弗・莱恩:《和平的幻想:1940 年以来的美国大战略》,孙建中

译，上海人民出版社 2009 年版。

[35] [美]艾什顿·卡特、威廉姆·佩里：《预防性防御：一项美国新安全战略》，胡利平、阳韵琴译，上海人民出版社 2000 年版。

[36] [印]贾瓦哈拉尔·尼赫鲁：《印度的发现》，齐文译，世界知识出版社 1956 年版。

[37] [印]潘尼迦：《印度和印度洋：略论海权对印度历史的影响》，德隆、望蜀译，世界知识出版社 1965 年版。

[38] [英]杰弗里·蒂尔：《21 世纪海权指南》(第 2 版)，师小芹译，上海人民出版社 2013 年版。

[39] [英]罗恩·史密斯：《军事经济学：力量与金钱的相互作用》，孙建中译，新华出版社 2010 年版。

[40] [德]戴维·比瑟姆：《马克斯·韦伯与现代政治理论》，浙江人民出版社 1989 年版。

[41] [德]黑格尔：《历史哲学》，王造时译，上海书店出版社 2001 年版。

[42] [英]罗素：《中国问题》，秦悦译，学林出版社 1996 年版。

[43] [荷]雨果·格劳秀斯：《论海洋自由或荷兰参与东印度贸易的权利》，马忠法译，上海人民出版社 2005 年版。

[44] [美]吉原恒淑、詹姆斯·霍姆斯：《红星照耀太平洋中国崛起与美国海上战略》，钟飞腾、李志斐、黄杨海译，社会科学文献出版社 2014 年版。

[45] [美]罗伯特·基欧汉、约瑟夫·奈：《权力与相互依赖》(第四版)，门洪华译，北京大学出版社 2012 年版。

[46] [英]巴里·布赞、[丹]奥利·维夫、[丹]迪·怀尔德：《新安全论》，朱宁译，浙江人民出版社 2003 年版。

三、中文专著

[1] 张文木：《论中国海权》(第 2 版)，海洋出版社 2010 年版。

[2] 刘中民：《世界海洋政治与中国海洋发展战略》，时事出版社 2009 年版。

[3] 季国兴：《中国的海洋安全和海域管辖》，上海人民出版社 2009 年版。

[4] 倪乐雄：《文明的转型与中国海权》，新华出版社 2010 年版。

[5] 李爱华：《马克思主义国际关系理论》，人民出版社 2006 年版。

[6] 曹泳鑫:《马克思主义国际关系理论研究》,上海人民出版社 2009 年版。
[7] 张炜、冯梁:《国家海上安全》,海潮出版社 2008 年版。
[8] 张世平:《中国海权》,人民日报出版社 2009 年版。
[9] 郁志荣:《东海维权:中日东海钓鱼岛之争》,文汇出版社 2012 年版。
[10] 傅崐成:《海洋法相关公约及中英文索引》,厦门大学出版社 2005 年版。
[11] 徐能武:《国际安全机制理论与实践》,中国社会科学出版社 2008 年版。
[12] 余潇枫:《非传统安全概论》,浙江人民出版社 2006 年版。
[13] 张文木:《世界地缘政治中的中国国家安全利益分析》,山东人民出版社 2004 年版。
[14] 赵丕、李效东:《大国崛起与国家安全战略选择》,军事科学出版社 2008 年版。
[15] 王帆、卢静:《国际安全概论》,世界知识出版社 2010 年版。
[16] 阎学通:《国际安全理论经典导读》,北京大学出版社 2009 年版。
[17] 李慎明:《马克思主义国际问题基本原理》,社会科学文献出版社 2012 年版。
[18]《中国海洋发展报(2012)》,海洋出版社 2012 年版。
[19] 蒋林波:《国外舰载机技术发展》,航空工业出版社 2008 年版。
[20] 石家铸:《海权与中国》,上海三联书店 2008 年版。
[21] 胡波:《中国海权策》,新华出版社 2012 年版。
[22] 郑鹤声、郑一钧编:《郑和下西洋资料汇编》,齐鲁书社 1983 年版。
[23] 周运中:《郑和下西洋新考》,中国社会科学出版社 2013 年版。
[24] 姜鸣:《龙旗飘扬的舰队——中国近代海军兴衰史》,生活·读书·新知三联书店 2002 年版。
[25] 刘亚洲、丁一平、金一南、罗援等:《甲午殇思》,上海远东出版社 2014 年版。
[26] 陈悦:《甲午海战》,中信出版社 2014 年版。
[27] 秦天、霍小勇主编:《中华海权史论》,国防大学出版社 2000 年版。
[28] 文天尧:《争洋霸海:制海权与国家命运》,凤凰出版社 2009 年版。
[29] 王生荣:《海权对大国兴衰的历史影响》,海潮出版社 2009 年版。
[30] 张炜、许华:《海权与兴衰》,海洋出版社 1991 年版。
[31] 鞠海龙:《中国海上地缘安全论》,中国环境科学出版社 2004 年版。

[32] 梁芳:《海上战略通道论》,时事出版社 2011 年版。

[33] 刘静波主编:《21 世纪初中国国家安全战略》,时事出版社 2006 年版。

[34] 叶明德:《政治学》,台北五南图书出版股份有限公司 2006 年版。

[35] 王逸舟:《国际政治析论》,台北五南图书出版股份有限公司 1998 年版。

[36] 柿谷、哲也:《海上钢铁霸主! 航空母舰全图解》,瑞昇文化出版社 2011 年版。

[37] 陈书海、张正满:《航空母舰:海军史上的里程碑》,国防工业出版社 2007 年版。

[38] 海军史编委会:《海军史》,解放军出版社 1989 年版。

[39] 李敏伦:《中国"新安全观"与上海合作组织研究》,人民出版社 2007 年版。

[40] 郑贵斌:《海洋经济集成战略》,人民出版社 2008 年版。

[41]《中华人民共和国国民经济和社会发展第十二个五年规划纲要》,人民出版社 2011 年版。

[42]《孙中山全集》(第 3 卷),中华书局 1984 年版。

[43] 李五一等:《大国关系与未来中国》,中国社会科学出版社 2002 年版。

[44] 萧心力:《毛泽东与共和国重大历史事件》,人民出版社 2001 年版。

[45] [清]施琅:《恭陈台湾弃留疏》,《靖海纪事》(下卷),福建人民出版社 1983 年版。

[46] 赵理海:《海洋法问题研究》,北京大学出版社 1996 年版。

[47] 马英九:《从新海洋法论钓鱼台列屿与东海划界问题》,台北正中书局 1986 年版。

四、外文著作

[1] Alfred Thayer Mahan, The Influence of Sea Power Upon History, 1660—1783(1890; repr., New York: Dover, 1987).

[2] John Mearsheimer, "The Rise of China will Not Be Peaceful at All", The Australian, November 18, 2005, p.3.

[3] John H. Herz, "Idealist internationalism and the security dilemma", World Politics, 2, (1950).

[4] John H.Herz, Political Realism and Political Idealism(Chicago: University of Chicago Press, 1951).

[5] John H.Herz, International Politics in the Atomic Age(New York: Columbia University Press, 1959), pp.231—243.

[6] United Nations Development Programme(1994): Human Development Report, New York: Oxford University Press, 1994, p.23.

[7] Krasner, Professor Stephen D., Problematic Sovereignty: Contested Rules and Political Possibilities, (New York: Columbia University Press), 2001, pp.6—12.

[8] Talmon, Stefan. Recognition of Governments in International Law. Oxford Monographs in International Law Series. Oxford University Press, 1998, p.50.

[9] Newton, Kenneth. Foundations of comparative politics: democracies of the modern world. Cambridge: Cambridge University Press, 2005.

[10] Jose s.Nye, "The Case for Deep Engagement", Foreign Affairs, Vol.74, No.4, July/August, 1995, p.91.

[11] Singer, Joel David: The Correlates of War. Testing some Realpolitik Models, New York: The Free Press, 1980.

[12] Suzanne Nossel, Smart Power, Foreign Affairs, March/April 2004, Vol.83, Issue2, p.131.

[13] Hillary Rodham Clinton, Nomination Hearing To Be secretary of state, Statement before the Senate Foreign, Relations Committee, Washington. DC, January 13, 2009.

[14] "CSIS Commission on Smart Power: A Smarter, More Secure America." Center for Strategic and International Studies. Retrieved 12 April 2012.

[15] Thomas Otte, "Eyre Crowe and British Foreign Policy: A Cognitive Map", in T.G.Otte and Constantine A.Pagedas(eds.), Personalities, War and Diplomacy. Essays in International History(Cass,1997), pp.14—37.

[16] Woodrow Wilson in Ray S.Baker and William E.Dodd, eds., The Public Papers of Woodrow Wilson: War and Peace, Vol. 1 (New York: Harper, 1927), pp.182—183.

[17] Office of the President, "National Security Strategy of the United States of America", September 2002. http://usinfo.state.gov/topical/pol/terror/secstrat.htm.

[18] Barry Buzan, Richard Little. International Systems in World History. Cambridge: Cambridge University Press, 2001. p.58.

[19] James M.McPherson, Battle Cry of Freedom: The Civil War Era, Oxford University Press, USA 1988, pp.333—335.

[20] Marx, Robert: Treasure lost at Sea: Diving to the World's Great Shipwrecks, Firefly Books, 2004, p.66.

[21] John Keegan, World Armies, Macmillan Press, 1979, pp.312 & 545.

[22] Haglung, David G.North American Cooperation in an Era of Homeland Security. Orbis (Foreign Policy Research Institute). Autumn 2003, 47(4):675—691.

[23] Raúl Benítez Manaut, Abelardo Rodríguez Sumano, Armando Rodríguez Luna(2009). Atlas de la Seguridad y la Defensa de México 2009.

[24] Paul Rule, Ph.D. The Chinese Rites Controversy: A Long Lasting Controversy in Sino-Western Cultural History. Pacific Rim Report No.32, February 2004.

[25] World Population Prospects, the 2008 Revision Frequently Asked Questions, Population Division of the Department of Economic and Social Affairs of the United Nations Secretariat updated 10 November 2010. Retrieved 26 January 2011.

[26] Seokwoo Lee, Territorial Disputes among Japan, China and Taiwan concerning the Senkaku Islands, International Boundaries Research Unit: Boundary & Territory Briefing Volume 3 Number 7, 2002. pp.10—11.

[27] James Chace and Caleb Carr, America Invulnerable: The Quest for Absolute Security from 1812 to Star Wars (New York: Summit Books, 1988), p.12.

[28] Dwight D.Eisenhower, Public Paper 1954(Washington D.C.: U.S.Gov-

ernment Printing Office, 1960), pp.382—384.

[29] Robert D.Kaplan,"How We Would Fight China", Atlantic Monthly, June 2005.

[30] Benjamin B.Ferencz, War Crimes Law And The Vietnam War, The American University Law Review,Volume 17, Number 3, June 1968.

[31] Klein, Ira."The Anglo-Russian Convention and the Problem of Central Asia, 1907—1914," Journal of British Studies(1971)11#1, pp.126—147.

[32] Scott David, Sino-Indian Security Predicaments for the Twenty-First Century, Asian Security, Volume 4, Number 3, September 2008, p.251.

[33] Vietnam among pillars of India's "Look East" policy. english. vietnamnet. vn. Vietnam News Agency.18 November 2013.

[34] Grove, William Robert. "On Voltaic Series and the Combination of Gases by Platinum", Philosophical Magazine and Journal of Science Vol.XIV(1839), pp.127—130.

[35] Grove, William Robert. "On a Gaseous Voltaic Battery", Philosophical Magazine and Journal of Science vol.XXI(1842), pp.417—420.

[36] Krasner, Professor Stephen D. Problematic Sovereignty: Contested Rules and Political Possibilities. 2001:6—12.

[37] J.Cable, Gunboat diplomacy, 1919—1991: political applications of limited naval force(third edition), Basingstoke: Macmillan/IISS, 1994, p.14.

[38] Whitehouse: National Security Strategy, http://www.whitehouse.gov/sites/default/files/rss_viewer/national_security_strategy. pdf, 2010-06-20.

[39] A Strong Britain in an Age of Uncertainty: The National Security Strategy, http://www.direct.gov.uk/prod_consum_dg/groups/dg_digitalassets/@dg/@en/documents/digitalasset/dg_191639.pdf, 2013-06-22.

[40] Peter J.Katzenstein: The Culture of National Security: Norms and Identity in World Politics, New York: Columbia University Press, 1996.

[41] [日]菊池雅之:『よくわかる! 艦艇の基礎知識』,イカロス出版,2008 年。

[42]『自衛隊装備名鑑 1954～2006』,コーエー出版局,2007 年;『シリーズ世界の名艦　海上自衛隊』,イカロス出版,2009 年～2014 年。

[43]「参議院インターネット審議中継-ビデオライブラリ」,(金)本会議教育基本法案(第 164 回国会閣法第 89 号)45:22～49:23, 2006 年 12 月 15 日。

[44] 保安庁法(昭和二十七年法律第二百六十五号)の全部を改正する[1952 年],防衛省設置法(昭和二十九年六月九日法律第百六十四号)[1954 年],最終改正:平成二六年六月一三日法律第六七号[2014 年],http://law.e-gov.go.jp/htmldata/S29/S29HO164.html,2014 年 6 月 20 日。

[45]『世界大百科事典』(せかいだいひゃっかじてん)「日本国憲法」の項目より,東京:平凡社,1988 年刊行。

五、期刊与报纸类

[1] 叶自成、慕新海:《对中国海权发展战略的几点思考》,载于《国际政治研究》,2005 年第 3 期,第 5 页。

[2] 叶自成:《中国的和平发展:陆权的回归与发展》,载于《世界经济与政治》,2007 年第 2 期,第 23—31 页。

[3] 倪乐雄:《从陆权到海权的历史必然》,载于《世界经济与政治》,2007 年第 11 期,第 22 页。

[4] 刘新华:《海权优先是当代中国的战略选择》,载于《社会科学》,2008 年第 7 期,第 54 页。

[5] 邵永灵、时殷弘:《近代欧洲陆海复合国家的命运与当代中国的选择》,载于《世界经济与政治》,2000 年第 10 期,第 47 页。

[6] 张茵:《"第一岛链"上的"锁眼"》,载于《当代军事文摘》,2007 年第 7 期,第 25 页。

[7] 冯梁、段廷志:《中国海洋地缘安全特征与新世纪海上安全战略》,载于《中国军事科学》,2007 年第 1 期,第 22—29 页。

[8] 江雨:《岛链与中国海军向远洋发展》,载于《舰载武器》,2008 年第 12 期,第 30—31 页。

[9] 曲金良:《发展海洋事业与加强海洋文化研究》,载于《青岛海洋大学学报

(社会科学版)》,1997年第2期,第1页。

[10] 史春林、史凯册:《马六甲海峡安全问题与中国战略对策》,载于《新东方》,2014年第2期,第6—11页。

[11] 冯承柏、李元良:《马汉的海上实力论》,载于《历史研究》,1978年第2期,第73—79页。

[12] 俞晓秋、李伟、张运成、方金英、翟坤:《非传统安全论析》,载于《现代国际关系》,2003年第5期,第46页。

[13] 吴东峰:《海军司令萧劲光逸事》,载于《北京日报》,2012年6月25日第19版。

[14] 陈万军等:《春风鼓浪好扬帆——江泽民主席关心人民海军现代化建设纪事》,载于《解放军报》,1999年5月28日第1版。

六、网站类

[1] 新华网:http://www.xinhuanet.com

[2] 人民网:http://www.people.com.cn

[3] 中国外交部网站:http://www.fmprc.gov.cn

[4] 中国国防部网站:http://www.mod.gov.cn

[5] 国家海洋局网站:http://www.soa.gov.cn

[6] 中国中央人民政府网站:http://www.gov.cn

[7] 美国白宫网站:https://www.whitehouse.gov

[8] 搜狐网:http://www.sohu.com

[9] 新浪网:http://www.sina.com.cn

附录:海洋意识调查问卷

亲爱的同学:

你好!首先感谢你的参与。本调查目的是了解大学生海洋意识的基本情况。本调查不记名,问卷结果绝对保密,请你放心作答!问题答案无对错优劣之分,只要选择你认为是对的即可。

1. 你知道我国国土总面积有多少吗?[单选题]( )

A. 960 万平方公里　　B. 1 260 万平方公里

C. 1 000 万平方公里　　D. 其他数字

2. 你听说过《联合国海洋法公约》吗?[单选题]( )

A. 比较了解　　B. 不知道　　C. 听说过,不知道详情

3. 美国的军舰频繁通过我国的南海岛礁领海,你认为应该采取( )。[单选题]

A. 开火击沉　　B. 开火警告　　C. 驱逐出境　　D. 不知道

4. 你是否彻底明白"无害通过"原则?[单选题]( )

A. 比较了解　　B. 不知道　　C. 听说过,不知道详情

5. 你将来工作了,有了钱,你的首要投资原则是( )。[单选题]

A. 投资房子　　B. 投资股票　　C. 投资基金　　D. 自己创业

6. 你认为哪种海洋资源和人们生活密切相关?[多选题]( )

A. 油气资源　　B. 渔业资源　　C. 矿石资源　　D. 海水资源

E. 空间资源

7. 你对海洋科学技术有深入的学习和理解吗？[单选题]（　　）

A. 深入学习了解　　B. 比较学习了解

C. 一般学习了解　　D. 没有学习了解

8. 你知道世界海洋日是什么时间吗？[单选题]（　　）

A. 8月8日　　B. 6月8日　　C. 7月8日　　D. 9月8日

9. 你了解妈祖信仰吗？[单选题]（　　）

A. 不知道　　B. 知道一点　　C. 不了解

10. 你参加过海洋文化节、开渔节、休渔节等海洋相关节日吗？[单选题]（　　）

A. 参加过　　B. 没有

11. 你看过电影《泰坦尼克号》吗？[单选题]（　　）

A. 看过　　B. 没看过

12. “海纳百川，有容乃大；壁立千仞，无欲则刚”是（　　）写的对联。[单选题]

A. 苏轼　　B. 林则徐　　C. 苏洵　　D. 不知道

13. 在明朝初期，郑和曾率船队七下西洋，最远到达（　　）。[单选题]

A. 非洲东海岸　　B. 欧洲　　C. 太平洋　　D. 不知道

14. 你认为沿海地区中小学、大学是否有必要开设海洋相关的课程、专业？[单选题]（　　）

A. 非常有必要　　B. 有必要　　C. 不太有必要　　D. 完全没必要

15. 在你看来，大学生的海洋意识怎么样？[单选题]（　　）

A. 非常强　　B. 比较强　　C. 一般　　D. 比较弱

后　　记

本书是在我的博士论文基础上修改而成的。本书的顺利完成和出版，得益于很多人的热情帮助和支持，在此谨向他们表示衷心的感谢。

在著作即将出版之时，要向曾帮助过我的老师和朋友表达最真挚的谢意。

首先要深深感谢我的导师——朱新光教授在我的著作完成过程中给予的帮助。从论文的选题、研究方案的确定、论文提纲的反复修改，以及最后的论文撰写，都是在导师的悉心指导下完成的。朱新光老师渊博的知识、严谨的治学态度、求实的工作作风、科学的工作方法以及对学生孜孜不倦的教诲，使我受益匪浅，他是我永远的学习榜样。我想由衷地说一声：谢谢您，朱老师！

在论文写作过程中，上海师范大学的汪青松教授、蒋传光教授、周中之教授、蔡麟教授、石书臣教授、黄福寿教授不仅耐心教育和培养我，还对论文的写作给予了热情的鼓励和指导，并提出了大量宝贵的修改意见。在论文的开题、预答辩过程中，南京师范大学的王永贵教授、上海交通大学的陈锡喜教授、上海政法学院的张远新教授、上海财经大学的章忠民教授和上海社会科学院的胡志勇研究员指出了论文的不足之处，并提出了修改意见，使论文不断完善。在论文写作过程中原中国海监东海总队副总队长郁志荣老师、我的硕士导师陈洁华老师给予了热心帮助和支持，使得论文能够顺利完成。在此，向各位老师表示真诚的感谢！

在攻读学位期间，我的同学欧亚、谢保军、祝叶飞、严运楼、王江波、罗鹏部、张永波、黄红、马超、张青磊、夏亚敏、周忠华、范冰川等给了我不少的帮助和支持，与他们的愉快相处将是我人生中的宝贵记忆。同时也感谢中国—上海合作组织司法培训基地的贾少学、龚兆雄、程文强在本书出版过程中给予的帮助和支持。

感谢我的亲人在我5年的学习生涯中对我的支持与鼓励，没有你们的支持，我不可能走这么远，这本研究海洋安全问题的著作就作为献给我的亲人的礼物。

最后，祝愿各位老师、同学和我的亲人身体健康！万事如意！

万祥春

于上海师范大学学思湖畔

图书在版编目(CIP)数据

中国特色海洋共同安全观研究 / 万祥春著 .— 上海 ：上海社会科学院出版社，2020（2023.1重印）
ISBN 978-7-5520-2839-3

Ⅰ. ①中… Ⅱ. ①万… Ⅲ. ①海上—国家安全—研究—中国 Ⅳ. ①E815

中国版本图书馆 CIP 数据核字(2019)第 277747 号

中国特色海洋共同安全观研究

著　　者：万祥春
责任编辑：温　欣
封面设计：棠　风
出版发行：上海社会科学院出版社
　　　　　上海顺昌路 622 号　邮编 200025
　　　　　电话总机 021-63315947　销售热线 021-53063735
　　　　　http://www.sassp.cn　E-mail:sassp@sassp.cn
照　　排：南京理工出版信息技术有限公司
印　　刷：四川森林印务有限责任公司
开　　本：710 毫米×1010 毫米　1/16
印　　张：18
插　　页：2
字　　数：284 千字
版　　次：2020 年 6 月第 1 版　2023 年 1 月第 2 次印刷

ISBN 978-7-5520-2839-3/E·028　　定价：88.00 元